Interkulturelle Pädagogik
und Sprachliche Bildung

Sara Fürstenau

Interkulturelle Pädagogik und Sprachliche Bildung

Herausforderungen für die Lehrerbildung

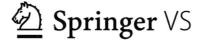

Herausgeberin
Sara Fürstenau
FB 06, Institut für Erziehungswissenschaft
Westfälische Wilhelms-Universität
Münster
Münster
Deutschland

ISBN 978-3-531-17937-7   ISBN 978-3-531-18785-3 (eBook)
DOI 10.1007/978-3-531-18785-3

Die Deutsche Nationalbibliothek verzeichnet diese Publikation in der Deutschen Nationalbibliografie; detaillierte bibliografische Daten sind im Internet über http://dnb.d-nb.de abrufbar.

Springer VS
© VS Verlag für Sozialwissenschaften | Springer Fachmedien Wiesbaden 2012
Dieses Werk einschließlich aller seiner Teile ist urheberrechtlich geschützt. Jede Verwertung, die nicht ausdrücklich vom Urheberrechtsgesetz zugelassen ist, bedarf der vorherigen Zustimmung des Verlags. Das gilt insbesondere für Vervielfältigungen, Bearbeitungen, Übersetzungen, Mikroverfilmungen und die Einspeicherung und Verarbeitung in elektronischen Systemen.

Die Wiedergabe von Gebrauchsnamen, Handelsnamen, Warenbezeichnungen usw. in diesem Werk berechtigt auch ohne besondere Kennzeichnung nicht zu der Annahme, dass solche Namen im Sinne der Warenzeichen- und Markenschutz-Gesetzgebung als frei zu betrachten wären und daher von jedermann benutzt werden dürften.

Einbandentwurf: KünkelLopka GmbH, Heidelberg

Gedruckt auf säurefreiem und chlorfrei gebleichtem Papier.

Springer VS ist eine Marke von Springer DE. Springer DE ist Teil der Fachverlagsgruppe Springer Science+BusinessMedia
www.springer-vs.de

Inhaltsverzeichnis

1 **Grundlagen und Einführung:**
   Interkulturelle Pädagogik und Sprachliche Bildung   1
   Herausforderungen für die Lehrerbildung
   Sara Fürstenau

2 **Lehrerhandeln im sozialen Feld Schule** 25
   Beispiele für den Umgang von Lehrkräften mit Geschlecht und
   Ethnizität
   Katrin Huxel

3 **Lehren für eine bunte Republik?** 41
   Zur Beschäftigung von ‚Lehrkräften mit und ohne Zuwanderungsge-
   schichte' im allgemeinbildenden Schulsystem in der Bundesrepublik
   Deutschland
   Katrin Späte

4 **Jugendliche Bildungsaufsteiger**
   mit türkischem Migrationshintergrund 65
   Javier Carnicer

5 **Inklusion als Herausforderung für die Entwicklung**
   von Unterricht, Schule und Lehrerbildung 83
   Mareike Stellbrink

6 **Heterogene Lernentwicklungen in der Grundschule:**
   Zur Konzeption des Schreibunterrichts 101
   Timm Christensen und Mechthild Dehn

| 7 | Von ‚Schülerisch' zu Bildungssprache | 123 |

Übergänge zwischen Mündlichkeit und Schriftlichkeit im Konzept
der Durchgängigen Sprachbildung
Imke Lange

| 8 | Unterrichtsinteraktion in sprachlich heterogenen Klassen | 143 |

Drorit Lengyel

| 9 | (Hoch-)Schulischer Lernort Schreibwerkstatt | 163 |

Tutorielle Schreibbegleitung als Instrument der DaZ-Förderung
Heike Roll

| 10 | Interkulturelle Pädagogik im Pädagogikunterricht | 183 |

Jörn Schützenmeister

| 11 | Der LiMA-Masterstudiengang Mehrsprachigkeit und Bildung | 201 |

Eine interdisziplinäre Perspektive auf Mehrsprachigkeit
Monika Schulz und Ingrid Gogolin

Verzeichnis der Autorinnen und Autoren 219

Grundlagen und Einführung: Interkulturelle Pädagogik und Sprachliche Bildung
Herausforderungen für die Lehrerbildung

Sara Fürstenau

1.1 Interkulturelle Pädagogik

Interkulturelle Pädagogik ist die Fachrichtung der Erziehungswissenschaft, die sich in Deutschland im Anschluss an die Anwerbung von Arbeitskräften aus dem Ausland seit Mitte des 20. Jahrhunderts auf Fragen der Erziehung und Bildung in einer durch Migration geprägten Gesellschaft spezialisiert hat. Inzwischen besteht in der Erziehungswissenschaft auch über die Interkulturelle Pädagogik hinaus ein Konsens darüber, dass Kinder und Jugendliche in einer Gesellschaft aufwachsen, die sich durch eine Pluralität der Lebensformen und kulturellen Deutungsmuster auszeichnet, welche unter anderem durch Migrationen beeinflusst sind. Gesellschaftliche Pluralität gilt als Grundbedingung institutionalisierter Erziehungs- und Bildungsprozesse und somit als zentraler Gegenstand der Erziehungswissenschaft. Gleichzeitig sind in den letzten Jahren auch Fragen der Bildungsgerechtigkeit, speziell im Kontext von Migration, wieder in den Mittelpunkt erziehungswissenschaftlicher Debatten gerückt. Das ist unter anderem darauf zurückzuführen, dass groß angelegte Leistungsvergleichsstudien das Problem belegen, dessen Überwindung seit Jahrzehnten eines der Hauptanliegen der Interkulturellen Pädagogik darstellt: Die Benachteiligung von Kindern und Jugendlichen aus eingewanderten Familien im deutschen Bildungssystem. Die Inhalte der Interkulturellen Pädagogik sind also alles andere als ein Spezialthema am Rande der Erziehungswissenschaft. Dementsprechend wird vielfach betont, dass eine konsequente Berücksichtigung migrationsbedingter Pluralität nur als Querschnittsaufgabe pädagogischen Denkens und

---

Sara Fürstenau ✉
FB 06, Institut für Erziehungswiss., Westfälische Wilhelms-Universität Münster,
Georgskommende 33, 48143 Münster, Deutschland
fuerstenau@uni-muenster.de

Handelns denkbar ist (vgl. Gogolin und Krüger-Potratz ²2010, S. 134; Karakaşoğlu 2009, S. 178; Roth 2010, S. 92).

Vor diesem Hintergrund sind Vertreterinnen und Vertreter der Interkulturellen Pädagogik einerseits davon überzeugt, dass ihre besondere Perspektive für die erziehungswissenschaftliche Lehrerbildung grundlegend ist. Andererseits ringen und hadern sie mit dem Titel ‚Interkulturelle Pädagogik' (vgl. Hamburger 2009), weil sie die ‚Kulturalisierungsfalle' bzw. ein essentialistisches Kulturkonzept längst überwunden und ein höchst differenziertes begriffliches Repertoire entwickelt haben, um die komplexen Zusammenhänge in einer durch Pluralität und Bildungsungleichheit geprägten Gesellschaft zu erfassen. Es gehört inzwischen zum Selbstverständnis der Interkulturellen Pädagogik, Kultur und Ethnizität als ‚soziale Unterscheidungskategorien', ‚Heterogenitätsdimensionen' oder ‚Differenzlinien' neben anderen (v. a. sozioökonomischer Status, Religion, Sprache, Geschlecht, sexuelle Orientierung) zu betrachten und jeweils zu fragen, welche Unterschiede in Abhängigkeit vom sozialen Kontext relevant sind und innerhalb sozialer Hierarchien bewertet werden. Der Blick richtet sich also auf die diskursive Erzeugung von Unterschieden, die sich in der Schule unter speziellen institutionellen Bedingungen vollzieht und bei der unterschiedliche soziale Unterscheidungskategorien interagieren.

Marianne Krüger-Potratz betont, dass die Anliegen der Interkulturellen Pädagogik trotz der nur kurzen Geschichte der Fachdisziplin aus historischer Perspektive eine lange Vergangenheit haben (dies. 2005). Am Beispiel der Schulpolitik für die Kinder autochthoner Minderheiten im deutschen Kaiserreich (1871–1918) und in der Weimarer Republik (1918–1933) analysiert Krüger-Potratz Kontinuitäten im homogenisierenden Umgang mit den Differenzlinien Staatsangehörigkeit, Ethnizität, Sprache und Kultur, die als Tradition in heutigen Strategien des Umgangs mit migrationsbedingter Heterogenität fortwirken (ebd., S. 66ff.). Erst seit kurzem wird auch die postkoloniale Theoriebildung mit Ansätzen der Interkulturellen Pädagogik verknüpft (vgl. Baquero Torres 2009; Niedrig und Ydesen 2011a), was insbesondere für die theoretische Diskussion über ‚Kultur' und Herrschaftsverhältnisse weiterführend ist. Grundlegend für die Verknüpfung postkolonialer Theoriebildung und Interkultureller Pädagogik ist ein historisches Verständnis der globalen Migrationsbewegungen als postkoloniales Phänomen (vgl. Niedrig und Ydesen 2011b, S. 14). Wie Heike Niedrig und Christian Ydesen betonen, ist das Konzept des *Othering* eines der wirkungsvollsten Analyseinstrumente der postkolonialen Theoriebildung (vgl. ebd., S. 15). Es bietet eine Perspektive für die Analyse hegemonialer Diskurse, die Prozesse der Konstruktion von ‚Wir' und ‚Nicht-Wir' (‚Andere') in den Mittelpunkt rückt: Diese diskursive Konstruktion von ‚Andersheit' erfolgt in Form binärer Oppositionen, die in ein hierarchisches Verhältnis zueinander gesetzt werden.

In diesem Prozess der Kontrastierung wird das dominante (nicht-andere) ‚Eigene' konturiert bzw. erst hervorbracht. So im Diskurs der Aufklärung, im so genannten ‚pädagogischen' 18. Jahrhundert, in dem europäische Intellektuelle aus einer „White European male" Perspektive schreiben (ebd.): In den philosophischen Diskursen der Aufklärer markiert beispielsweise ‚Weiblichkeit' das (emotionale, irrationale) Andere der (männlich gedachten) ‚Vernunft', und die ‚Primitivität der Wilden' fungiert als Folie für die Idee des (europäischen) ‚Fortschritts' (vgl. Weigel 1987). Ein Bewusstsein über die Wirkungskraft hegemonialer Diskurse, die machtvolle Systeme der Unterscheidung schaffen, gehört zu einer reflektierten Interkulturellen Pädagogik, denn: „power is, of course, at the centre of any educational situation; (…) in educational contexts where historically ingrained majority-minority-relations are at stake, the relevance and merit of a postcolonial perspective of analysis is evident." (Niedrig und Ydesen 2011b, S. 15).

Impulse für die Interkulturelle Pädagogik bietet auch die soziologische Ungleichheitsforschung. Sie untersucht mit dem Ansatz der sog. Intersektionalität, in welcher Weise die verschiedenen Dimensionen von Ungleichheit in unterschiedlichen sozialen Kontexten benachteiligend oder privilegierend wirken, um eine differenzierte Perspektive auf Prozesse der Diskriminierung zu entwickeln (vgl. Lutz et al. 2010, S. 22). Diese Perspektive kann die Konstruktion leistungsschwacher oder -starker Migrantengruppen in der Schule erhellen, was schon auf den ersten Blick an Stereotypen z. B. über männliche Schüler türkischer Herkunft oder englischsprachige Töchter internationaler Diplomaten deutlich wird. Ausgehend von einem gesellschaftstheoretischen Kulturbegriff, der die alltägliche kulturelle Praxis sozialer Gruppen erfasst, berücksichtigen reflektierte Interkulturelle Pädagoginnen und Pädagogen soziokulturelle Unterschiede ebenso wie Unterschiede in den sozialen Lebenswelten von Mädchen und Jungen usw. und beschäftigen sich mit „Verhältnissen von Differenz und Dominanz" (Kalpaka 2006; vgl. auch Auernheimer 2007, S. 73ff.).

Durch eine selbstkritische Verortung in einer ‚*reflektierten* Interkulturellen Pädagogik' wird die „Überwindung nationalistischer oder kulturrassistischer Ideologien" angezeigt und zu einer „Auseinandersetzung mit den Bedingungen, Formen und Folgen von ethnischen, kulturellen und religiösen Zuschreibungen und Identifikationen sowie ihrer gesellschaftspolitischen, sozialen und individuellen Bedeutung" aufgefordert (Hormel und Scherr 2009, S. 52). Gleichzeitig werden alternative Konzepte wie ‚Diversity-Pädagogik' (vgl. Hormel und Scherr 2009; Nieke 2010; Roth 2010) oder ‚Migrationspädagogik' (Mecheril et al. 2010) in die Diskussion eingebracht und vor allem dahingehend befragt, ob sie im Sinne einer Anti-Diskriminierungsprogrammatik als Weiterentwicklung der Interkulturellen Pädagogik sinnvoll sind. Schon 1987 charakterisiert Manfred Hohmann die Interkulturelle Pädagogik nicht nur durch einen begegnungspädagogischen, sondern auch durch einen konfliktpädagogischen Ansatz, „der sich die Beseitigung von Barrieren zum Ziel setzt". In der Konfliktpädagogik gehe es um „die Bekämpfung von Ausländerfeindlichkeit, Diskriminierung und Rassismus, die Beseitigung von Ethnozentrismus und Vorurteilen, aber auch die Herstellung von Chancengleichheit (…)" (ders. 2005/1987, S. 34). Die ernüchternde Bilanz der andauernden deutlichen Bildungsnachteile von Kindern und Jugendlichen aus eingewanderten Familien im deutschen Schulsystem macht deutlich, dass die Interkulturelle Pädagogik als Konfliktpädagogik, die „gesellschaftstheoretisch verankert" ist und „das Faktum gesellschaftlicher Ungleichberechtigung" untersucht (Gogolin 1998, S. 140), mehr denn je eine Herausforderung für die Konzeption institutionalisierter Bildung in Deutschland darstellt. Gleichzeitig stellt sich erneut die Frage, welche Konzepte die Interkulturelle Pädagogik für eine Beseitigung von Barrieren und die Schaffung von mehr Bildungsgerechtigkeit im Kontext von Migration bereithält.

Jahrzehntelang sind Ressourcen in hohem Umfang und viel persönlicher Einsatz von Lehrerinnen und Lehrer in zusätzliche Fördermaßnahmen für ‚ausländische Schülerinnen und Schüler', später ‚Schülerinnen und Schüler mit Migrationshintergrund' oder ‚mit Deutsch als Zweitsprache' investiert worden, ohne die Bildungserfolge dieser Gruppen in deutschen Schulen dem Durchschnitt anzugleichen. Spezielle Fördermaßnahmen für benachteiligte Schülergruppen sind offensichtlich kaum wirksam, wenn die sprachlichen und soziokulturellen Erfahrungen der Kinder und Jugendlichen in diesen Gruppen im Regelunterricht und in den Regelschulen – insbesondere in denen, die zu höheren Bildungsabschlüssen führen – weiterhin als Abweichung von der Norm gelten. In der Interkulturellen Pädagogik besteht bei allen vorhandenen konzeptuellen Unterschieden inzwischen ein Konsens darüber, dass die Fachrichtung Kinder und Jugendliche aus Migrantenfamilien nicht mehr als Zielgruppe spezieller pädagogischer Handlungsansätze oder schulorganisatorischer Maßnahmen konstruieren möchte. Dieser Vorsatz ist als Herausforderung für die Schulpädagogik und die Schulentwicklung folgenreich, insbesondere in Verbindung mit dem Ziel, institutionelle Diskriminierung zu überwinden. Institutionelle Diskriminierung bedeutet, „dass ein Großteil der Diskriminierungen in formalen Rechten und organisatorischen Strukturen, Programmen, Regeln und Routinen in zentralen sozialen Institutionen eingebettet ist" (Gomolla 2012, S. 43). Ursachen für die eingeschränkten Aussichten auf Bildungserfolg von Kindern und Jugendlichen aus Migrantenfamilien sind demnach vor allem in den Routinen und Organisationsformen der Schulen und den Strukturen des Schulsystems zu suchen. Dabei geraten insbesondere Mechanismen der Selektion als Grundlage für die Übergänge im gegliederten Schulsystem in den Blick. Qualitative Studien der interkulturellen Bildungsforschung enthalten Hinweise darauf, dass der Ausschluss von Schülerinnen und Schülern mit Migrationshintergrund von höheren Bildungsgängen durch die Konstruktion sprachlich-kultureller Differenz gerechtfertigt wird (vgl. Gogolin und Neumann 1997; Gomolla und Radtke ³2009; Weber 2003). Mechtild Gomolla (2005) legt eine Untersuchung über Schulentwicklung in der Einwanderungsgesellschaft vor, die die Schule als Institution und Organisation in den Mittelpunkt der Maßnahmen zur Überwindung von Diskriminierung rückt. Sie nimmt damit eine Perspektive des *Mainstreaming* der Anliegen der Interkulturellen Pädagogik ein, aus der „alle Elemente von Bildung und Erziehung – Curricula, Material, pädagogische Konzepte, didaktische Methoden, organisatorische Strukturen und Praktiken in den Institutionen, administrative Steuerungs- und Unterstützungssysteme – unter Gesichtspunkten der Differenz und Gleichheit neu durchdacht und gegebenenfalls modifiziert werden" (Gomolla 2010, S. 201). Diese Perspektive etabliert sich seit einiger Zeit im wissenschaftlichen Diskurs, aber ihre Potenziale für die empirische Forschungstätigkeit der Erziehungswissenschaft ebenso wie für die Schulentwicklung und als Grundlage bildungspolitischer Strategien der Bildungsreformen scheinen noch nicht in vollem Umfang anerkannt zu werden. Es geht um die Entwicklung einer inklusiven Bildungspraxis mit dem Ziel der gleichberechtigten Teilhabe aller sozialen Gruppen an institutionalisierter Bildung (vgl. Fürstenau und Gomolla 2009a,b, 2011, 2012). Eine Voraussetzung ist, „dass Lehrerinnen und Lehrer sowie andere an der Schulentwicklung Beteiligte lernen, in konzertierten Anstrengungen die im institutionellen Setting in Unterricht, Schule und dem Bildungssystem als Ganzes angelegten Mechanismen der Diskriminierung sichtbar zu machen, kritisch zu reflektieren und Schulorganisationen in Richtung einer antidiskriminatorischen und inklusiven Praxis zu verändern" (Fürstenau und Gomolla 2012, S. 10). Dem entspricht ein weit gefasstes Konzept von Inklusion, das einen gemeinsamen Unterricht nicht nur für Schülerinnen und Schüler mit und ohne Behinderung, sondern unter Berücksichtigung *aller* sozial benachteiligten Schülergruppen in einer Schule anstrebt (vgl. Stellbrink in diesem Band). Ausgehend von einem solchen Inklusionsverständnis erscheint die aktuelle bildungspolitische Strategie in vielen deutschen Bundesländern, im Zuge der Umsetzung von ‚Inklusion' einen Großteil der Förder- oder Sonderschulen abzuschaffen und gleichzeitig die frühe Selektion im Anschluss an das vierte Schuljahr in einem mindestens zweigliedrigen Schulsystem beizubehalten, widersprüchlich und inkonsequent. Die Erkenntnis, dass Ursachen für die Benachteiligung von Schülerinnen und Schülern aus eingewanderten Familien zu großen Teilen in der Organisation von Bildungsinstitutionen und in den Strukturen von Bildungssystemen zu suchen sind, verweist auf die Grenzen des pädagogischen Handelns der einzelnen Lehrkraft bei der Herstellung von mehr Bildungsgerechtigkeit. Deutlich wird aber auch die Herausforderung, Lehrerinnen und Lehrer auf eine aktive und kooperative Gestaltung von Unterrichts- und Schulentwicklungsprozessen vorzubereiten. Denn die „Entwicklung der Qualität von Schulen ist in hohem Maße an die Entwicklung der beruflichen Kompetenzen von Lehrkräften gebunden" (Terhart 2010a, S. 237).

1.2 Sprachliche Bildung

Als Handlungsfeld der Unterrichts- und Schulentwicklung kommt der sprachlichen Bildung und dem Umgang mit Mehrsprachigkeit nicht nur im öffentlichen Diskurs über Migration und Bildung, sondern auch im wissenschaftlichen Diskurs der Interkulturellen Pädagogik besondere Bedeutung zu (vgl. Dirim und Mecheril 2010; Fürstenau und Gomolla 2011; Gogolin und Krüger-Potratz [2]2010, S. 171ff.; Niedrig 2002). Die oben skizzierten Leitmotive der Interkulturellen Pädagogik lassen sich am Beispiel der Konzeption sprachlicher Bildung veranschaulichen, wie im Folgenden deutlich werden soll.

Kinder erwerben Sprache in ihrer Familie und in ihrem sozialen Umfeld als kulturelle Ausdrucksform. Spracherwerb ist ein sozialer Prozess, in dem Kinder einen kreativen Umgang mit den unterschiedlichen Ausdrucksformen, die sie in ihrer Umgebung vorfinden, entwickeln. Dazu gehören nicht nur die grammatikalischen Strukturen der Sprachen, sondern auch die sozialen Regeln der Kommunikation und die Körpersprache – der sprachliche Habitus. Das sprachliche Repertoire jedes Menschen ist gewissermaßen ein Spiegel seiner sozialen Herkunft und kulturellen Erfahrungen. In der Schule und im Unterricht treffen unterschiedliche Repertoires aufeinander; das trifft zumindest in einer Schule für alle und in einem inklusiven Unterricht zu. Um der nicht nur migrationsbedingten sprachlichen Heterogenität in der Schülerschaft Rechnung zu tragen, kann die Intersektionalität sprachlicher Differenz – d. h. der Einfluss des sozioökonomischen Status der Familie, der Bildungserfahrungen der Eltern, des sozialen Geschlechts, der regionalen Herkunft, der Altersgruppe etc. auf die sprachliche Praxis – eine Leitperspektive sein. *Migrationsbedingt* mehrsprachiges Aufwachsen fordert, obwohl es in westdeutschen Großstädten in absehbarer Zeit eher die Normalität als eine Besonderheit sein wird, die an einsprachigen Schülerinnen und Schülern orientierte Konzeption von Schule und Unterricht heraus (vgl. Gogolin [2]2008). Darüber hinaus ist zu bedenken, dass der individuelle Sprachgebrauch durch vielfältige Bedingungen der sprachlichen Sozialisation, Besonderheiten familialer Sprachpraxis und auch individueller Sprachentwicklung beeinflusst wird (von einer Spezifischen Sprachentwicklungsstörung sind wahrscheinlich 3–10 % aller Kinder betroffen, vgl. Chilla 2008, S. 283). Unterschiedliche Erfahrungen mit Sprache als kulturelle Ausdrucksform sind eine

Ausgangsbedingung in heterogenen Lerngruppen. Gleichwohl wird die Bedeutung sprachlicher Differenz für das erfolgreiche Lernen im Unterricht in der Schule erst hergestellt. Kinder und Jugendliche kommen mit sprachlichen Repertoires in die Schule, deren Abstand zu denen der Lehrkräfte und zu dem, was in der Schule als ‚günstige' Lernausgangslage gilt, groß oder klein ist. Sprache ist nicht nur eine kulturelle Ausdrucksform, sondern auch eine symbolische Ressource bei sozialen Platzierungsprozessen.

Interkulturelle sprachliche Bildung zeichnet sich in Anlehnung an Jim Cummins Ansatz „Empowering Minority Students" (ders. 1986) durch eine additive Einbeziehung der vorhandenen sprachlich-kulturellen Kompetenzen und Erfahrungen in einer Lerngruppe aus. Es geht darum, Unterschiede in den Ausdrucksformen anzuerkennen und gleichzeitig durch Zugänge zu den schulerfolgsrelevanten Ausdrucksformen (Bildungssprache, Schriftsprache, vgl. die Beiträge von Christensen/Dehn, Lange, Lengyel und Roll in diesem Band) zu erweitern. Ziel ist es, alle Schülerinnen und Schüler in einem selbstbewussten Umgang mit ihrer sprachlich-kulturellen Identität zu stärken und sie zum Erwerb der sprachlich-kulturellen Kompetenzen, die ihnen eine gleichberechtigte Teilhabe in der Schule und in der Gesellschaft ermöglichen, zu motivieren und zu befähigen. Ingrid Gogolin tritt für die „Innovation allgemeiner sprachlicher Bildung als interkulturelle sprachliche Bildung" ein und legt in drei Punkten ein Modell für die „sprachliche Pluralisierung der Schule" vor (dies. ^{2}2008, S. 22f.): 1. Erweiterung des Schulsprachenangebots unter Berücksichtigung der in der Umgebung der Schule gesprochenen Sprachen (sowohl im Herkunftssprachenunterricht für Kinder aus eingewanderten Familien als auch im Fremdsprachenangebot für alle); 2. Überwindung der Monolingualität beim Lernen im Medium von Sprache (z. B. bilinguale Modelle, in denen Sachfächer in Migrantensprachen unterrichtet werden); 3. Berücksichtigung des Lernens unter Bedingungen von Mehrsprachigkeit in allen Schulfächern. Im Sinne einer reflektierten Interkulturellen Pädagogik richtet sich ein umfassendes Konzept sprachlicher Bildung in der pluralen, durch Migration geprägten Gesellschaft selbstverständlich an *alle* Schülerinnen und Schüler (vgl. auch Reich 2000).

Sprachliche Bildung als Handlungsfeld interkultureller Schulentwicklung geht also weit über das Spezialgebiet ‚Deutsch als Zweitsprache' hinaus. Das sei hier vor allem in Anbetracht assimilationsorientierter bildungspolitischer Tendenzen, die den Umgang mit migrationsbedingter Mehrsprachigkeit auf Deutschförderung reduzieren, eigens erwähnt. Die Kultusministerkonferenz stellt im Jahr 2006 fest, dass die Bundesländer Ressourcen für Unterricht in Migrantensprachen zugunsten von „Deutschförderung" kürzen (vgl. KMK 2006, S. 12). Schulische Unterstützung beim Erwerb des Deutschen als Zweitsprache gegen das Angebot von Herkunftssprachenunterricht auszuspielen, ist eine bildungspolitische Strategie, die jeder wissenschaftlichen Fundierung entbehrt. Aus der Perspektive der Mehrsprachigkeitsforschung müssten beide Ansätze verbunden werden (vgl. Gogolin et al. 2006). Der mit dem Ruf nach ‚Anpassung' oder ‚Assimilation' von Migrantinnen und Migranten verbundene einseitige Fokus auf die Förderung des Deutschen als Zweitsprache erlebt aber seit einiger Zeit ein bildungspolitisches Comeback (vgl. Fürstenau und Gomolla 2011, S. 14). Den Zielen einer inklusiven Bildungspraxis entspricht diese Stoßrichtung nicht. Sie läuft vielmehr Gefahr, durch ‚Sprachdefizit'-Diagnosen die Exklusion migrationsbedingt mehrsprachiger Schülerinnen und Schüler aus den höheren Bildungsgängen zu begründen. Sprachliche Defizitzuschreibungen sind eine Grundlage für Selektion und Diskriminierung im gegliederten Bildungssystem (vgl. Hormel 2010: 182f.), denn sie führen z. B. dazu, dass Schülerinnen und Schüler im Anschluss an die Grundschulzeit keine Empfehlung für ein Gymnasium erhalten oder schon zum Zeitpunkt der Einschulung ‚zurückgestellt' werden. Die Rückstellung von der Einschulung auf der Grundlage vorschulischer Sprachstandsfeststellungen ist eine direkte Form der Diskriminierung, die aktuell in einigen Bundesländern zum Tragen kommt (vgl. Dietz und Lisker 2008).

Die Entwicklung einer sprachlich inklusiven Bildungspraxis, die selbstverständlich von nicht nur migrationsbedingter sprachlicher Heterogenität als Grundbedingung in jedem Unterricht und in jeder Schule ausgeht, ist eine große Zukunftsaufgabe für Lehrerinnen und Lehrer – ebenso wie für die Vorbereitung und Unterstützung dieser Prozesse in der Lehrerbildung. Ein aktuell viel diskutierter Schwerpunkt sind Entwicklungsperspektiven für einen regulären (Fach-)Unterricht in sprachlich-kulturell heterogenen Lerngruppen aller Schulformen. Ziel ist die Überwindung eines Unterschieds, dessen Reproduktion im Unterricht Bildungsungleichheit zur Folge hat: der Unterschied zwischen Schülerinnen und Schülern, denen der sprachliche Zugang zu den schulischen Fachinhalten, wie sie zum Beispiel in Schulbüchern vermittelt werden, offensteht und denjenigen, denen der sprachliche Zugang ohne entsprechende Unterstützung verschlossen bleibt. Im Anschluss an das Modellprogramm „Förderung von Kindern und Jugendlichen mit Migrationshintergrund" (FörMig) wird der Begriff Bildungssprache zur Bezeichnung des entsprechenden sprachlichen Registers geprägt (vgl. Gogolin et al. 2011 und die Beiträge von Lange und Lengyel in diesem Band). Bildungssprache wird u. a. in schulischen Lehr- und Lernprozessen zur Versprachlichung fachlicher Inhalte verwendet. Da bildungssprachförderlicher Unterricht so geplant und durchgeführt werden muss, dass sprachliches und fachliches Lernen ineinandergreifen, stellt sich die Herausforderung *allen* Lehrkräften.

1.3 Herausforderungen für die Lehrerbildung

Welchen Beitrag kann und sollte die Interkulturelle Pädagogik allgemein und im Schwerpunkt Sprachliche Bildung zur Professionalisierung von Lehrerinnen und Lehrern leisten? Welche Haltungen, welches Wissen, welche Fähigkeiten sollten interkulturell gebildete Lehrkräfte erwerben und entwickeln? Auf welcher Grundlage werden sie in die Lage versetzt, eine inklusive Bildungspraxis im Unterricht und in der Schule zu entwickeln? Forschung zur interkulturellen Lehrerbildung mit Erkenntnissen, aus denen sich Antworten auf diese Fragen ableiten lassen, steht noch aus. Im Folgenden stehen deshalb konzeptionelle Überlegungen im Mittelpunkt. In der Erziehungswissenschaft werden aktuell drei verschiedene Perspektiven auf Lehrerprofessionalität unterschieden: eine strukturtheoretische, eine kompetenzorientierte und eine berufsbiographische Perspektive (vgl. Hericks und Stelmaszyk 2010; Terhart 2010b). Trotz grundlegender Unterschiede in den theoretischen und methodologischen Grundlagen können sich die Perspektiven im Hinblick auf die Professionalisierung von Lehrkräften im Rahmen der Lehrerbildung sinnvoll ergänzen (vgl. Helsper 2007; Terhart 2010b, S. 94). Das wird meines Erachtens am Beispiel der Herausforderungen, die die Interkulturelle Pädagogik für die Lehrerbildung bereithält, deutlich.

Die *strukturtheoretische* Perspektive basiert auf dem professionstheoretischen Ansatz Ulrich Oevermanns und berücksichtigt die „Antinomien" und „grundlegenden Spannungen", die das Lehrerhandeln in der Schule kennzeichnen und mit denen Professionelle reflektiert umgehen können sollen (Helsper 2007, S. 570). Die in der Interkulturellen Pädagogik diskutierten Fragen des Umgangs mit Differenz und Ungleichheit zur Schaffung von Gleichberechtigung in der Schule der pluralen Gesellschaft können aus dieser Perspektive erfasst werden: Einerseits sollen Unterschiede in der sprachlich-kulturellen Herkunft von Schülerinnen und Schülern anerkannt und berücksichtigt werden, andererseits sollen sie im Hinblick auf Gleichberechtigung ausgeglichen werden; einerseits sollen gleiche Chancen für alle geschaffen, andererseits sollen Schülerinnen und Schüler mit ungleichen Voraussetzungen nicht gleich behandelt werden. Werner Helsper hebt die „Subsumtionsantinomie" hervor: Professionelles Lehrerhandeln beruhe zwar auf klassifizierendem Wissen, das aber im Einzelfall nicht unreflektiert angewendet werden solle. Eine Herausforderung bestehe darin, „dass kontextuelle und individuelle Konstellationen je spezifisch erschlossen werden müssen" (ebd.). Aufgrund der Anfälligkeit des Lehrerhandelns für „Verwicklungen" in Spannungsverhältnisse bedürfe professionelles Handeln einer „gelassenen, reflexiven Haltung" (ebd.). Sabine Reh zufolge besteht in der erziehungswissenschaftlichen Fachdebatte trotz unterschiedlicher theoretischer Begründungen weitgehend Einigkeit darüber, dass Lehrerprofessionalität sich durch Reflexivität steigern lässt (vgl. dies. 2004, S. 363). Reh unterscheidet allerdings zwischen „Reflexivität als Bekenntnisstruktur" (die unter Umständen über die individuelle Selbstvergewisserung nicht hinausgehe) und „Reflexivität als organisatorische Struktur". Durch einen Umbau organisatorischer Strukturen könnten in der Schule „Orte für kommunikative Reflexivität" geschaffen werden, innerhalb derer „Perspektivierung des Wissens und Umgang mit Nichtwissen (...) wahrscheinlicher" wird (ebd., S. 368). Um neue Perspektiven auf Lehrerhandeln zu entwickeln, müsse „das eigene berufliche *Tun*, nicht (...) irgendeine Substanz des ‚pädagogischen Selbst' oder Selbstverständnisses" Gegenstand reflexiver Interaktion sein (ebd., Hervorhebung S.F.). In der Lehrerfortbildung können entsprechende Prozesse im Rahmen gegenseitiger Unterrichtshospitationen und gemeinsamer -reflexionen oder im Teamteaching (vgl. Halfhide 2009) angestoßen werden; auch in der Lehrerausbildung können die Bereitschaft und die Fähigkeit zu kommunikativer Reflexivität vermittelt werden. Da das eigene pädagogische Handeln im Unterricht hier nur in besonderen Situationen (z. B. Praktika) die Grundlage sein kann, liegt es nahe, kommunikative Reflexivität in der rekonstruktiven Arbeit an pädagogischen Fällen und Schlüsselszenen aus dem Unterricht einzuüben. Ein Austausch darüber erlaubt „Aufschlüsse über verdeckte Zusammenhänge zwischen Erwartung und Selbstverständnis (von Lehrer und Lehrerin und Kind)", „Einblicke in Lernmöglichkeiten im sozialen Kontext der Klasse und in Verständigungsformen und ihre Wirkung", „Klärung von Begriffen", „Annäherung an grundlegende Fragen"; Schlüsselszenen „schärfen den Blick für die eigene Unterrichtssituation, das eigene Verhalten und Handeln und erweitern möglicherweise so auch die Handlungskompetenz" (Dehn 1994, S. 11). Eine Grundlage für die pädagogische Kasuistik sind Protokolle pädagogischer Praxis (z. B. Beobachtungs- oder Erinnerungsprotokolle, qualitative Interviews über Bildungserfahrungen, Audio- oder Videoaufzeichnungen aus dem Unterricht; unterschiedliche Beispiele finden sich in den Beiträgen von Carnicer, Christensen/Dehn, Huxel, Lange, Lengyel, Roll und Späte in diesem Band). Eine Verbindung zwischen strukturtheoretischem und kompetenztheoretischem Professionsansatz sieht Helsper in dem Anspruch, professionelle Lehrerkompetenzen zu rekonstruieren (vgl. ders. 2007, S. 576). Dieser Anspruch wird mit dem Fokus auf Unterricht in migrationsbedingt mehrsprachigen Klassen in dem Projekt ‚Qualitätskriterien erfolgreicher Sprachbildung und Sprachförderung (QueSS)' verfolgt (vgl. Lange in diesem Band). In dem Projekt wird der Unterricht von erfolgreichen Lehrkräften mit Expertenstatus für sprachliche Bildung in verschiedenen Schulformen und -fächern videobasiert analysiert, um Qualitätsmerkmale *bildungssprachförderlichen* Lehrerhandelns empirisch fundiert zu beschreiben. Die Unterrichtsfilme werden auch in der Lehreraus- und -fortbildung eingesetzt.

Aus einer *kompetenzorientierten* Perspektive wird beschrieben, welches Wissen und welches Können Lehrerprofessionalität ausmacht. Jürgen Baumert und Mareike Kunter verfolgen dieses Anliegen, indem sie „Unterricht" als „Grundproblem professionellen Lehrerhandelns" in den Mittelpunkt stellen (dies. 2006, S. 472). Unter breiter Berücksichtigung bisheriger empirischer Erkenntnisse zu Lehrerkompetenzen und verschiedener Ansätze der Lehrerforschung benennen sie in einem Modell professioneller Handlungskompetenz drei „zentrale Kompetenzfacetten": allgemeines pädagogisches Wissen, Fachwissen und fachdidaktisches Wissen; ergänzend kommen in dem Modell Organisationswissen und Beratungswissen hinzu (ebd., S. 482). Speziell für die Vorbereitung von Lehrkräften auf das Unterrichten in sprachlich-kulturell heterogenen Lerngruppen liegt seit 2011 ein kompetenzbasiertes Kerncurriculum für die Lehreraus- und -fortbildung vor, das im Rahmen eines multilateralen Comenius-Projekts entwickelt worden ist: das „European Core Curriculum For Inclusive Academic Language Teaching (IALT)". Die deutschsprachige Adaption für das Bundesland Nordrhein-Westfalen trägt den Titel „Kerncurriculum für Inklusive Förderung der Bildungssprache" (Brandenburger et al. 2011). Das Ziel des IALT-Curriculums besteht darin, Lehrkräfte aller Schulfächer auf „Inklusives bildungssprachliches Lernen und Lehren" vorzubereiten (ebd., S. 12); kompetente Lehrkräfte „unterstützen die sprachliche Bildung in allen sprachlichen schulischen Bildungskontexten, d. h. Registern, Genres und sozialen Praktiken. Die Schülerinnen und Schüler erhalten auf diese Weise einen permanenten Zugang zum sprachlichen Lernen als Fokus quer durch das Curriculum hindurch" (ebd., S. 11). Die Haltungen, das Wissen und die Fähigkeiten, die die in dieser Weise kompetenten Lehrkräfte benötigen, stellt das IALT-Curriculum in drei Modulen für die Lehreraus- und -fortbildung zusammen (ebd., S. 22): i. Sprache, (Zweit-)Spracherwerb und Sprachaneignung in Kontexten institutioneller Bildung, ii. Didaktik und Methodik des inklusiven bildungssprachlichen Lernens und Lehrens, iii. Bildungssprache und Schulorganisation.

Neben der kompetenzorientierten Perspektive ist im IALT-Curriculum, das im Rahmen des Comenius-Programms Lifelong Learning unterstützt wurde, eine *berufsbiographische* Perspektive angelegt. Das Curriculum bezieht sich explizit auf die verschiedenen Phasen der Lehrerbildung: das Studium (initial training), den Vorbereitungsdienst (pre-service training) und die Weiterbildung (in-service training) (ebd., S. 20). Die berufsbiographische Perspektive auf Lehrerprofessionalität hebt hervor, dass Lehrerinnen und Lehrer während des gesamten Berufslebens dazulernen und auch ihre Haltungen und Einstellungen in Abhängigkeit von ihren Erfahrungen im Unterricht und in der Schule verändern (vgl. Terhart 2010a, S. 238f.). Ausgehend von den Fragen, wie kulturelle Heterogenität von Lehrkräften wahrgenommen wird, welche Potenziale und Herausforderungen gesehen und welche Strategien und Routinen im Berufsalltag entwickelt werden, hat Doris Edelmann mit dem Ziel, ein Orientierungswissen für die Lehrerbildung bereitzustellen, eine qualitative Studie unter Primarlehrpersonen in Zürich durchgeführt (dies. 2006). Ein Ergebnis sind sechs Lehrertypen des Umgangs mit kultureller Heterogenität (ebd., S. 242f.): der abgrenzend-distanzierte, der stillschweigend-anerkennende, der individuell-sprachorientierte, der kooperativ-sprachorientierte, der individuell-synergieorientierte und der kooperativ-synergieorientierte Typus. Kurz zusammengefasst sind folgende Ergebnisse für die Lehrerbildung relevant: Zusammenarbeit im Kollegium und eine in diesem Rahmen „*explizite* Erläuterung" und Aushandlung pädagogischer Ziele beeinflussen die Haltungen und Strategien der Lehrkräfte konstruktiv; alle „sprachorientierten Lehrpersonen" haben „mindestens eine formale Zusatzqualifikation im Bereich Deutsch als Zweitsprache" (ebd., S. 243f.); auch persönliche Erfahrungen (z. B. von Lehrkräften mit Migrationshintergrund) können durch teamorientierte interkulturelle Sensibilisierung als Potenzial für den Unterricht und die Schule entfaltet werden (ebd., S. 247). Die synergieorientierten Typen verstehen kulturelle Heterogenität für das gesamte pädagogische Handeln als „Lernpotenzial", wobei die „reflexive Berücksichtigung der Heterogenität" im Falle des kooperativ-synergieorientierten Typus durch Austausch unterstützt wird (ebd., S. 243).

Die Bedeutung der Zusammenhänge zwischen Prozessen der Professionalisierung und der Unterrichts- und Schulentwicklung lässt sich aus allen skizzierten Perspektiven auf Lehrerprofessionalität ableiten. Sie kann in der Lehrerfortbildung besser genutzt werden als in der Erstausbildung (vgl. Terhart 2010a, S. 238f.). Aber auch schon im Studium sollten zukünftige Lehrerinnen und Lehrer mindestens ein Bewusstsein für die Möglichkeiten und Grenzen der individuellen pädagogischen Handlungsmöglichkeiten und die Potenziale kooperativer Entwicklungsarbeit in der Schule entwickeln.

Interkulturelle Pädagogik ist in vielen lehrerbildenden Studiengängen als Querschnittsaufgabe oder in eigenen Modulen verankert; außerdem gibt es eigene Master- oder Zusatzstudiengänge (vgl. Gogolin und Krüger-Potratz ²2010, S. 195ff.). In Nordrhein-Westfalen sieht das Lehrerausbildungsgesetz aus dem Jahr 2009 in allen lehrerbildenden Studiengängen ein verbindliches Modul für Deutsch als Zweitsprache vor (vgl. Baur und Scholten-Akoun 2009). An der Universität Münster wird der Zusatzstudiengang „Deutsch als Zweitsprache/Interkulturelle Pädagogik (DaZ/IKP)" für Studierende aller Lehrämter trotzdem weiterhin angeboten (wenn auch demnächst mit neuer Studienordnung und neuem Titel) (vgl. zur Begründung Chlosta und Fürstenau 2010). Die Beiträge im vorliegenden Band basieren auf Vorträgen, die in den Jahren 2010 und 2011 in der von der Arbeitsstelle Interkulturelle Pädagogik veranstalteten Ringvorlesung ‚Migration und

Bildung' in Münster gehalten wurden. Die Vorlesung ist verbindlicher Bestandteil des Zusatzstudiengangs DaZ/IKP und darüber hinaus ein Angebot an alle Lehramtsstudierenden im Master of Education. Ihre interdisziplinäre Ausrichtung wird in diesem Band durch die Zusammenstellung von erziehungswissenschaftlichen, soziologischen, fachdidaktischen und sprachwissenschaftlichen Perspektiven veranschaulicht. Die Beiträge vertiefen ausgewählte Fragestellungen und Inhalte der interkulturellen Lehrerbildung, die ich ausgehend von einem Modell dreier interdependenter „Kompetenzsphären", das Christina Allemann-Ghionda (2006, S. 250) als Grundlage für die Lehrerbildung in der pluralen Gesellschaft vorlegt, betrachte: In der *ersten Kompetenzsphäre* (im Folgenden ‚soziologisches Grundlagenwissen') geht es um die „Erweiterung des Wissens in Gesellschaftswissenschaften". Hier sind z. B. Erkenntnisse der „Soziologie der Migration und Pluralität" und Wissen über die „Europäische Integration und Globalisierung" angesiedelt, jeweils im Hinblick auf „pädagogische Implikationen". In der *zweiten Kompetenzsphäre* (im Folgenden ‚Selbstreflexion, interpersonale Kompetenzen und Haltungen') geht es um die „Entwicklung personaler und interpersonaler Kompetenzen", z. B. durch eine „Reflexion über Vorurteile" und die „Analyse heterogener Situationen"; auch „Interkulturelle Kommunikation" wird in diesem Bereich aufgeführt. Gegenstand der *dritten Kompetenzsphäre* (im Folgenden ‚didaktische Handlungsmuster') ist die „Konstruktion von methodischen und didaktischen Instrumenten"; genannt werden hier die „Sprachdidaktik in der mehrsprachigen Lernsituation", „Binnendifferenzierter Unterricht" und „Multiperspektivische Didaktik". Die Beiträge in diesem Band illustrieren die Interdependenz der drei Kompetenzsphären. Sie zeigen insbesondere, dass der Bereich ‚Selbstreflexion, interpersonale Kompetenzen und Haltungen' in der interkulturellen Lehrerbildung eine Querschnittsaufgabe darstellt, die sowohl durch die Beschäftigung mit soziologischem Grundlagenwissen als auch in der Auseinandersetzung mit didaktischen Handlungsmustern angestoßen werden kann (3.1. und 3.2.). Als Ausblick dienen zwei Beiträge, die alle drei Kompetenzsphären berücksichtigen, indem sie sich mit der Konzeption Interkultureller Pädagogik als Unterrichtsgegenstand bzw. Interkultureller Sprachlicher Bildung als Studieninhalt beschäftigen (3.3). Die Teilnehmerinnen und Teilnehmer der Ringvorlesung ‚Migration und Bildung' haben Fragen zu den drei Kompetenzsphären formuliert, von denen ich einige aufgreife.

1.3.1 Soziologisches Grundlagenwissen und Selbstreflexion, interpersonale Kompetenzen, Haltungen

Die Studierenden fragen: „Wie kann ich eigene Perspektiven und die Perspektiven Anderer reflektieren?", „Wie nehme ich in Bezug auf Rassismus eine präventive Haltung ein?", „Wie gehe ich in der Schule mit dem Diskurs der Medien über Migration um?". Der hegemoniale Diskurs über Migration und Bildung basiert auf dem *Common Sense* (Clifford Geertz) bzw. auf Einsichten des ‚gesunden Menschenverstands' und verzichtet auf kritische Infragestellung (vgl. Fürstenau und Niedrig 2011, S. 2). „Dieses wiederum, die kritische Infragestellung des scheinbar Unhinterfragbaren, verstehen wir als eine zentrale Aufgabe der Sozialwissenschaften" (ebd. S. 2f.) – und als Herausforderung für die Lehrerbildung. Die „kritische Infragestellung des scheinbar Unhinterfragbaren" im Kontext von Differenz und Ungleichheit wird in der Berufslaufbahn für alle Lehrkräfte eine Aufgabe bleiben, auf die sie vorbereitet sein müssen und bei der sie kontinuierlich unterstützt werden können. In der Diskussion über theoretische Begriffe und Perspektiven der Interkulturellen Pädagogik hat sich in der wissenschaftlichen Disziplin eine Kultur der (Selbst-)Reflexion etabliert (vgl. Mecheril et al. 2010), die ein Potenzial für die Lehrerbildung darstellt.

Katrin Huxel regt in ihrem Beitrag dazu an, die unausgesprochenen Regeln, die das Handeln von Lehrkräften in der Schule bestimmen, zu reflektieren. Im Mittelpunkt steht die Frage, in welchem Kontext und in welcher Weise Lehrerinnen und Lehrer unreflektiert dazu beitragen, soziale Minderheiten zu konstruieren, deren Teilhabe in der Schule eingeschränkt ist. Huxel führt den kultursoziologischen Begriff des sozialen Feldes (Bourdieu/Wacquant) ein, um die Wirkungsmacht sozialer Normen in der Schule zu erklären und gleichzeitig – mit Blick auf dynamische Aushandlungsprozesse in sozialen Feldern – ihre Veränderbarkeit aufzuzeigen. Huxels Beitrag basiert auf einer qualitativen Untersuchung über Ethnizität und Geschlecht im Feld Schule. Drei Schlüsselszenen aus dem Unterricht, in denen Lehrkräfte unbewusst gesellschaftlich dominante Vorstellungen über sprachlich-nationale Zugehörigkeit, Männlichkeit und Heteronormativität bestätigen, werden beispielhaft rekonstruiert. Die Reflexion solcher Schlüsselszenen kann dazu anregen, Prozesse des *Othering*, in denen Lehrerinnen und Lehrer soziale Ausgrenzung bestätigen, zu erkennen und zu hinterfragen.

Katrin Spätes Beitrag vermittelt soziologisches Wissen über hegemoniale Diskurse und ihre Dekonstruktion. Späte analysiert Argumente für die Einstellung von mehr Lehrkräften mit Zuwanderungsgeschichte in deutschen Schulen. Vor allem in politisch-administrativen Diskursen würden demokratische Argumentationsfiguren eine Rolle spielen, das heißt, die Lehrkräfte hätten eine Repräsentationsfunktion und eine Integrationsförderungsfunktion. In pädagogischen Diskursen werde demgegenüber eher mit der Vorbildfunktion und der Empowerment-Funktion von Lehrkräften mit Zuwanderungsgeschichte argumentiert, außerdem heiße es, diese Lehrkräfte seien in besonderer Weise interkulturell kompetent. Späte führt alle Argumentationsfiguren auf die starke Ausprägung des ethnischen Gemeinschaftsglaubens in Nationalstaaten zurück, innerhalb derer Menschen in Abhängigkeit von ihrer Herkunft darüber hinaus unterschiedliche Rechte haben. Die besondere Bedeutung von Lehrkräften mit Zuwanderungsgeschichte – verglichen mit der Bedeutung von Lehrkräften aus anderen sozialen Minderheiten (z. B. Lehrkräfte mit Behinderungen, Lehrkräfte aus ‚bildungsfernen' und einkommensarmen Familien, homosexuell lebende Lehrkräfte) – erklärt Späte durch die Schlüsselfunktion der Institution Schule bei der Vermittlung einer Ethnizität erzeugenden Nationalkultur. Indem Späte die Forderung nach mehr Lehrkräften mit Zuwanderungsgeschichte unterstützt, erkennt sie die Wirkungsmacht sozialer Konstruktionen in der schulischen Realität an. Die Ausbildung Interkultureller Kompetenz betrachtet sie gleichwohl als Herausforderung für *alle* Lehrkräfte (unabhängig von einer Zuwanderungsgeschichte), wobei sie der Reflexion *eigener* kultureller Prägungen für die Lehrerbildung und das Lehrersein besondere Bedeutung beimisst.

Javier Carnicer stellt in seinem Beitrag die Bildungslaufbahnen zweier junger Männer, deren Familien aus der Türkei eingewandert sind, vor. Auf der Grundlage narrativer Interviews rekonstruiert er die wenig geradlinigen Wege des Bildungsaufstiegs dieser jungen Männer, die inzwischen an deutschen Universitäten studieren. Es geht also um den Bildungsaufstieg von Angehörigen einer sozialen Gruppe, deren Aussicht auf Erfolg in deutschen Schulen in ganz besonderem Maße eingeschränkt ist (‚Jungen aus türkischen Familien'). Die Beispiele zeigen, dass der bildungssoziologische Ansatz der rationalen Wahl im Kontext familialer Migrationsprojekte – die häufig Projekte sozialen Aufstiegs darstellen – wenig Erklärungskraft hat. Hohe Bildungsaspirationen für ihre Kinder haben Eltern, die migriert sind, häufig auch dann, wenn sie selbst keinen hohen Schulabschluss haben. Die Rekonstruktion der Erzählungen von Söhnen und Eltern eröffnet Einblicke in Migrations- und Bildungserfahrungen, auf deren Grundlage eine Problematisierung und Überwindung der kulturalisierenden und ethnisierenden Zuschreibung von Problemen und Defiziten, die den öffentlich-medialen Diskurs über männliche Jugendliche türkischer Herkunft prägt, angestoßen werden kann. Der Beitrag vermittelt also nicht nur bildungssoziologisches Grundlagenwissen über Bildungsaufstieg in Migrantenfamilien. Der differenzierte Einblick in die Wünsche, Sorgen und Strategien von Familien, die einer sozialen Minderheit angehören, fordert darüber hinaus zu einer Haltung des Verstehen-Wollens heraus, mit der Lehrkräfte nicht nur Jungen türkischer Herkunft in der Schule unterstützend begegnen können. Die von den interviewten Familien geschilderte Erfahrung, dass der Bildungsaufstieg aufgrund der frühen Selektion im Schulsystem nur in Ausnahmefällen gelingt, macht indes die Grenzen unterstützenden Lehrerhandelns für Bildungsaufstieg besonders deutlich.

1.3.2 Didaktische Handlungsmuster und Selbstreflexion, interpersonale Kompetenzen, Haltungen

Studierende in der Ringvorlesung ‚Migration und Bildung' fragen weiterhin, „Wie beeinflussen Lehrkräfte die Situation von Schülerinnen und Schülern mit Migrationshintergrund durch pädagogische Handlungskompetenz?", „Wie kann ich unterschiedlichen Bedürfnissen in einer Lerngruppe gerecht werden?", „In welchem Setting kann ich interkulturelles Lernen entwickeln?". Sie wollen „Vielfalt als Chance" nutzen und Unterricht „individualisieren". Angesichts der Erkenntnisse der interkulturellen Bildungsforschung über die Verbreitung kulturalisierender Zuschreibungen, niedriger Leistungserwartungen und institutioneller Diskriminierung in der Schule ist die gleichzeitig verbreitete Rhetorik über ‚Vielfalt als Chance' zunächst irreführend. Auch in einem stark individualisierten Unterricht, in dem Schülerinnen und Schüler mit (häufig von Seiten der Lehrkraft oder der Schule definierten) unterschiedlichen Lernausgangslagen mehr oder weniger nebeneinanderher arbeiten, ist Vielfalt kaum als ‚Bereicherung' erfahrbar. Meines Erachtens kann sprachlich-kulturelle Heterogenität im Unterricht insbesondere bei *gemeinsamen* Fragen und Inhalten, die alle Schülerinnen und Schüler betreffen, zu einer Erweiterung der Perspektiven führen; wenn unterschiedliche und auch unerwartete Perspektiven eingebracht werden können, ohne dass die Lehrkraft bestimmten Schülergruppen mit speziellen Erwartungen begegnet. Schülerinnen und Schüler sollten die Erfahrung machen können, dass sich unterschiedliche Perspektiven und Lösungsansätze ergänzen können und nicht immer vergleichend bewertet werden müssen (vgl. Thurn 2012 zum Thema „Leistung in einer Kultur der Vielfalt" am Beispiel der Laborschule Bielefeld).

Im Beitrag von Mareike Stellbrink geht es um Inklusion als Entwicklungsperspektive für den Unterricht, die Schule und die Lehrerbildung. Stellbrink legt im Sinne der Intersektionalität sozialer Differenzen ein weitgefasstes Verständnis von Inklusion zugrunde, das nur in einer Schule für alle angestrebt werden kann. Der Beitrag skizziert zunächst den aktuellen bildungspolitischen Diskurs über Inklusion im Anschluss an die UN-Behindertenrechtskonvention, mit der sich die BRD 2009 zur Entwicklung eines inklusiven Schulsystems für Schülerinnen und Schüler mit und ohne Behinderung verpflichtet hat. Im Anschluss stellt Stellbrink Konzepte vor, die sie im Sinne einer umfassenderen Inklusion für die Unterrichts-, Schul-

1 Grundlagen und Einführung: Interkulturelle Pädagogik und Sprachliche Bildung

und Lehrerbildungsentwicklung für weiterführend hält: eine Didaktik gemeinsamer Lernsituationen (Hans Wocken), ein Modell für Offenen Unterricht (Falko Peschel), das Konzept der Grundschule Berg Fidel in Münster (Reinhard Stähling) und das Projekt ‚Praxisphasen in Inklusion (PinI)' im Zentrum für Lehrerbildung der Universität Münster. Auch Stellbrink räumt der Haltung und den Einstellungen, mit denen Lehrkräfte eine inklusive Bildungspraxis entwickeln, besondere Bedeutung ein. Sie verfolgt in ihrem Beitrag den Anspruch, den von Stähling benannten „Nährboden aus Achtung, Zugehörigkeit und Verlässlichkeit" einer inklusiven Schule in sieben Punkten zu konkretisieren.

Timm Christensen und Mechthild Dehn stellen in ihrem Beitrag zur Konzeption des Schreibunterrichts in der Grundschule die Lernentwicklungen von vier Kindern (über den Zeitraum Klassen 1–3) mit ganz unterschiedlichen sprachlichen Sozialisations- und Bildungserfahrungen in den Mittelpunkt. Die sprachliche Bildung der Kinder vollzieht sich in einem Unterricht mit gemeinsamen Aufgaben für alle, die so komplex und offen sind, dass die Kinder beim schreibenden Denken ihre eigenen Perspektiven und kulturellen Deutungsmuster entwickeln können. Christensen und Dehn stellen diesen Prozess am Beispiel einer Aufgabe zum Textschreiben zu einem Gemälde dar. Es wird deutlich, dass bestimmte Bedingungen, unter denen Kinder erst eigene Deutungsmuster entwickeln, artikulieren und schreibend ausdrücken können, bei der didaktischen Konzeption zu bedenken sind. Unter diesen Bedingungen – das zeigen die Texte der vorgestellten Kinder – kann sprachlich-kulturelle Heterogenität eine Bereicherung sein, von der alle Schülerinnen und Schüler und Lehrkräfte profitieren. Auch die oben skizzierten Ziele der additiven Einbeziehung vorhandener sprachlich-kultureller Erfahrungen in einer Lerngruppe werden erreicht: 1. Jedes Kind macht die Erfahrung, sich an der schreibenden Auseinandersetzung mit einem komplexen Gegenstand zu beteiligen und mit seiner Deutung Gehör zu finden. 2. Jedes Kind macht im normierten Bereich Rechtschreibkompetenz gemessen an der eigenen Lernausgangslage große Lernfortschritte. Für die hier vorgestellte didaktische Konzeption ist es grundlegend, Schülerinnen und Schülern mit einer beobachtenden und zuhörenden Haltung zu begegnen. Im Sinne einer Individualisierung von unten werden die Kinder auf ihren eigenen Wegen unterstützt.

Imke Lange stellt das im Modellprogramm „Förderung von Kindern und Jugendlichen mit Migrationshintergrund (FörMig)" entwickelte Konzept Durchgängige Sprachbildung in den Mittelpunkt ihres Beitrags. Sie erläutert drei Dimensionen der Durchgängigkeit, die bei der Konzeption sprachlicher Bildung in der Schule zu beachten sind: Bildungsbiographie, Themenbereiche und Mehrsprachigkeit. Anhand von Beispielen aus der Grundschule, der Sekundarstufe und dem Studium richtet Lange den Blick auf den kontinuierlichen Erwerb bildungssprachlicher Kompetenzen im Verlauf von Bildungslaufbahnen. Lange fragt und rekonstruiert auf der Grundlage pädagogischer Protokolle (z. B. Unterrichts- und Interviewtranskripte), in welchen Situationen Übergänge von Alltags- zu Bildungssprache und von konzeptioneller Mündlichkeit zu konzeptioneller Schriftlichkeit beobachtet werden können und welche Art der Unterstützung dabei hilfreich ist. Mit dem Anspruch, Übergänge zwischen sprachlichen Registern im Unterricht und in der Schule besser beschreiben zu können, stellt Lange unterschiedliche Modelle für das Verhältnis von Alltags-, Bildungs- und Fachsprache zur Diskussion.

Auch Drorit Lengyel skizziert ‚Sprachliche Bildung' in ihrem Beitrag auf der Grundlage der im Modellprogramm FörMig eingeführten Konzepte Bildungssprache und Durchgängige Sprachbildung. Lengyel fokussiert die Mikroebene der Interaktion zwischen Lehrkraft und Schüler/innen. Ausgehend von (u. a. wissenschaftlichen) Erkenntnissen über Interaktionsmuster im Unterricht und auf der Grundlage der soziokulturellen Lerntheorie in der Tradition Vygotskijs betrachtet Lengyel Bedingungen für eine gemeinsame Wissens- und Bedeutungskonstruktion im Unterrichtsgespräch. Bildungssprachförderliche Interaktion in sprachlich heterogenen Lerngruppen charakterisiert Lengyel anhand des Konzepts des Mikro-Scaffolding von Pauline Gibbons. An drei Interaktionsbeispielen (aus dem Unterricht einer 3., einer 6. und einer 4. Klasse) rekonstruiert Lengyel, durch welches Gesprächsverhalten die Lehrkräfte bildungssprachliche Äußerungen von Schülerinnen und Schülern unterstützen. Das Fazit zeigt, dass bildungssprachförderliche Interaktionsmuster in hohem Maße von der Gestaltung der Lehrer-Schüler-Beziehung abhängen: Lengyel hält es für notwendig, die lehrerzentrierte kommunikative Ordnung zu überwinden, damit die gemeinsame Konstruktion von Wissen und Bedeutungen im Unterricht etabliert wird und die Lehrkraft in der Interaktion bildungssprachförderlich handeln kann.

Heike Roll stellt in ihrem Beitrag eine jahrgangsübergreifende Schreibwerkstatt im Ganztagsbereich einer Realschule vor, die hochschul- und förderdidaktische Ziele verbindet: Lehramtsstudierende bilden Schülerinnen und Schüler der 9. und 10. Klasse als Schreibbegleiter/innen aus, die dann – gemeinsam mit den studentischen Tutor/innen – in einer wöchentlichen Werkstatt Schülerinnen und Schüler der Klassen 5 und 6 in ihrem Schreibprozess unterstützen. Roll erläutert die schreibdidaktische Konzeption der Schreibwerkstatt ausgehend von Merkmalen und Besonderheiten des Schreibens in der Zweitsprache Deutsch. Anhand zweier Transkripte eröffnet Roll Einblicke in die Peer-Beratungen und zeigt, wie es Schülerinnen und Schülern gelingt, in einer kooperativen Textarbeit sprachförderlich zu handeln. Rolls Schwerpunkt auf einer prozessorientierten Schreibbegleitung für Schreibende in der Zweitsprache Deutsch ist ein Beitrag zu einer Sprachdidaktik in mehrsprachigen Lernsituationen. Dabei geht es auch um die Entwicklung interpersonaler Kompetenzen im Studium, die die studentischen Tutor/innen z. B. in Reflexionsprozessen mit den schreibberatenden Schüler/innen und bei deren Ausbildung einsetzen müssen.

1.3.3 Interkulturelle Pädagogik und Interkulturelle Sprachliche Bildung als Gegenstand des Lernens und Lehrens

In den oben vorgestellten Beiträgen von Mareike Stellbrink und Heike Roll kommen spezielle Arrangements in der Lehrerausbildung bereits vor (Stellbrink: ‚Praxisphasen in Inklusion', Roll: Studentische Tutor/innen in einer schulischen Schreibwerkstatt). Als Ausblick des Sammelbandes stellen zwei Beiträge Interkulturelle Pädagogik und Interkulturelle Sprachliche Bildung als Gegenstand des Lernens und Lehrens in den Mittelpunkt.

Jörn Schützenmeister betrachtet Interkulturelle Pädagogik in seinem Beitrag aus fachdidaktischer Perspektive als Gegenstand des Unterrichtsfachs Pädagogik. Im Mittelpunkt steht die aktuelle Konzeption Interkultureller Pädagogik als Inhalt des Schulfaches Erziehungswissenschaft in Nordrhein-Westfalen, die Schützenmeister auf der Grundlage einer Darstellung des fachdidaktischen Entwicklungsstands einer kritischen Würdigung unterzieht. Kritisiert werden u. a. die Art und Weise, in der Interkulturelle Pädagogik in den Schulbüchern für das Fach Erziehungswissenschaft thematisiert wird und eine sich abzeichnende Normierung der Unterrichtsinhalte durch Vorgaben für das Zentralabitur. Schützenmeister kommt zu dem Schluss, dass gesellschafts- und globalisierungskritische Perspektiven der Interkulturellen Pädagogik im Schulunterricht zu wenig Berücksichtigung finden. Die Einblicke in die Konzeption Interkultureller Pädagogik als Unterrichtsgegenstand im Schulfach Erziehungswissenschaft zeugen von einer Diskrepanz zum wissenschaftlichen Diskurs und lassen sogar befürchten, dass kulturalisierenden Deutungen sozialer Ungleichheit im Unterricht Vorschub geleistet wird. Interkulturelle Pädagogik ist für die Pädagogiklehrerbildung offensichtlich eine besondere Herausforderung. In diesem Sinn beendet Schützenmeister seinen Beitrag mit acht Thesen zur fachdidaktischen Innovation.

Monika Schulz und Ingrid Gogolin stellen in ihrem Beitrag den interdisziplinären Masterstudiengang „Mehrsprachigkeit und Bildung" der Universität Hamburg vor. Der Studiengang steht in engem Zusammenhang mit dem Forschungscluster „Linguistic Diversity Management in Urban Areas (LiMA)", dessen Ziele und Fragestellungen Schulz und Gogolin skizzieren. Erläutert werden darüber hinaus die Grundzüge der „Educational Linguistics", einer Unterdisziplin der angewandten Linguistik, innerhalb derer Schulz und Gogolin den vorgestellten Masterstudiengang verorten – mit der Besonderheit, dass Mehrsprachigkeit im Mittelpunkt steht. Struktur und Aufbau des Masterstudiengangs „Mehrsprachigkeit und Bildung", der sich u. a. an Lehramtsstudierende (mit BA- oder MA-Abschluss) und Lehrkräfte mit Staatsexamen richtet, werden detailliert dargestellt. Abschließend werden schulische und außerschulische Arbeitsfelder der Absolvent/innen aufgezeigt. Ausgehend von der Frage nach Herausforderungen für die Lehrerbildung sind hier insbesondere die Aufgaben von ‚Sprachlernkoordinator/innen' in allen Schulformen relevant: In den Schulen werden Lehrkräfte gebraucht, die dafür qualifiziert sind, ihre Kolleginnen und Kollegen „bei der Bewältigung von sprachlichen Bildungsaufgaben in multilingualen Lerngruppen" zu beraten (Schulz/Gogolin in diesem Band) und – im Sinne einer inklusiven Schulentwicklung – die Konzeption schulinterner Sprachbildungskonzepte zu leiten.

Eine letzte Frage aus der Ringvorlesung ‚Migration und Bildung' lautet: „Welche Handlungsspielräume gibt es in der Schule?" Auch wenn die in diesem Band versammelten Beiträge an verschiedenen Stellen auf die Grenzen pädagogischen Handelns innerhalb eines selektiven Schulsystems verweisen, zeigen sie gleichzeitig Denk- und Handlungsspielräume von Lehrerinnen und Lehrern im Sinne einer inklusiven Schulentwicklung auf, deren Gestaltung in der Lehrerausbildung vorbereitet werden kann.

Literaturverzeichnis

Allemann-Ghionda, C. (2006). Soziokulturelle und sprachliche Pluralität als anthropologische Voraussetzung und notwendige pädagogische Perspektive der Entwicklung von Standards und Kompetenzen in der Lehrerinnen- und Lehrerbildung. In W. Plöger (Hrsg.) *Was müssen Lehrerinnen und Lehrer können? Beiträge zur Kompetenzorientierung in der Lehrerbildung*. (S. 235–256). Paderborn. http://www.kompetenzzentrum-sprachfoerderung.de/fileadmin/user_upload/CAG-SoziokulturelleUndSprachlichePluralitaet.pdf. Zugegriffen: 10.02.2011.

Auernheimer, G. (2007). *Einführung in die Interkulturelle Pädagogik*. Darmstadt.

Baquero Torres, P. (2009). *Kultur und Geschlecht in der Interkulturellen Pädagogik*. Frankfurt a.M.

Baumert, J., Kunter, M. (2006). Stichwort: Professionelle Kompetenz von Lehrkräften. *Zeitschrift für Erziehungswissenschaft*, 9(4), 469–520.

Baur, R.S., Scholten-Akoun, D. (2010). Deutsch als Zweitsprache in der Lehrerausbildung. Bedarf – Umsetzung – Perspektiven. Dokumentation der Fachtagungen zur Situation in Deutschland und in Nordrhein-Westfalen am 10. und 11. Dezember 2009. Essen. http://www.mercator-foerderunterricht.de/fileadmin/user_upload/INHALTE_UPLOAD/Microsite%20Foerderunterricht/Fachmaterialien/DaZ_in_der_Lehrerausbildung_Juli_2010.pdf. Zugegriffen: 29.11.2011.

Brandenburger, A., Bainski, C., Hochherz, W., Roth, H.-J. (2011). European Core Curriculum for Inclusive Academic Language Teaching. National Adaptation of the European Core Curriculum for Inclusive Academic Language Teaching North Rhine Westphalia (NRW), Germany. http://www.eucim-te.eu/data/eso27/File/Material/NRW.%20Adaptation.pdf. Zugegriffen: 29.11.2011.

Chilla, S. (2008). Störungen im Erwerb des Deutschen als Zweitsprache im Kindesalter – Eine Herausforderung an die Sprachpädagogische Diagnostik. *Diskurs Kindheits- und Jugendforschung, 3*(3), 277–290.

Chlosta, C., Fürstenau, S. (2010). Sprachliche Heterogenität als Herausforderung für die Lehrerbildung: das Beispiel Nordrhein-Westfalen. *Die Deutsche Schule, 102*(4), 301–314.

Cummins, J. (1986). Empowering Minority Students: A Framework for Intervention. *Harvard Educational Review, 56*(1), 18–37.

Dehn, M. (1994). *Schlüsselszenen zum Schrifterwerb. Arbeitsbuch zum Lese- und Schreibunterricht*. Weinheim.

Dietz, S., Lisker, A. (2008). *Sprachstandsfeststellung und Sprachförderung im Kindergarten. Expertise im Auftrag des Deutschen Jugendinstituts*. München.

Dirim, İ., Mecheril, P. (2010). Die Sprache(n) der Migrationsgesellschaft. In P. Mecheril, M. Castro Varela, İ. Dirim, A. Kalpaka, C. Melter (Hrsg.) *Migrationspädagogik*. Weinheim und Basel.

Edelmann, D. (2006). Pädagogische Professionalität im transnationalen sozialen Raum. *Zeitschrift für Pädagogik, 52*(51), 235–249.

Fürstenau, S., Gomolla, M. (2009a). *Migration und schulischer Wandel: Unterricht*. Wiesbaden.

Fürstenau, S., Gomolla, M. (2009b). *Migration und schulischer Wandel: Elternbeteiligung*. Wiesbaden.

Fürstenau, S., Gomolla, M. (2011). *Migration und schulischer Wandel: Mehrsprachigkeit*. Wiesbaden.

Fürstenau, S., Gomolla, M. (2012). *Migration und schulischer Wandel: Leistungsbeurteilung*. Wiesbaden.

Fürstenau, S., Niedrig, H. (2011). Mehrsprachigkeit und Partizipation im Kontext transnationaler Migration. In: Heinrich-Böll-Stiftung (2011) (Hrsg.): *Dossier „Transnationalismus & Migration"*. http://www.migration-boell.de/web/diversity/46_2905.asp. Zugegriffen: 29.11.2011.

Gogolin, I. (1998). „Kultur" als Thema der Pädagogik: Das Beispiel interkulturelle Pädagogik. In A.M. Stroß, F. Thiel (Hrsg.) *Erziehungswissenschaft, Nachbardisziplinen und Öffentlichkeit*. (S. 125–150). Weinheim.

Gogolin, I. (2008). *Der monolinguale Habitus der multilingualen Schule*, 2. Aufl. Münster.

Gogolin, I., Krüger-Potratz, M. (2010). *Einführung in die Interkulturelle Pädagogik*, 2. Aufl. Opladen und Farmington Hills.

Gogolin, I., Neumann, U. (1997). *Großstadt-Grundschule. Sprachliche und kulturelle Pluralität als Bedingung der Grundschularbeit*. Münster und New York.

Gogolin, I., Neumann, U., Reich, H.H., Roth, H.-J., Schwippert, K. (2006). Eine falsche Front im Kampf um die Sprachförderung. Stellungnahme des FörMig-Programmträgers zur aktuellen Zweisprachigkeitsdebatte. http://www.blk-foermig.uni-hamburg.de/cosmea/core/corebase/mediabase/foermig/pdf/Presse/Endfassung_Kampf_um_Sprachfoerderung.pdf. Zugegriffen: 29.11.2011.

Gomolla, M. (2005). *Schulentwicklung in der Einwanderungsgesellschaft. Strategien gegen institutionelle Diskriminierung in England, Deutschland und in der Schweiz*. Münster.

Gomolla, M. (2010). Differenz, Anti-Diskriminierung und Gleichstellung als Aufgabenfelder von Qualitätsentwicklung im Bildungsbereich: Konzeptionelle Überlegungen in Anlehnung an die Gerechtigkeitstheorie Nancy Frasers. *Tertium Comparationis, 16*(2), 200–229.

Gomolla, M. (2012). Leistungsbeurteilung in der Schule: Zwischen Selektion und Förderung, Gerechtigkeitsanspruch und Diskriminierung. In S. Fürstenau, M. Gomolla (Hrsg.) *Migration und schulischer Wandel: Leistungsbeurteilung*. (S. 25–50). Wiesbaden.

Gomolla, M., Radtke, F.O. (2009). *Institutionelle Diskriminierung. Die Herstellung ethnischer Differenz in der Schule*, 3. Aufl. Wiesbaden.

Halfhide, T. (2009). Teamteaching. In S. Fürstenau, M. Gomolla (Hrsg.) *Migration und schulischer Wandel: Unterricht*. (S. 103–120). Wiesbaden.

Hamburger, F. *Abschied von der interkulturellen Pädagogik. Plädoyer für einen Wandel sozialpädagogischer Konzepte*. Weinheim und München.

Helsper, W. (2007). Eine Antwort auf Jürgen Baumerts und Mareike Kunters Kritik am strukturtheoretischen Professionsansatz. *Zeitschrift für Erziehungswissenschaft, 10*(4), 567–579.

Hericks, U., Stelmaszyk, B. (2010). Professionalisierungsprozesse während der Berufsbiographie. In T. Bohl, W. Helsper, H.G. Holtappels, C. Schelle (Hrsg.) *Handbuch Schulentwicklung*. (S. 231–237). Bad Heilbrunn.

Hohmann, M. (2005). Interkulturelle Erziehung als Herausforderung für allgemeine Bildung. In I. Gogolin, M. Krüger-Potratz, K. Kuhs, U. Neumann, F. Wittek (Hrsg.) *Migration und sprachliche Bildung*. (S. 29–45). Münster.

Hormel, U. (2010). Diskriminierung von Kindern und Jugendlichen mit Migrationshintergrund im Bildungssystem. In U. Hormel, A. Scherr (Hrsg.) *Diskriminierung. Grundlagen und Forschungsergebnisse*. (S. 173–195). Wiesbaden.

Hormel, U., Scherr, A. (2009). Bildungskonzepte für die Einwanderungsgesellschaft. In S. Fürstenau, M. Gomolla (Hrsg.) *Migration und schulischer Wandel: Unterricht*. (S. 45–60). Wiesbaden.

Kalpaka, A. (2006). Pädagogische Professionalität in der Kulturalisierungsfalle – Über den Umgang mit ‚Kultur' in Verhältnissen von Differenz und Dominanz. In R. Leiprecht, A. Kerber (Hrsg.) *Schule in der Einwanderungsgesellschaft*. (S. 387–405). Schwalbach, Ts.

Karakaşoğlu, Y. (2009). In W. Melzer, R. Tippelt (Hrsg.) *Kulturen der Bildung. Beiträge zum 21. Kongress der Deutschen Gesellschaft für Erziehungswissenschaft*. (S. 177–195). Opladen und Farmington Hills.

Krüger-Potratz, M. (2005). *Interkulturelle Bildung. Eine Einführung*. Münster und New York.

Kultusministerkonferenz (2006). Bericht „Zuwanderung". http://www.kmk.org/fileadmin/veroeffentlichungen_beschluesse/2002/2002_05_24-Zuwanderung.pdf. Zugegriffen: 29.11.2011.

Lutz, H., Herrera Vivar, M.T., Supik, L. (2010). Fokus Intersektionalität – Eine Einleitung. In H. Lutz, M.T. Herrera Vivar, L. Supik (Hrsg.) *Fokus Intersektionalität. Bewegungen und Verortungen eines vielschichtigen Konzeptes.* (S. 9–30). Wiesbaden.

Mecheril, P., Castro Varela, M.d.M., Dirim, I., Kalpaka, A., Melter, C. (2010). *Migrationspädagogik.* Weinheim und Basel.

Niedrig, H. (2002). Strategien des Umgangs mit sprachlicher Vielfalt – Analyse bildungspolitischer und konzeptioneller Ansätze. *Tertium Comparationis, 8*(1), 1–13.

Niedrig, H., Ydesen, C. (2011). (Hrsg) *Writing Postcolonial Histories of Intercultural Education.* Frankfurt a.M.

Niedrig, H., Ydesen, C. (2011). In H. Niedrig, C. Ydesen (Hrsg.) *Writing Postcolonial Histories of Intercultural Education.* (S. 9–26). Frankfurt a.M.

Nieke, W. (2010). Von der Interkulturellen Pädagogik zu einer Diversity Education? Abschied von der Interkulturellen Pädagogik?. In M. Krüger-Potratz, U. Neumann, H.H. Reich (Hrsg.) *Bei Vielfalt Chancengleichheit.* (S. 117–126). Münster.

Reh, S. (2004). Abschied von der Profession, von Professionalität oder vom Professionellen? Theorien und Forschungen zur Lehrerprofessionalität. *Zeitschrift für Pädagogik, 50*(3), 358–371.

Reich, H.H. (2000). Machtverhältnisse und pädagogische Kultur. Die Legitimierung des Unterrichts in den Herkunftssprachen von Migranten als Gegenstand eines internationalen Vergleichs. In I. Gogolin, B. Nauck (Hrsg.) *Migration, gesellschaftliche Differenzierung und Bildung.* (S. 343–364). Opladen.

Roth, H.J. (2010). Vom Suchhorizont zur Querschnittsaufgabe. Überlegungen zur Positionierung Interkultureller Bildung im Übergang zur Diversity Education. In M. Krüger-Potratz, U. Neumann, H.H. Reich (Hrsg.) *Bei Vielfalt Chancengleichheit.* (S. 90–99). Münster.

Terhart, E. (2010a). Schulentwicklung und Lehrerkompetenzen. In T. Bohl, W. Helsper, H.G. Holtappels, C. Schelle (Hrsg.) *Handbuch Schulentwicklung.* (S. 237–241). Bad Heilbrunn.

Terhart, E. (2010b). Heterogenität der Schüler – Professionalität der Lehrer: Ansprüche und Wirklichkeit. In S.L. Ellger-Rüttgardt, G. Wachtel (Hrsg.) *Pädagogische Professionalität und Behinderung. Herausforderungen aus historischer, nationaler und internationaler Perspektive.* (S. 89–104). Stuttgart.

Thurn, S. (2012). Die Bielefelder Laborschule – Leistung in einer Kultur der Vielfalt oder: „Die Würde des heranwachsenden Menschen macht aus, sein eigener ‚Standard' sein zu dürfen". In S. Fürstenau, M. Gomolla (Hrsg.) *Migration und schulischer Wandel: Leistungsbeurteilung.* (S. 137–152). Wiesbaden.

Weber, M. (2003). *Heterogenität im Schulalltag. Konstruktion ethnischer und geschlechtlicher Unterschiede.* Opladen.

Weigel, S. (1987). Die nahe Fremde – das Territorium des ‚Weiblichen'. Zum Verhältnis von ‚Wilden' und ‚Frauen' im Diskurs der Aufklärung. In T. Koebner, G. Pickerodt (Hrsg.) *Die andere Welt. Studien zum Exotismus.* (S. 171–199). Frankfurt, M.

Lehrerhandeln im sozialen Feld Schule
Beispiele für den Umgang von Lehrkräften mit Geschlecht und Ethnizität

Katrin Huxel

2.1 Einleitung

Schon im Jahr 2000 benannte die Hamburger Kommission Lehrerbildung den „Umgang mit kultureller und sozialer Heterogenität" als eines von drei prioritären Themen für die Ausbildung von Lehrerinnen und Lehrern (Hamburger Kommission Lehrerbildung 2000, S. 130ff.). Sowohl in der ersten als auch in der zweiten Ausbildungsphase, so die Autoren und Autorinnen des Berichts der Kommission, müssten diese Themen in Verbindung mit den fachlich gebundenen Kerncurricula angeboten werden. Die Empfehlungen der für die Verbesserung der Hamburger Lehrer(aus)bildung eingesetzten Kommission lassen sich mindestens in diesem Punkt durchaus auf das gesamte Bundesgebiet verallgemeinern und haben so auch Eingang gefunden in das Kerncurriculum Erziehungswissenschaft der DGfE (vgl. DGfE 2010).

Entsprechend ist in den letzten Jahren in der universitären Lehrerbildung sowohl ein sich vergrößerndes Angebot an Veranstaltungen zum Thema ‚Umgang mit Heterogenität', als auch eine verstärkte Nachfrage seitens der Studierenden wahrnehmbar. In der deutschsprachigen Schul- und Unterrichtsforschung, so konstatiert Gomolla, sei Heterogenität „geradezu zu einem Modethema avanciert" (2009, S. 21). Sie kritisiert den „schlagwortartigen Gebrauch des Begriffs" (ebd.), der sich in der Anwendung vor allem in Bezug auf Hauptschulen und Schulen in bisweilen als ‚Problemstadtteilen' disqualifizierten Quartieren ausdrücke. ‚Heterogenität' firmiert dann als euphemistische Umschreibung, in der defizitorientierte und problemfixierte Sichtweisen auf Schule in der Migrationsgesellschaft fortleben.

Doch Heterogenität ist kein Phänomen, das ausschließlich bestimmte Schulen, nämlich jene in Stadtteilen mit einem hohen Anteil von Menschen mit Migrati-

---

Katrin Huxel ✉
Westfälische Wilhelms-Universität Münster, Münster, Deutschland

onshintergrund an der Wohnbevölkerung betrifft, und sie ist kein Phänomen, das sich ausschließlich auf Migration und ihre Folgen bezieht. ‚Jede Lerngruppe ist heterogen' lautet ein im Rahmen der zunehmenden Diskursivierung des Themas oft formuliertes Credo. Heinz Klippert formuliert die sich aus Heterogenität als „Schlüsselproblem unserer Tage" ergebende Aufgabenstellung folgendermaßen: „Kinder aus unterschiedlichen Schichten mit ebenso unterschiedlichen Begabungen, Interessen, Verhaltensmustern, Erwartungen, ethnischen Wurzeln etc. müssen gemeinsam unterrichtet werden" (Klippert 2010, S. 14). Wenn die Feststellung, dass Heterogenität, also „Ungleichartigkeit" (Gomolla 2009, S. 22), alle (Lern)gruppen betrifft auch grundsätzlich richtig ist, so ist es jedoch fatal, unterschiedliche Dimensionen dieser Verschiedenheit gleichzusetzen. Selbstverständlich haben Schülerinnen und Schüler unterschiedliche Interessen, Verhaltensmuster und Erwartungen, die ihren individuellen Zu- und Umgang mit Bildung beeinflussen. Differenzen wie Klassen- oder Schichtzugehörigkeit, ethnisch-kulturelle Zugehörigkeit oder Geschlecht liegen jedoch machtasymetrische Grunddualismen zugrunde, die gesellschaftlich vermittelt und strukturell wirksam, mithin ungleichheitsgenerierend, sind (vgl. Lutz und Wenning 2001)[1]. Heterogenität entlang sozialer Differenzlinien wie Geschlecht, Ethnizität oder Klasse ist also nicht ‚einfach' Ungleichartigkeit, sondern sie ist sozial vermittelte Ungleichheit und entscheidet über Ein- und Ausschlüsse, über (Bildungs-)Teilhabe und (Bildungs-)Erfolg.

Angesichts der weitreichenden Wirksamkeit sozialer Differenzlinien ist es notwendig, dass Lehrerinnen und Lehrer diese Wirkungsweisen erkennen können. Neben dem Wissen um Wirkungen verschiedener Differenzen sollten sie in der Lage sein, das eigene Eingebunden-Sein in Konstruktionsprozesse sozialer Differenz zu reflektieren. Lehrkräfte konstruieren durch ihr Sprechen und Handeln Differenz entlang von Differenzlinien und verorten sich und andere innerhalb eines Geflechts von Zugehörigkeiten: als Männer und Frauen, als ‚deutsch' und ‚nicht-deutsch', als ‚weiß' oder ‚schwarz', als ‚erwachsen' oder ‚jugendlich'. Sie nehmen Zuschreibungen vor und transportieren Normalitätsvorstellungen. Mit diesem ‚Zuschreibungshandeln' sind sie eingebunden in Regeln und Logiken des sozialen Feldes Schule (vgl. Bourdieu und Wacquant 2006). In diesem Feld herrschen – wie in anderen gesellschaftlichen Bereichen auch – bestimmte Normvorstellungen und Interessen bezo-

---

[1] Auch Interessen, Verhaltensmuster, Erwartungen stehen in einem Zusammenhang mit sozialen Differenzen wie Klassenzugehörigkeit, Geschlecht und Ethnizität. Ebenso sind Begabungen nicht unbedingt ein ‚objektives' Kriterium für Verschiedenheit, sondern ebenfalls Effekte sozialer Zugehörigkeiten, aus denen z. B. ein Verfügen über legitimes kulturelles Kapital oder bestimmte sprachliche Register resultiert.

gen auf Differenzen wie Geschlecht und Ethnizität, sie spiegeln sich im Handeln der Akteure im Feld, Lehrkräfte wie auch Schülerinnen und Schüler, und werden von diesen reproduziert.

Im vorliegenden Beitrag sollen zunächst auf Grundlage der Betrachtung von Schule als sozialem Feld die *Illusio* und Regeln des Feldes in Bezug auf die Differenzlinien Geschlecht und Ethnizität aufgezeigt und nachvollzogen werden, denn jede soziale Praxis im Feld ist in diese Feldbedingungen eingebunden und nimmt Bezug auf diese. Lehrer und Lehrerinnen knüpfen mit ihrem Handeln und ihren Umgangsweisen mit Differenz an die im Feld geltenden Regeln und Vorstellungen an und konstruieren so Normalitätsvorstellungen in Bezug auf Geschlecht und natio-ethno-kulturelle Zugehörigkeiten (Mecheril 2003), aus denen sich Erwartungshaltungen ableiten.

Im zweiten Teil des Textes werden anhand von Beispielen aus der Praxis im Feld Handlungsweisen der Lehrkräfte in ihrem Eingebunden-Sein in die Logik des Feldes aufgezeigt. Dabei geht es nicht darum, rassistische oder sexistische Ausfälle anzuprangern, sondern die ‚ganz normale', alltägliche Interaktion zwischen Lehrkräften und Schülern kritisch zu betrachten und die – bewusste oder unbewusste – Reproduktion von Normalitätsvorstellungen, wie auch von Ein- und Ausschlüssen zu entdecken.

Abschließend soll versucht werden, in einem kurzen Fazit Schlussfolgerungen für die Ausbildung von Lehrerinnen und Lehrern zu ziehen.

2.2 Schule als soziales Feld

Bourdieu beschreibt ein soziales Feld als relativ autonome Sphäre mit eigenen Regeln, Logiken und Interessen der im Feld beteiligten Akteure (vgl. Bourdieu und Wacquant 2006). Diese Voraussetzungen treffen auf ‚Schule' zu, zumal dann, wenn mit Bourdieu nicht nur niedergeschriebene Regeln, sondern auch ungeschriebene „Regularitäten" als handlungsbestimmend im Feld betrachtet werden (Bourdieu und Wacquant 2006, S. 127). Diese ungeschriebenen Regularitäten gründen ihre Geltung auf die Anerkennung durch alle Feldmitglieder. Die von Bourdieu selbst im Zusammenhang mit dem Feldbegriff immer wieder gebrauchte Analogie des Spiels kann dies verdeutlichen: Ein Spiel funktioniert nur dann, wenn alle Mitspielenden den Glauben an das Spiel teilen und wenn sie den Wert der Einsätze anerkennen (vgl. ebd.). Für die aktive Teilnahme im Feld und das Funktionieren des Feldes reicht es also nicht, die Regeln – die geschriebenen wie auch die ungeschriebenen – zu kennen. Ihre Gültigkeit muss ebenso wie das Spiel selbst anerkannt und es muss an sie und an die Sinnhaftigkeit des Spiels selbst geglaubt werden.

Auch im Bereich ‚Schule' ist der Glaube aller Teilnehmenden an das gemeinsame ‚Spiel', sowie das geteilte Interesse an den Einsätzen und Regeln Grundbedingung für das Funktionieren als Feld. In Deutschland ist das Schulsystem stark in der Gesellschaft verankert, der Glaube an die Sinnhaftigkeit des ‚Spiels' Schule, die Anerkennung der schulischen Regeln und Regularitäten sind weit verbreitet und gesellschaftlich auch über die direkten Feldgrenzen hinaus anerkannt. Dieser Umstand trägt ebenso wie die hohe Anerkennung des im Feld zu erwerbenden kulturellen Kapitals über das Feld ‚Schule' hinaus dazu bei, dass die Glaubenssätze des Feldes allgemeingültig erscheinen. Budde nennt die Anerkennung „der Illusion, dass die jeweiligen Interessen und Gesetzmäßigkeiten allgemeingültig sind" (Budde 2005, S. 41) als wichtiges Merkmal für das Funktionieren eines Feldes.

Ebenso wie für andere Felder gilt jedoch auch für die Schule: Die im Feld wirkenden Interessen sind nicht ahistorisch und universell, sie sind zeit- und kontextgebunden und damit veränderbar. Bourdieus Feldbegriff auf die Schule zu übertragen erlaubt es somit, Interessen und Glaubenssätze, die zu einer bestimmten Zeit innerhalb des Feldes Schule, aber auch über dessen Grenzen hinaus gesellschaftlich als ‚selbstverständlich' oder ‚normal' wahrgenommen werden, als strategische Interessen und Regeln zu erkennen, die ihren Sinn innerhalb der Logik des Feldes gewinnen. Das Erkennen der im Feld herrschenden Regularitäten und Regeln ermöglicht es, die dem Feld inhärenten Logiken und damit die je spezifische Funktions- und Wirkungsweise eines Feldes zu durchschauen.

Im Folgenden möchte ich Glaubenssätze, die im Feld Schule in Bezug auf Geschlecht und Ethnizität herrschen, vorstellen und zeigen, wie eng diese Differenzen als zentrale Dimensionen von Ungleichheit mit dem Feld Schule verbunden sind. Wie ist Schule an der Konstruktion und Reproduktion dieser Differenzen und der sie begleitenden Chancenungleichheit beteiligt? Sind Differenzen unter Schülerinnen und Schülern möglicherweise sogar konstitutiv für das Funktionieren der ‚Spiele' im Feld Schule?

2.3 Ethnizität und Geschlecht im sozialen Feld

Die breit referierten und rezipierten Ergebnisse einschlägiger Schulleistungsvergleichsstudien wie PISA oder IGLU spiegeln die *Illusio* des Feldes Schule in Bezug auf Migration und Ethnizität wider, insofern sie die Effekte des Umgangs mit Migration und Ethnizität zeigen, die sich in der ungleichen Bildungsteilhabe und in ungleichem Bildungserfolg von Schülerinnen und Schülern mit Migrationshintergrund ausdrücken. Neben der bloßen Darstellung der Effekte bestimmter Handlungsweisen beeinflussen die Studien jedoch auch das im Feld vorhandene Wissen, die Vorstellungen und Interventionsstrategien.

Gomolla und Radtke verdeutlichen die Beeinflussung der im Feld vorgenommenen Handlungen durch gesellschaftlich vorhandene Wissensbeständen ihrer Studie zu institutioneller Diskriminierung anhand der Prozesse des *sense making* (Gomolla und Radtke 2007). Sie betrachten Schule aus systemtheoretischer Perspektive als Organisation, der eine Eigenlogik innewohnt, da bestimmte Handlungsschemata der Akteure vorausgesetzt werden. Diese Handlungsschemata werden von den in der Organisation Handelnden ausgeführt und nachträglich unter Zuhilfenahme gesellschaftlich und wissenschaftlich anerkannter und angebotener Deutungsweisen sinnvoll begründet. So greifen Lehrkräfte zur Legitimierung von Rückstellungen oder Sonderschulüberweisungen[2] auf Erklärungen, die kulturelle und sprachliche Defizite ebenso wie mangelnde elterliche Unterstützung bei Kindern mit Migrationshintergrund vermuten, zurück (vgl. Gomolla und Radtke 2007, S. 269ff.). Dieser Rückgriff zeigt, dass kulturdifferenztheoretische und defizitorientierte Betrachtungsweisen als Deutungsmuster im Feld vorhanden und in weiten Teilen auch konsensfähig sind. Gomolla und Radtke betonen jedoch, dass diese Begründungsmuster nicht die Ursachen für Entscheidungsprozesse sind, die zu einer Benachteiligung von Kindern mit Migrationshintergrund führen, sondern dass diese Benachteiligungen aus anderen, für die Organisation funktionalen Gründen, wie der Auslastung, der Klassenzusammenstellung oder des ‚Rufs' der Schule, getroffen werden. Die Begründungsmuster werden lediglich zur Sinnstiftung im Nachhinein herangezogen (vgl. ebd.).

Die *Illusio* des Feldes scheint vor dem Hintergrund der Ergebnisse von Gomolla und Radtke vor allem auf die Erhaltung der Funktionalität der Organisation gerichtet. Weil Maßnahmen zur nicht-diskriminierenden Eingliederung und Unterstützung in der Schule nicht institutionell verankert sind, bedeutet die Erhaltung der Funktionalität in der Regel den Ausschluss von Kindern, die nicht in das Bild des ‚Normalschülers' oder der ‚Normalschülerin' passen. Daraus folgt, dass zum Bei-

---

[2] Die Studie von Gomolla und Radtke wurde in den 1990er Jahren durchgeführt. Durch den mit der Entwicklung zur Inklusion einhergehenden Abbau der Förderschulen wird sich diese Praxis verändert haben. Es wäre zu fragen, ob nun im Feld andere Formen des Ausschlusses gefunden werden, die zu einer Besonderung der Schülerinnen und Schüler mit Migrationshintergrund führen und es ermöglichen, sie als ‚störende Faktoren' aus dem Regelunterricht auszuschließen. Hier stehen empirische Untersuchungen jedoch noch aus.

spiel Kinder, deren Deutschkenntnisse als nicht ausreichend erachtet werden, in Fördermaßnahmen oder auf niedere Schulformen abgeschoben werden.

In den Zuschreibungen, die im schulischen Feld auf Kinder mit Migrationshintergrund gerichtet werden, spiegeln sich alltagsrassistische Erklärungsansätze, in denen Kultur oder auch Ethnizität als „Sprachversteck für Rasse" (vgl. Leiprecht 2001) erscheint. Außerdem liegt den Zuschreibungs- und Begründungsmustern ein binär strukturiertes Denken von ‚Wir und die Anderen' zugrunde, in dem sich das hierarchische Repräsentationssystem vom „Westen und dem Rest" widerspiegelt (vgl. Yıldız 2010, Hall 1994). Diese im Feld herrschenden Deutungsmuster und Glaubenssätze bezüglich Migration und Ethnizität dienen als Erklärungs- und Begründungsmuster für Regeln und Regularitäten, die sich negativ auf die Bildungszugänge von Kindern mit Migrationshintergrund auswirken. Denn die *Illusio* im Feld ist auf die Erhaltung bzw. Schaffung möglichst homogener Lerngruppen von Schülerinnen und Schülern mit ‚Normalbiographien' gerichtet, Schüler und Schülerinnen mit Migrationshintergrund, die dieser Normalvorstellung nicht entsprechen (oder von denen dies angenommen wird), werden als Störfälle wahrgenommen und ausgesondert. Erst in jüngerer Zeit wird dieses Streben nach Homogenität vor dem Hintergrund der eingangs beschriebenen Diskursivierung von Heterogenität problematisiert. Die politischen Debatten um die Auflösung der Hauptschule und den Erhalt des Gymnasiums belegen jedoch die nach wie vor zentrale Bedeutung, die Segregation für das Feld Schule hat. Der Glaube an Leistung als legitimes Differenzierungsmerkmal und vor allem an die Notwendigkeit der Differenzierung (nach innen oder außen) erklärt das Festhalten an segregierenden Schulstrukturen und Unterrichtsmethoden.

Gleichzeitig gelten in der Schule jedoch Grundsätze und Forderungen nach Gleichbehandlung und Chancengleichheit. Dies führt dazu, dass die *Illusio* des Feldes darauf gerichtet ist, den Ausschluss von Kindern mit Migrationshintergrund so zu begründen und zu bewerkstelligen, dass der pädagogische Anspruch nach Gleichbehandlung trotzdem aufrecht erhalten werden kann – so werden Segregationsmaßnahmen oft mit dem ‚Wohl des Kindes' oder eben durch scheinbar objektiv zu messende Leistung begründet (vgl. Gomolla und Radtke 2007; Kronig 2012).

Ein weiterer Anspruch, der an Schule gestellt wird, ist der der ‚Integration'. Indem „Bildung als Schlüssel zur Integration"[3] betrachtet wird, kommt der (nationalen) Schule eine identitätsstiftende und ‚Staatsbürger-bildende' Funktion zu, die nicht nur, aber auch Kinder mit Migrationshintergrund einschließt. Diese sollen in der Schule die herrschende „politische Kultur" (Schiffauer et al. 2002) erlernen und an-

---

[3] So die derzeitige Bundesbildungsministerin Annette Schavan laut einer Pressemitteilung des BMBF bei einem Treffen mit „türkischstämmigen Abiturienten" im Jahr 2007 (BMBF 2007).

nehmen, um sich in die nationale Zivilgesellschaft zu integrieren. Hier lässt sich ein Wirken „assimilationistischer Orientierungen" (vgl. Mecheril et al. 2010, S. 8) in der *Illusio* des Feldes erkennen.

Auch in Bezug auf die Differenzlinie Geschlecht herrscht im Feld Schule eine bestimmte *Illusio*. Es werden bestimmte Erwartungen an Geschlecht bzw. Angehörige eines Geschlechts gerichtet, es wird ihnen mit Vorannahmen begegnet, und Regeln und Regularitäten entfalten für Jungen und Mädchen unterschiedliche Wirkungen. Schülerinnen und Schüler nehmen aufgrund ihres Geschlechts unterschiedliche Positionen im Feld ein. Das Verhältnis dieser Positionen zueinander und der Umgang der Schule mit Geschlecht hat sich allerdings im Lauf der Geschichte verändert: Von einem weitgehenden Ausschluss der Mädchen von höherer Bildung noch zu Beginn des vergangenen Jahrhunderts ist es zu einer (leichten) Überrepräsentation von Abiturientinnen im Gegensatz zu Abiturienten gekommen. Mädchen haben mittlerweile also mindestens gleichberechtigt an Bildung teil, die feldinternen Regeln in diesem Bereich haben sich als historisch und veränderbar erwiesen, obwohl sie zum Zeitpunkt ihrer Gültigkeit allgemeingültig und quasi natürlich erschienen. Die Ergebnisse von Schulleistungsstudien, vor allem aber die sich daran anknüpfenden Diskussionen, legen sogar den Schluss nahe, das Verhältnis habe sich umgekehrt und Jungen bzw. junge Männer seien mittlerweile von einem flächendeckenden Bildungsausschluss bedroht. Anders als es die oftmals polarisierenden Debatten um Bildungsbenachteiligungen von Jungen nahe legen, zeichnen die Ergebnisse verschiedener Studien jedoch ein differenzierteres Bild der Unterschiede in Bildungserfolg und -zugängen von Mädchen und Jungen. So sind Jungen nicht nur unter den Schulabbrechern und den Sitzenbleibern überrepräsentiert, sondern sie werden auch häufiger als hochbegabt identifiziert, überspringen häufiger als Mädchen eine Klasse und profitieren eher von Begabungsfördermaßnahmen (vgl. Stamm 2009). Darüber hinaus sind die Unterschiede zwischen Schülern und Schülerinnen unterschiedlicher sozialer Hintergründe innerhalb einer Genusgruppe größer als die zwischen den Genusgruppen.

Unabhängig von der Frage nach Gründen für Schulerfolge und -misserfolge einer Genusgruppe zeigt sich, dass in der Schule – ebenso wie in der Gesamtgesellschaft – Zweigeschlechtlichkeit als ‚natürliche Tatsache' gilt. Die verschiedenen Akteure im schulischen Feld sind als Mitglieder der zweigeschlechtlich strukturierten Gesellschaft, aber auch als pädagogisch Professionelle (im Falle der Lehrkräfte) von verschiedenen, gesellschaftlich vorhandenen Diskursen über Geschlecht beeinflusst, die so Eingang finden in das Feld Schule (vgl. Jäckle 2009). Jäckle kommt so zu der Feststellung, dass „[die] Schule als Institution der ‚Zwei-Geschlechter-Gesellschaft' entsprechend ihrer Sozialisations- und Enkulturationsfunktion die symbolische Ordnung der Zweigeschlechtlichkeit [reproduziert]" (ebd., S. 363).

So ist die *Illusio* des Feldes Schule in Bezug auf Geschlecht zunächst auf Herstellung und Erhaltung von Zweigeschlechtlichkeit gerichtet. Zweigeschlechtlichkeit gilt innerhalb des Feldes als ‚Normalfall‘ und dient als Grundlage für den Umgang mit Schülerinnen und Schülern, im schulischen Alltag wird sie beständig rekonstruiert. Damit gehen Normvorstellungen über das jeweilige Geschlecht einher, Jungen und Mädchen werden nicht nur unterschiedliche Kompetenzbereiche oder „Geschlechterterritorien" (vgl. Kelle 2003, S. 187, zit. nach Budde 2009) zugerechnet, sondern es werden – sowohl von Seiten der Lehrkräfte, als auch von Schüler- und Schülerinnen-Seite – Erwartungen an ihr Verhalten gestellt. Wenn also in der Schule so etwas wie „Jungenverhalten", gemeinhin assoziiert mit eher lautem, unangepasstem Verhalten, beobachtet werden kann, so ist dies immer als Ergebnis von Konstruktionsprozessen zu sehen, die im Feld Schule ebenso wie in anderen gesellschaftlichen Feldern stattfinden (vgl. Faulstich-Wieland 2009).

Wenn Schülerinnen und Schüler den im Feld an sie gerichteten Erwartungen, sich als ‚typischer Junge‘ oder als ‚typisches Mädchen‘ zu verhalten entsprechen, muss das dennoch nicht immer zu ihrem Vorteil sein, wie das bereits angesprochene ‚Jungenverhalten‘, welches von Lehrerinnen und Lehrern häufig als negativ wahrgenommen und empfunden wird, zeigt. Budde fragt vor diesem Hintergrund nach der „Passung" des Habitus von Jungen und der Effekte des Feldes Schule und stellt die These auf, „dass ein Teil der Jungen aufgrund ihrer Orientierung an tradierten und stereotypen Männlichkeiten Kapitalien zum Einsatz bringen, die im Feld Schule ungünstige Auswirkungen haben können, sich jedoch in non-formalen oder informellen Feldern durchaus als gewinnbringend erweisen können" (ders. 2009, S. 73). Das heißt, dass im Feld Schule offensichtlich Regularitäten gelten, nach denen das Verhalten von Jungen – zumindest insofern es „an einem stereotypen männlichen Habitus" orientiert ist (ebd., S. 80) – nicht angemessen erscheint. In anderen Zusammenhängen, z. B. in der geschlechtshomogenen oder auch -heterogenen Peer-Group, möglicherweise aber auch im späteren Berufsleben, kann dieses Verhalten dagegen durchaus vorteilhaft sein.

Es herrschen im Feld Schule also offenbar widersprüchliche Umgangsweisen in Bezug auf Geschlecht: Auf der einen Seite trägt die Schule mit ihren feldinternen Regeln und Regularitäten zur Reproduktion der zweigeschlechtlichen Ordnung und zur Konstruktion von Mädchen und Jungen, die sich entsprechend der gesellschaftlichen Normvorstellungen verhalten, bei. Auf der anderen Seite erscheint ein bestimmtes Jungenverhalten als unpassend und ist offenbar mit den Regeln des Feldes nicht vereinbar, insofern es das Unterrichtsgeschehen stört oder zu stören scheint. Die *Illusio* des Feldes ist zunächst auf die grundlegende Funktion der Schule, die Vermittlung von Wissen gerichtet. Dieser scheint ein Schülerverhalten, wie es vor allem Jungen zu zeigen scheinen und das mehr auf Performanz denn auf Unterrichtsbeteiligung ausgerichtet ist (vgl. Budde 2009), zuwiderzulaufen. Daneben ist jedoch das Interesse an der Konstruktion geschlechtlich sich eindeutig verhaltender Mädchen und Jungen ebenfalls in die *Illusio* der Schule eingeschrieben – unter Inkaufnahme der sich daraus mitunter ergebenden, von Budde beschriebenen Passungsprobleme von männlichem Habitus und Schulkultur.

2.4 Beispiele: (Re-)Konstruktion von Differenz im sozialen Feld Schule

Oben wurde gezeigt, dass im sozialen Feld Schule ein Interesse an der Konstruktion und Aufrechterhaltung von Differenz herrscht, und zwar in Bezug auf Geschlecht ebenso wie auf Ethnizität. Dies spiegelt sich im monolingualen und monokulturellen Habitus der Schule, der zu eindeutigen Normalitätsvorstellungen in Bezug auf Sprache, Ethnizität und Kultur führt, sowie in der Erwartung eindeutiger geschlechtlicher Zu- und Einordnungen der Schülerinnen und Schüler, die ebenfalls mit Normalitätsvorstellungen verknüpft sind.

Im Folgenden soll anhand von Beispielen aus der Praxis im sozialen Feld Schule gezeigt werden, wie Lehrerinnen und Lehrer mit ihrem Handeln in die Glaubenssätze des Feldes eingebunden sind und an der Aufrechterhaltung der Regeln und Regularitäten auch unbewusst mitarbeiten. Die folgenden Beispiele stammen aus meinem Dissertationsprojekt, für das ich über mehrere Monate teilnehmende Beobachtungen in zwei Schulklassen durchgeführt habe. Zentral war hier die Frage nach den Positionierungen männlicher Schüler mit Migrationshintergrund im Geflecht verschiedener Dimensionen von Differenz und Zugehörigkeit. Ergänzt wurden die Beobachtungen für dieses Projekt durch biographische Interviews mit den Schülern (vgl. Huxel 2011 und 2008). Während im beschriebenen Projekt die Selbstpositionierungen der Schüler, ihre Präsentationen und „Erzählungen über Zugehörigkeit" (Anthias 2003) im Mittelpunkt stehen, soll es im vorliegenden Beitrag jedoch vor allem um das Handeln der Lehrkräfte gehen.

Im Umgang der Lehrerinnen und Lehrer mit geschlechtlichen und ethnischkulturellen Zugehörigkeiten spiegelt sich die *Illusio* des Feldes wider, zeigen sich Normalitätsvorstellungen und -erwartungen, die unter dem Einfluss professionsinterner Debatten um Heterogenität erst langsam von Lehrerinnen und Lehrern hinterfragt und verändert werden. In selteneren Fällen agieren Lehrerinnen und Lehrer offen rassistisch oder sexistisch – dies kommt vor, war während der Beobachtungen aber die Ausnahme. Häufiger zeigen sich die Beharrungskräfte feldinterner Regeln und Normvorstellungen im unüberlegten und vielleicht sogar als ungeschickt zu bezeichnendem Umgang mit Differenz und Heterogenität, der zur Reproduktion von Normvorstellungen führt.

So drückt sich im folgenden Beispiel einerseits die Anerkennung der Mehrsprachigkeit eines Schülers aus, andererseits produziert auch diese Anerkennung durch die ‚Besonderung' des Schülers und seiner Kompetenz wieder Ausschlüsse.

> Frau Korte gibt den Schülerinnen und Schülern im Kontext der Berufsvorbereitung Informationen über das Freiwillige Soziale Jahr. Luis ruft: „Ey, ich arbeite doch nicht freiwillig". Frau Korte erklärt etwas zur Freiwilligkeit dieser Arbeit und erzählt, dass das auch im Ausland möglich ist. Es ist relativ leise. Frau Korte wendet sich an Luis: „Für dich wär das doch was, du kannst Spanisch, ein bisschen, oder sogar ganz gut?"

Frau Korte erkennt die Ressource ‚Mehrsprachigkeit', über die Luis verfügt, an. Allerdings misst sie dieser Ressource nur im außerschulischen Bereich Wert bei, in der Schule scheint Luis dieses Kapital nicht einsetzen zu können. Es gibt an der Schule keinen spanischen Herkunftssprachenunterricht, Spanisch wird auch nicht als reguläre Fremdsprache unterrichtet. Entsprechend weiß Frau Korte auch nicht genau, ob und wie gut Luis wirklich Spanisch kann. Seine Sprachkompetenz passt nicht in das schulische Raster und kann so nicht ‚offiziell' anerkannt werden.

Frau Kortes Hinweis deutet jedoch darauf hin, dass ihr sehr wohl bewusst ist, dass Luis' Sprachkompetenz außerhalb des schulischen Feldes durchaus als wertvolle Ressource eingesetzt werden könnte. Hier fällt ihr allerdings nur der Bereich der freiwilligen Arbeit ein – ein Bereich, den Luis für sich selbst als Tätigkeitsfeld ausschließt und der ihm auch keine formal anerkannte Qualifizierung ermöglichen würde.

Weiterhin verortet Frau Korte den Einsatzbereich von Luis Ressource „im Ausland". „Im Ausland" hat im Kontext von Bildung und Ausbildung eine doppelte Bedeutung: Einerseits wird ‚Auslandserfahrung' eine immer wichtigere Forderung auf einem sich globalisierenden Arbeitsmarkt (ebenso wie auch Mehrsprachigkeit), andererseits ist ‚das Ausland' immer noch diskursiv erzeugter Ort des Fremden und Anderen – und kann in dieser Funktion Faszination ausüben, aber auch ‚Befremden' hervorrufen. Wenn Frau Korte erwähnt, man könne das Soziale Jahr auch „im Ausland" ableisten, so weist sie indirekt Luis' Mehrsprachigkeitskompetenz einen Ort zu: nämlich ‚im Ausland'. Hier kann er seine Spanischkenntnisse einsetzen, nicht jedoch im sozialen Feld Schule. Die Anerkennung seiner Ressource durch die Lehrerin ist also doppeldeutig, da sie ihn gleichzeitig diskursiv auf das ‚Ausland' verweist.

Frau Korte reproduziert die Normalitätsvorstellung von einsprachigen Schülerinnen und Schülern. Mehrsprachigkeit, so kann ihr Verhalten gelesen werden, gehört ‚ins Ausland' und ist bestenfalls in ‚freiwilliger Arbeit' einzusetzen. Offensichtlich gelingt es (in dieser Situation) nicht, die im Migrationskontext erworbene Ressource in im Feld anerkanntes Kapital umzuwandeln – die *Illusio* ist zu sehr auf den Erhalt einer homogenen, im Normalfall einsprachigen Schülerschaft gerichtet.

Auch in Bezug auf Geschlecht reproduzieren und transportieren die Lehrerinnen und Lehrer Normalitätsvorstellungen, wie im folgenden Beispiel deutlich wird:

> Fatih setzt sich neben Jamal, weil sie sich ein Buch teilen müssen. Herr Arens quittiert das mit dem Kommentar: „ja, aber seid still und arbeitet, nicht, dass ihr euch gleich wieder die Glatze küsst". Im Folgenden wird klar, dass es einen mit der Handykamera aufgenommen Film gibt, auf dem zu sehen ist, wie Jamal Fatihs Kopf küsst. Herr Arens sagt schmunzelnd: „Ich habe das gesehen, das möchte ich nicht noch mal sehen".

Herr Arens kommentiert die eigenmächtige Veränderung der Sitzordnung durch Fatih und Jamal mit einem Verweis auf eine vergangene Handlung. Seine Erwähnung des Films kann als Versuch des Aufbaus von Nähe zu seinen Schülern gelesen werden. Er demonstriert seine Kenntnis dieses Films und damit, dass er an außerunterrichtlichen Aktivitäten zumindest in einem gewissen Rahmen partizipiert. Auch die scherzhafte Einkleidung der eigentlichen Ermahnung „seid still" deutet auf diesen Versuch des Aufbaus von Nähe hin. Herr Arens lässt es nicht bei der einfachen Erwähnung der im Film gezeigten Situation bewenden, sondern bewertet diese auch: „das möchte ich nicht noch einmal sehen". Er dokumentiert seine Irritation angesichts der homosozialen Handlung des sich den Kopf-Küssens und drückt seine Missbilligung aus. Möglicherweise bezieht sich seine Missbilligung vor allem auf die im schulischen Feld innerhalb der Unterrichtszeit reglementierte und nicht unbedingt gewollte Interaktion zwischen zwei Schülern. Seine Reaktion kann aber auch als inhaltliche Ablehnung der Handlung des sich den Kopf-Küssens gelesen und verstanden werden. Herr Arens präsentiert so einen wenn schon nicht absichtlich ablehnenden, so doch wenigstens ungeschickten und angespannten Umgang mit homosozialer Zärtlichkeit. Ihr wird so jede Selbstverständlichkeit genommen, Jamals und Fatihs Interaktion erscheint als besonders, als Regelübertritt innerhalb der heteronormativen Ordnung.

Insgesamt fällt auf, wie wenig Homosexualität im schulischen Feld zum Thema wird und wie selbstverständlich im Gegenzug von heterosexuellen Orientierungen ausgegangen wird – auch von den (männlichen) Lehrern. So wie der Kuss zwischen Fatih und Jamal durch Herrn Arens als Abweichung behandelt wird, so markiert auch Herr Grabe unter anderem durch den Einsatz von Ironie und die Abwehr diesbezüglicher Spekulationen Homosexualität als ‚nicht normal':

> Fabian sagt zu Herrn Grabe.: „Das waren schöne Zeiten in der 6". Herr Grabe antwortet ironisch: „Ja, vor allem mit Herrn Dichter" Marlon: „Herr Dichter war ehrlich schwul" Herr Grabe entgegnet wieder ironisch: „deshalb hat er mittlerweile auch drei Kinder". Marlon: „Kann ja trotzdem bi sein". Erik: „der ist bi", Marc: „Bi".

Herr Grabe wertet das Spekulieren der Jungen über die mögliche Homosexualität eines Kollegen als Angriff auf diesen Lehrer, den er im Sinne kollegialer Solidarität abwehren muss. Auch wenn es durchaus sein kann, dass die Spekulationen von den Schülern diffamierend gemeint sind, verleiht ihnen jedoch erst Herrn Grabes Abwehr den Status tatsächlich diskriminierender Vorwürfe: Erst die Abwehr beweist, dass es sich um Vorwürfe handelt, denn wäre ‚Schwul-Sein' eine vollkommen akzeptierte, gleichberechtigte Lebensform neben dem ‚Heterosexuell-Sein', so müsste Herr Grabe die Überlegungen der Schüler nicht durch den Einsatz von Ironie abwehren. Auch der Inhalt seiner ironischen Abwehr repräsentiert einen angespannten Umgang mit Homosexualität und letztlich deren Nicht-Akzeptanz als gleichberechtigte Lebensform. Herr Grabe versucht die Spekulationen der Schüler durch das Argument, Herr Dichter habe drei Kinder ad absurdum zu führen – ungeachtet der Tatsache, dass Herr Dichter auch als schwuler Mann drei Kinder haben könnte. Sein Argument stützt so die alltagstheoretische Sichtweise, homosexuelle Lebensformen als unvereinbar mit Kindern zu betrachten. Herrn Grabes Verhalten trägt nicht dazu bei, Homosexualität als Selbstverständlichkeit und akzeptierte Lebensform *neben* heterosexuellen Lebensformen zu betrachten. Im Gegenteil schreibt sein Umgang mit dem Thema Homosexualität heteronormative Sichtweisen fest.

Homophobie ist zwar ein Element der männlichen Selbstinszenierung der Jungen auch in den beobachteten Klassen, sie steht aber nicht einer mitunter zärtlichen und berührungsintensiven Körperlichkeit der Jungen untereinander entgegen. Die von den Jungen präsentierte Homophobie ist auch als Reaktion auf die im Feld gültige Heteronormativität und den daraus resultierenden angespannten Umgang mit Homosexualität und homosozialer Zärtlichkeit zu sehen. Heteronormativität kommt insofern eher eine Schlüsselrolle für die Konstruktion von Männlichkeit zu als Homophobie. Denn es ist weniger offen ausgedrückte Homophobie, die von den Jungen zur Schau gestellt wird und ihre Inszenierung von Männlichkeit unterstützt, als vielmehr der als selbstverständlich gelebte Ausschluss von gleichgeschlechtlicher Liebe als realer Option, der auch von den Lehrkräften vorgelebt und (wahrscheinlich unintendiert, aber dadurch nicht weniger wirkmächtig) als Normalität produziert wird.

2.5 Fazit

Die hier gezeigten Beispiele sollten verdeutlichen, dass Lehrerinnen und Lehrer mit ihrem Handeln in die Logiken des Feldes Schule eingebunden sind und dass sie diese auch reproduzieren. So führen Lehrerinnen und Lehrer Prozesse des *Othering* durch und markieren bestimmte Schülerinnen und Schüler als ‚Andere' (vgl. Castro Varela und Mecheril 2010), wenn sie wie Frau Korte im beschriebenen Beispiel die Ressource Mehrsprachigkeit nicht anerkennen oder diese auf den außerschulischen oder sogar ‚ausländischen' Raum verweisen. Damit wird die Vorstellung vom herkunftssprachlich deutschen, einsprachigen ‚Normalschüler', auf den die Institution Schule zugeschnitten ist und dessen Ressourcen sie anerkennen und fördern kann, reproduziert.

Ebenso wirken Lehrerinnen und Lehrer an der Konstruktion geschlechtlicher Normalität mit, wenn sie, wie in den zwei weiteren dargestellten Beispielen gezeigt, heteronormativ agieren. Sie drücken damit ihre Erwartungen an sich eindeutig ‚männlich' verhaltende Jungen aus und leisten homophoben Verhaltensweisen Vorschub. Wahrscheinlich unbeabsichtigt wird Homophobie so im Feld reproduziert.

Der eingangs zitierten Forderung, den Umgang mit Heterogenität zu einem prioritären Thema in der Lehrerbildung zu machen, kann also nicht allein durch die Vermittlung von Methodenkompetenz und heterogenitätsbewusster Didaktik Folge geleistet werden. Stattdessen sollten Lehrerinnen und Lehrer in die Lage versetzt werden, die im Feld geltenden Regeln und vor allem auch die ungeschriebenen Regularitäten zu erkennen, geteilte Glaubenssätze und diesen innewohnende Normvorstellungen zu identifizieren und so die eigene Positioniertheit innerhalb verschiedener Differenzen zu reflektieren. Neben methodischen und didaktischen Kompetenzen im Umgang mit heterogenen Lerngruppen müssen Lehramtsstudierende also auch Wissen erwerben über die Wirkung sozialer Differenzen im Feld Schule. Wenn Schule als soziales Feld mit bestimmten innewohnenden Regeln und Interessen thematisiert wird, kann es angehenden Lehrkräften ermöglicht werden, die eigenen Wertmaßstäbe als beeinflusst von ihrer Position im sozialen Raum, aber auch von der im Feld wirkenden *Illusio* wahrzunehmen. Daraus kann das Hinterfragen von Normalitätsvorstellungen folgen und der kritische Blick auf das beabsichtigte und unbeabsichtigte Transportieren dieser Normalitätsvorstellungen.

Literatur

Anthias, F. (2003). Erzählungen über Zugehörigkeit. In U. Apitzsch, M. Jansen Mechtild (Hrsg.) *Migration, Biographie und Geschlechterverhältnisse*. (S. 20–38). Münster.

Bourdieu, P., Wacquant, L.J.D. (2006). *Reflexive Anthropologie*. Frankfurt am Main.

Budde, J. (2005). *Männlichkeit und gymnasialer Alltag. Doing gender im heutigen Bildungssystem.* Bielefeld.

Budde, J. (2009). Perspektiven für Jungenforschung an Schulen. In J. Budde, I. Mammes (Hrsg.) *Jungenforschung empirisch. Zwischen Schule, männlichem Habitus und Peerkultur.* Wiesbaden.

Castro Varela, M.M., Mecheril, P. et al. (2010). Grenze und Bewegung: Migrationswissenschaftliche Klärungen. In Dies. (Hrsg.) *Migrationspädagogik.* Weinheim und Basel.

Deutsche Gesellschaft für Erziehungswissenschaft DGfE (2010). (Hrsg) *Kerncurriculum Erziehungswissenschaft. Empfehlungen der Deutschen Gesellschaft für Erziehungswissenschaft.* Opladen: Deutsch.

Faulstich-Wieland, H. (2009). „Jungenverhalten" als interaktive Herstellungspraxis. In J. Budde, I. Mammes (Hrsg.) *Jungenforschung empirisch. Zwischen Schule, männlichem Habitus und Peerkultur.* Wiesbaden.

Gomolla, M. (2009). Heterogenität, Unterrichtsqualität und Inklusion. In S. Fürstenau, M. Gomolla (Hrsg.) *Migration und schulischer Wandel. Unterricht.* (S. 21–44). Wiesbaden.

Gomolla, M., Radtke, F.O. (2007). *Institutionelle Diskriminierung. Die Herstellung ethnischer Differenz in der Schule.* Wiesbaden.

Hamburger Kommission für Lehrerbildung (2000). Empfehlungen der Kommission. http://www.zlh-hamburg.de/zlh/wp-content/uploads/2010/08/hkl-bericht.pdf. Zugegriffen: 21.11.2011.

Huxel, K. (2008). Männlichkeit kontextualisieren – eine intersektionelle Analyse. In L. Potts, J. Kühnemund (Hrsg.) *Mann wird man. Geschlechtliche Identitäten im Spannungsfeld von Migration und Islam.* (S. 65–79).

Huxel, K. (2011). Geschlecht und Ethnizität im Feld Schule. In G. Jähnert (Hrsg.) *Gender und Schule. Konstruktionsprozesse im schulischen Alltag.* Zentrum für transdisziplinäre Geschlechterstudien, Bulletin, Bd 37 (S. 87–102). Berlin. Online im Internet: https://www.gender.hu-berlin.de/forschung/publikationen/gender-bulletins/texte-37/bulletin-texte-37/?searchterm=Huxel. Stand: 21.11.2011.

Jäckle, M. (2009). *Schule M(m)acht Geschlechter. Eine Auseinandersetzung mit Schule und Geschlecht unter diskurstheoretischer Perspektive.* Wiesbaden.

Klippert, H. (2010). *Heterogenität im Klassenzimmer. Wie Lehrkräfte effektiv und zeitsparend damit umgehen können.* Weinheim und Basel.

Kronig, W. (2012). Über das Eigenleben von Leistungsbewertungen. In S. Fürstenau, M. Gomolla (Hrsg.) *Migration und schulischer Wandel: Leistungsbeurteilung.* (S. 51–64). Wiesbaden.

Leiprecht, R. (2001). ‚Kultur' als Sprachversteck für ‚Rasse'. In M. Johannsen, F. Both (Hrsg.) *Schwarzweißheiten – Vom Umgang mit fremden Menschen. Begleitheft zur gleichnamigen Ausstellung des Oldenburger Landesmuseums Natur und Mensch.* Oldenburg.

Lutz, H., Wenning, N. (2001). Differenzen über Differenz – Einführung in die Debatten. In Dies. (Hrsg.) *Unterschiedlich verschieden. Differenz in der Erziehungswissenschaft.* (S. 11–24). Opladen.

Mecheril, P. (2003). *Prekäre Verhältnisse. Über natio-ethno-kulturelle Mehrfachzugehörigkeiten.* Münster und New York.

Mecheril, P., Dirim, İ, Gomolla, Hornberg, S., Stojanov, K. (2010). *Spannungsverhältnisse. Assimilationsdiskurse und interkulturell-pädagogische Forschung*. Münster und New York.

Schiffauer, W., Baumann, G., Kastoryano, R. et al. (2002). *Staat – Schule – Ethnizität. Politische Sozialisation von Immigrantenkindern in vier europäischen Ländern*. Münster und New York.

Stamm, M.t (2009). Underachievement von Jungen in der Schule. In J. Budde, I. Mammes (Hrsg.) *Jungenforschung empirisch. Zwischen Schule, männlichem Habitus und Peerkultur*, 1. Aufl. Wiesbaden.

Yıldız, E. et al. (2010). Über die Normalisierung kultureller Hegemonie im Alltag. Warum Adnan keinen ‚normalen Bürgersmann' spielen darf. In P. Mecheril (Hrsg.) *Spannungsverhältnisse. Assimilationsdiskurse und interkulturell-pädagogische Forschung*. Münster und New York.

Lehren für eine bunte Republik? 3
Zur Beschäftigung von ‚Lehrkräften mit und ohne Zuwanderungsgeschichte' im allgemeinbildenden Schulsystem in der Bundesrepublik Deutschland

Katrin Späte

Es ist zu beobachten, dass die Bundesrepublik Deutschland (BRD) in Gegenwart und Vergangenheit ein ethnisch vielfältiger Nationalstaat ist – wie die meisten Nationalstaaten auf der Welt. Klassenzimmer sind ebenso vielfältig, in Abhängigkeit von Schulform und Standort, die Lehrerzimmer augenscheinlich weniger. Das Leitbild „Vom multikulturellen Klassenzimmer zum multikulturellen Lehrerzimmer" als Titel einer Tagung der Heinrich-Böll-Stiftung aus dem Jahr 2010 bringt das Ziel von Projekten wie „Migranten machen Schule" (Stuttgart) und „Mehr Migranten werden Lehrer" (Zeit-Stiftung) einiger Stiftungen, einiger Städte, einiger Landesregierungen und der Bundesregierung zum Ausdruck: Bürgerinnen und Bürger mit Migrationshintergrund sollen für die Ausübung des Lehrberufs im allgemeinbildenden deutschen Schulsystem gewonnen werden. Ein allgemein schwieriges Unterfangen, da sich der Beruf Lehrerin/Lehrer zum Teil nur noch geringen Prestiges erfreuen darf im Vergleich zu Ärztin, Manager, Richterin, Rechtsanwalt usw. und ein Mangel an Anwärterinnen und Anwärtern zu verzeichnen ist. In englischen, kanadischen und US-amerikanischen Forschungszusammenhängen werden Lehrkräfte mit Zuwanderungsgeschichte als ‚minority teacher' oder genauer ‚ethnic minority teacher' bezeichnet und beforscht: ‚ethnische Minderheitenlehrer'. In bundesdeutschen erziehungswissenschaftlichen Forschungszusammenhängen konkurrieren die Begriffe ‚Lehrende mit Migrationshintergrund' und ‚Lehrkräfte mit Zuwanderungsgeschichte', wobei ich am Vorbild des im Bundesland Nordrhein-Westfalen (NRW) entstandenen Netzwerks der „Lehrkräfte mit Zuwanderungsgeschichte" diesen Begriff bevorzuge, da er sich auf die Rechtsgrundlage des Zuwanderungsgesetzes der BRD bezieht. Obwohl zu beobachten ist, dass ‚migrantisch' bereits auch in wissenschaftlichen Publikationen zu einem Adjektiv avanciert ist, wird der Begriff ‚Migrationshinter-

---

Katrin Späte ✉
Westfälische Wilhelms-Universität Münster, Münster, Deutschland

grund' als negativ konnotiert kritisiert (vgl. zur Kritik Hamburger 2009, S. 47) und in ‚Migrationsvordergrund' verwandelt – es ist eben alles eine Frage der Sichtweise und der Definitionsmacht, dies wird noch ausführlicher zu diskutieren sein. Die Forschungen zum Thema ‚Lehrkräfte mit Zuwanderungsgeschichte' in der BRD stehen bisher mit zwei großen Projekten, deren Ergebnisse zum Teil in Form von Pressemitteilungen publiziert sind, noch relativ am Anfang (FU Berlin, Ruhr Universität Bochum). Die Übertragbarkeit von Forschungsergebnissen aus angelsächsischen Räumen und Diskurszusammenhängen (einzelne US-amerikanische Staaten, kanadische Provinzen, Großbritannien) ist diskussionswürdig, insbesondere im Hinblick auf ‚Deutschland', da sich je nach Anzahl und Diversität von ethnischen Gemeinschaften unterschiedliche pädagogische Aufgaben ergeben können. In bundesrepublikanischen politisch-administrativen und erziehungswissenschaftlichen Diskursen dominieren vor allem vier Argumentationsfiguren, die explizit für die personalpolitische Maßnahme werben, Zugewanderte als Lehrkräfte einzustellen. In politisch-administrativen Diskursen (Politik) werden die demokratischen Argumentationsfiguren ‚Repräsentationsfunktion' und ‚Integrationsförderungsfunktion' ins Zentrum der Aufmerksamkeit gerückt, während in ‚erziehungswissenschaftlichen Diskursen' (Pädagogik) die pädagogisch-sozialpsychologischen Argumentationsfiguren ‚Interkulturelle Kompetenz', ‚Vorbildfunktion' und ‚Empowerment-Funktion' hervorgehoben werden. Beispielhaft lassen sich diese Figuren in dem Handlungskonzept des Landes Nordrhein Westfalen „Lehrer mit Zuwanderungsgeschichte" finden (vgl. MSW NRW 2007). Die genannten Argumentationsfiguren sind eng miteinander verwoben und resultieren hauptsächlich aus der entstandenen politisch-administrativen Weltordnung in Nationalstaaten, die Menschen auf einem nationalstaatlichen Territorium unterschiedliche Rechte gewähren. Alternativen zu dieser „[…] Teilung der Welt in Nationalstaaten und Nationalgesellschaften [sind nicht] in Sicht" (Pries 2008, S. 122).

3.1 Der Migrationshintergrund – mehr als eine statistische Kategorie

Die Bevölkerung der Bundesrepublik Deutschland wird aus amtlich-statistischer Sicht unter dem Aspekt ‚Staatsangehörigkeit' mit der Unterscheidung ‚In- und Ausländer' und seit dem Jahr 2005 durch Aufnahme in den Mikrozensus durch das Statistische Bundesamt in Wiesbaden mit der Unterscheidung ‚mit und ohne Migrationshintergrund' erfasst. Diese Form der Erfassung der Bevölkerung der Bundesrepublik reflektiert ein nicht nur von politischen Entscheidungsträgern als problematisch wahrgenommenes Verhältnis von Staatsangehörigkeit und ‚Migrationshintergrund', das sich ebenfalls in der Bezeichnung ‚Lehrkräfte mit Zuwanderungsgeschichte' findet. Für die statistische Datenerhebung und einen möglichst wenig normativ aufgeladenen Umgang mit Kategorien wie ‚In- und Ausländer' einerseits und ‚mit und ohne Migrationshintergrund' andererseits bringen supranationale Bündnisse wie die Europäische Union weitere analytische Probleme mit sich, da sie Bürgerinnen und Bürgern aus EU-Mitgliedsstaaten weitaus mehr Rechte gewähren, als Bürgerinnen und Bürgern aus EU-Kandidatenländern wie beispielsweise der Türkei. Dies ist insofern bedeutsam, als dass der Status ‚mit Migrationshintergrund' für Nicht-EU-Staaten Angehörige in einem EU-Mitgliedsland wesentlich problematischer ist als für EU-Staatenangehörige. Das Statistische Bundesamt hat den Begriff des Migrationshintergrundes zur Analyse der Struktur der Bevölkerung der Bundesrepublik Deutschland so definiert:

„Zu den Menschen mit Migrationshintergrund zählen alle nach 1949 auf das heutige Gebiet der Bundesrepublik Deutschland Zugewanderten, sowie alle in Deutschland geborenen Ausländer und alle in Deutschland als Deutsche Geborenen mit zumindest einem zugewanderten oder als Ausländer in Deutschland geborenen Elternteil" (Statistisches Bundesamt 2010, S. 6).

Die Statistiker haben mit der Festlegung des Jahrs 1949 einen nationalstaatspolitisch relevanten Schnittpunkt gewählt: die Gründung der BRD auf der einen Seite, die Gründung der DDR auf der anderen Seite. Die Vereinigung von BRD und DDR wird durch den Bezug auf das heutige Gebiet der BRD eingeholt. Die ‚Operationalisierung' des Begriffs ‚Migrationshintergrund' für die statistische Datenerhebung ist schwierig (vgl. zur kritischen Diskussion und weiteren empirischen Daten: Bommes und Krüger-Potratz 2008). Drei Kategorien werden hier unterschieden: die erste Kategorie der nach 1949 Zugewanderten umfasst Millionen Flüchtlinge, Vertriebene auch Volksdeutsche nach Artikel 116 des Grundgesetzes. Die zweite Kategorie unterscheidet Menschen, die im deutschen Nationalstaat als Ausländer geboren worden sind, also eine andere Staatsangehörigkeit besitzen, mithin meistens Kinder von Menschen die in Folge der Arbeitskräfteanwerbung durch die Regierung der BRD seit Mitte der 1950er Jahre in Deutschland leben (vgl. zu einer postkolonialen Lesart der Arbeitsmigration Ha 2003); als dritte Kategorie werden diejenigen Menschen genannt, die in Deutschland als Deutsche geboren sind, aber mindestens einen Elter haben, die oder der zugewandert oder als Ausländer in Deutschland geboren worden ist. Zentrales Kriterium für die Abgrenzung der Kategorien ist die Staatsangehörigkeit, die zunächst ein rein rechtlich-administratives Verhältnis von ‚Angehörigkeit' beschreibt. Auf der Grundlage dieser Definition leben in der BRD (vgl. Tab. 3.1 und 3.2).

Tab. 3.1 Bevölkerung in der Bundesrepublik Deutschland (Mikrozensus 2008)

	Personen	In Prozent
Insgesamt	82.135	100
Ohne Migrationshintergrund	66.596	81
Mit Migrationshintergrund	15.566	19

Tab. 3.2 Lehrkräfte nach deutscher und ausländischer Staatsangehörigkeit (Quelle: MSW NRW Übersicht 371 S. 147)

	Lehrkräfte	In Prozent
Insgesamt	195.631	100
Deutsche Staatsangehörigkeit	194.331	99,3
Ausländische Staatsangehörigkeit	1300	0,7

Für die Anzahl von Lehrkräften mit Migrationshintergrund in Schulen in der BRD liegen keine amtlich-statistischen Daten vor. In NRW weist die amtliche Statistik allerdings seit dem Schuljahr 2005/2006 die Unterscheidung von in- und ausländischen Lehrerinnen und Lehrern aus. Im Gesamtüberblick für allgemeinbildende staatliche Schulen in Nordrhein-Westfalen stellt sich das Verhältnis zwischen den Staatsangehörigkeiten für das Schuljahr 2009/2010 wie folgt dar:

Der statistische Bericht für das Schuljahr 2009/2010 des Landes NRW enthält genauere Angaben zu ausländischen Lehrkräften in verschiedenen Schulformen, die allerdings nur dann spezifisch ausgewiesen werden, wenn eine Staatsangehörigkeit mit mindestens 10 Lehrerinnen und Lehrern vertreten ist, dies ist bei 1125 Lehrkräften der Fall. Die Staatsangehörigkeiten der 175 verbleibenden Lehrerinnen und Lehrer können hier deshalb nicht benannt werden. Von den 19 erfassten Staatsangehörigkeiten sind 11 EU-Staatsangehörigkeiten (britisch, belgisch, französisch, griechisch, irisch, italienisch, niederländisch, österreichisch, polnisch, portugiesisch, spanisch), eine ERW Staatsangehörigkeit (schweizerisch), zwei EU-Kandidatenländer (Kroatien, Türkei) und fünf Nicht-EU-Staatsangehörigkeiten. Im Hinblick auf unterschiedliche Staatsangehörigkeitsgesetze können hier auch Doppelstaatsangehörigkeiten erfasst sein, dies betrifft insbesondere die türkische und deutsche Doppelstaatsbürgerschaft. Zu den ‚Top-Five' der ausländischen Staatsangehörigkeiten in NRW zählen die türkische mit 249 Lehrkräften, die britische mit 157, die französische mit 105, die italienische mit 95 und die niederländische mit 82 (weitere Angaben vgl. Tab. 3.3). Welcher Unterricht in welcher Beschäftigungsform

Tab. 3.3 Ausländische Lehrkräfte nach Staatsangehörigkeit in NRW

Staatsangehörigkeit	GS	HS	RS	GY	GE	FW	WBK	BK	F	Insgesamt
Amerikanisch	13	3	–	24	18	1	–	1	15	2	65
Australisch	2	1	1	–	8	–	–	1	–	13
Belgisch	1	2	3	6	1	4	–	2	3	22
Britisch	23	7	11	38	28	3	3	43	1	157
Französisch	11	5	11	41	13	8	6	9	1	105
Griechisch	18	12	4	3	7	1	–	4	2	51
Irisch	1	1	1	4	6	–	1	3	–	17
Italienisch	31	13	7	7	26	2	2	5	2	95
Japanisch	2	–	–	3	3	4	–	–	–	12
Kanadisch	6	–	1	2	6	–	–	–	–	15
Kroatisch	13	3	2	4	–	–	–	2	1	25
Marokkanisch	13	8	–	1	–	–	–	–	–	22
Niederländisch	17	4	9	9	4	3	1	18	17	82
Österreichisch	6	7	3	9	5	–	3	11	1	45
Polnisch	8	5	2	2	4	–	1	3	3	28
Portugiesisch	4	6	3	1	3	–	–	–	–	17
Russisch	3	4	1	3	2	–	–	–	1	14
Schweizerisch	4	1	1	2	2	6	–	1	2	19
Spanisch	16	3	–	24	18	1	1	15	2	80
Türkisch	119	70	6	8	21	–	2	15	8	249
Ungeklärt	4	9	–	–	1	–	–	–	–	14
Unter 10 Lehrkräfte einer Staatsangehörigkeit	–	–	–	–	–	–	–	–	–	75
Alle ausländischen Lehrkräfte	–	–	–	–	–	–	–	–	–	1300

Tabelle vereinfacht. Einzeldaten für Regierungsbezirke wurden weggelassen.

(angestellt – verbeamtet, Teilzeit, Vollzeit) erteilt wird, lässt sich allerdings durch die gegebenen Daten nicht erschließen. Es kann lediglich vermutet werden, dass viele ausländische Lehrerinnen und Lehrer muttersprachlichen Unterricht erteilen.

Diese Daten geben allerdings keinen Aufschluss über die Kategorie ‚Migrationshintergrund'. Dazu müssten alle in NRW beschäftigten Lehrkräfte mit deutscher Staatsangehörigkeit nach ihrem ‚Migrationshintergrund' befragt werden. Im Bericht für das Schuljahr 2005/2006 wurden noch 1427 ausländische Lehrerinnen und Lehrer ausgewiesen, im Jahr darauf bereits nur noch 1306. Entweder wurden die statistischen Kategorien verändert oder aber vom Schuljahr 2005/2006 bis zum Schuljahr 2009/2010 sind 127 Lehrkräfte ausgeschieden bzw. wurden statistisch nicht mehr erfasst.

Das bildungs-integrationspolitische Problem, auf das mit der Thematisierung ‚Lehrkräfte mit Zuwanderungsgeschichte' reagiert wird, liegt darin begründet, dass mit der Kategorie der Staatsangehörigkeit mehr verbunden wird, als die Angehörigkeit zu einem politisch-administrativen Verband. Das Konzept der Staatsangehörigkeit ist zum einen besonders im europäischen Raum und zum anderen insbesondere in der Bundesrepublik Deutschland stark verknüpft mit Nationalität und Ethnizität.

Ethnizität wird hier verstanden als „Gemeinsamkeitsglauben" von Menschen (Max Weber), der „soziale Verkehrsgemeinschaften" ermöglicht bzw. begrenzt und sich dabei auf eine Abstammungsgemeinschaft beruft, welche wiederum sowohl durch „objektiv als auch subjektiv geglaubte Blutsverwandtschaft" (Weber 1964, S. 308) und Sprachgemeinschaft begründet wird. Weber betonte darüber hinaus: „Die ethnische Gemeinsamkeit ist [...] nicht selbst Gemeinschaft, sondern nur ein die *Vergemeinschaftung erleichterndes Moment* [Herv. K.S.]" (Weber 1964, S. 309). Dieses ‚*Vergemeinschaftung erleichternde Moment*' bringt die Nationalität, als Solidarität und Loyalität sichernde Idee einer „vorgestellten Gemeinschaft" im Sinne Benedict Andersons hervor: „Die Nationalität teilt mit dem >Volk< im landläufigen >ethnischen< Sinn wenigstens normalerweise die vage Vorstellung, daß dem als >gemeinsam< Empfundenen eine Abstammungsgemeinschaft zugrunde liegen müsse [...]" (Weber 1964, S. 313). Die Grundlage für Nationalität bildet die Voraussetzung der ‚Sprachgemeinschaft', die um die Jahrhundertwende im Deutschen Reich, insbesondere im Kaiserreich und der Weimarer Republik (vgl. Gogolin 1994; Krüger Potratz 2005, S. 81ff.; dies. 2011, S. 53) zur wesentlichen, nationale Einheit herstellenden Klammer wird: „In der Tat ist heute >Nationalstaat< mit >Staat< auf der Basis der Spracheinheitlichkeit begrifflich identisch geworden" (Weber 1964, S. 313). Der enge zeitgeschichtliche Zusammenhang von ‚ethnischem Gemeinsamkeitsglauben' und Nationalstaatsbildung steht außer Zweifel (vgl. Stender 2000, S. 73; Nassehi 2003, S. 148f.). Den Zusammenhang zwischen Nationalstaatsangehörigkeit und Ethnizität stellt auch Norbert Wenning her, insofern er anregt, Ethnizität als *Folge* von Homogenisierungsbemühungen von Nationalstaaten zu begreifen: „Ethnizität ist eine Folge von Homogenisierungsbemühungen des sich homogen begreifenden Nationalstaats." (Wenning 1999, S. 130) Die kollektividentitätsstiftende Kraft von Ethnizität erschöpft sich dabei aber nicht nur in der Regierungskunst eines Nationalstaates, um Solidarität von Staatsbürgerinnen und Staatsbürgern über das „18-köpfige Monster" soziale Ungleichheit (vgl. COMEDD 2010, S. 9) hinweg zu sichern (vgl. Nassehi 2003, S. 146ff.), wie die Vielzahl von Ungleichheiten generierenden Merkmale von Menschen in einer Studie der französischen Regierung zum Für und Wider der Institutionalisierung eines ‚ethnic monitoring' genannt wurde[1]. Es scheint vielmehr auch ein Bedürfnis von Menschen zu sein, sich aufgrund geglaubter Gemeinsamkeiten zu vergemeinschaften und dies zu kommunizieren:

> „Wenn man den klassisch modernen Nationalstaat auf eine kurze Formel bringen will, dann lässt er sich als eine Instanz beschreiben, die die prinzipielle rechtliche und politische Gleichheit der Menschen mit ihrer ökonomischen Ungleichheit wenn nicht versöhnt, dann doch zumindest vermittelt" (Nassehi 2003, S. 148).

Dieses ‚Vergemeinschaftung erleichternde Moment' oder die versöhnende Geste in der Gestalt eines Gemeinsamkeits*glaubens* hat die Bildung von Nationalstaaten mithin so erfolgreich begleitet, dass sozialwissenschaftlich festzustehen scheint, dass in Form von ‚Nationalismus' für Bürgerinnen und Bürger eines Nationalstaates ein ‚fraglos gegebener Identifikationsrahmen' entstanden war:

> „Der Nationalismus des 19. Und 20. Jahrhunderts hatte sehr vielen Menschen einen fraglos gegebenen Identifikationsrahmen geboten. Auf die Frage ‚Wer bist Du/wo kommst Du her?' konnten die meisten Menschen schnell eine Antwort finden: ‚Ich bin Italiener' oder: ‚Ich komme aus der Türkei'." (Pries 2008, S. 38)

Die unterstellte Identität von Staatsangehörigkeit und Nationalität hat auch zu der Vorstellung geführt, dass Länder als ‚legitimes territoriales Eigentum' bestimmter Ethnien verstanden werden: „Frankreich als Land **der Franzosen**, Spanien, Italien, Deutschland etc." (Oswald 2007, S. 55; Herv. K.S.). Anders formuliert: Generalisierungen suggerieren, dass im Nationalstaat ‚Italien' ‚Italienerinnen **und** Italiener' leben, in der ‚Türkei', ‚Türkinnen **und** Türken', in ‚Dänemark' ‚Däninnen **und** Dänen' usw., denn nur die Fortpflanzung innerhalb der gleichen Ethnie wird als Sicherung ihres Fortbestandes gesehen. Und dies ungeachtet der Tatsache, „[…] dass die Zusammensetzung der Bevölkerung zu keinem Zeitpunkt der Idealvorstellung ‚ein Staat – ein Volk – eine Sprache' entsprach" (Fürstenau 2011, S. 26) wie Sara Fürstenau mit Bezug auf die Bundesrepublik Deutschland deutlich herausstellt, was für die Mehrheit der Nationalstaaten weltweit ebenfalls gilt.

---

[1] Im Bericht werden folgende Ungleichheiten benannt: Herkunft, Geschlecht, Familiensituation, Fettsucht, Aussehen, Vatererbe, Gesundheit, Behinderung, Genom, Sitten, sexuelle Orientierung, Alter, politische Einstellungen, Gewerkschaftsengagement, Ethnie, Nation, Rasse oder Religion (vgl. COMEDD 2010, S. 9).

3.2 Die Schule – mehr als eine Bildungsinstitution

Dem allgemeinbildenden Schulsystem wird häufig eine Schlüsselfunktion bei der Vermittlung einer Ethnizität erzeugenden ‚Nationalkultur' zugeschrieben, die sich sprachlich in der Verwendung eines ‚Wir' durch die Gemeinsamkeitsgläubigen manifestiert: „Die wohl wichtigste Institution für die Erzeugung dieses Wir-Gefühls ist das öffentliche und nationalstaatlich verfasste Schul- und Erziehungssystem." (Pries 2008, S. 38) Diese These wurde in der Interkulturellen Pädagogik in Deutschland untersucht, beispielsweise durch die Arbeiten „Falle Nationalstaat" von Mechthild Hauff (1992), „Die nationale Schule" von Nobert Wenning (1996), „Die Deutschmachung" von Georg Hansen (2001) oder „Schule als Diskursort des Nationalen" von Safiye Yildiz (2008), die alle mit der prägnanten Formel der ‚Homogenitätsfiktion des Nationalstaats' arbeiten. Diese Fiktion von „ethnischer, kultureller und sprachlicher Homogenität" wirke sogar in der Geschichtsschreibung der (monokulturellen) Pädagogik selbst (Wenning 1996, S. 135), wie Wenning unter Rekurs auf Krüger-Potratz (Krüger-Potratz 1994, S. 203) feststellt. Auch der britische Kulturwissenschaftler Stuart Hall geht davon aus, dass ein nationales Schulsystem ein den Nationalstaat wesentlich flankierendes, konstituierendes, symbolisch situierendes Element darstellt, weil mit ihm eine ‚Nationalkultur' geschaffen wird:

> „Die Bildung der Nationalkultur trug dazu bei, Standards für eine allgemeine Lese- und Schreibfähigkeit zu schaffen, verallgemeinerte eine einzige Landessprache als herrschendes Medium der Kommunikation in der ganzen Nation, schuf eine homogene Kultur und unterhielt nationale kulturelle Institutionen, wie das nationale Schulsystem. Auf diese und andere Weisen spielte die Nationalkultur eine Schlüsselrolle bei der Industrialisierung und wurde ein Motor für die Moderne" (Hall 1994, S. 200).

Aus der Sicht einer ‚monokulturellen Pädagogik' eines Nationalstaats erweist sich nun das Schulsystem als Errungenschaft oder Modernisierungsfortschritt im Hinblick auf den Abbau sozialer Ungleichheiten aufgrund von Geschlecht, sozialer Herkunft, religiöser Orientierung, Urbanität (‚Bildungsreform' im westdeutschen Kontext), um einer unter ethnischen bzw. nationalen Gesichtspunkten homogenisierten Masse als ‚Bevölkerung des Nationalstaats im Kindes- und Jugendalter' den Erwerb von Allgemeinbildung und Kulturtechniken (Lesen, Schreiben, Rechnen, Lernen lernen oder humanistische Bildsamkeit) zu ermöglichen (Bildung als Bürgerrecht), abgesichert durch die Einführung einer Schulpflicht (vgl. Terhart 2009, S. 26). Aus der Sicht einer ‚interkulturellen' Pädagogik dagegen wird mit Blick auf die Differenzlinie ‚Ethnizität' respektive ‚Zuwanderung' Schule als ‚exklusiver und exkludierender Club' sichtbar, der den Bildungserfolg von Schülerinnen und Schülern durch institutionelle Diskriminierung (vgl. Gomolla und Radtke 2003; Diefenbach

3 Lehren für eine bunte Republik?

2010) und mangelnde Akzeptanz und Wertschätzung von Mehrsprachigkeit (Fürstenau 2004; Fürstenau 2011) beeinträchtigt oder verhindert (vgl. Diefenbach 2010). Als Korrektur der Verengung des Blicks auf die Schwächen des schulischen Bildungssystems kann Krüger-Potratz Mahnung gelesen werden in der Auseinandersetzung mit den Differenzlinien Staatsangehörigkeit, Ethnizität, Sprache und Kultur die Demokratisierungs- und Modernisierungsfunktion von staatlich angeordneter und gesteuerter Schulung nicht zu vergessen:

> „Wenn – wie hier angedeutet – die Geschichte der Schule und der auf sie bezogenen pädagogischen Theorien im Hinblick auf den homogenisierenden Umgang mit der unterschiedlichen Verschiedenheit der Kinder und Jugendlichen kritisiert wird, so darf nicht vergessen werden, dass das so ‚geordnete' System der Massenunterwerfung und der Durchsetzung einer gemeinsamen (Landes-)Sprache – trotz aller sozialen und individuellen Kosten – auch ein Moment von Demokratisierung und Modernisierung war" (Krüger-Potratz 2005, S. 66).

Als Kehrseite dieser Modernisierungs- und Demokratisierungsfunktion erweisen sich wesentliche Elemente zur Herstellung der ‚Nationalkultur' als Exklusionsmechanismen. Die einheitliche, standardisierte Schul-, Verkehrs- und Amtssprache (vgl. Fürstenau 2010; Krüger-Portratz 2005, S. 62ff.; Krüger-Potratz 2010), die Kanonisierung bewahrenswerter Kulturgüter durch herrschende Klassen (Bourdieu), eine von Historikern (re-)konstruierte Geschichte der ‚Nation', deren Ursprung sich als „Gründungsmythos" in einer „‚mythischen' Zeit" verliert (vgl. Hall 2002, S. 203; vgl. zu „deutschen Mythen" Münkler 2010) und die bereits erwähnte ‚Homogenitätsfiktion' der der Nationalkultur Zugehörigen, „[...] in der Idee eines *reinen, ursprünglichen ‚Volkes'*" (Hall 1994, S. 203) werden vor dem Hintergrund der Differenzlinie Ethnizität zum Exklusionsmechanismus für „Veranderte" (Broden und Mecheril 2007, S. 8ff.) und für sich „Verandernde" (ebd.) wie Broden und Mecheril Prozesse der Selbst- und Fremdzuschreibung, des „othering", von Zugewanderten begrifflich fassen. Man kann diese Vermittlung von ‚Nationalkultur' und spezifischen Kulturtechniken durch nationalstaatliche (Be-)Schulung von Kindern und Jugendlichen auch als ‚gouvernementales Vergemeinschaftungsnarrativ' fassen, dessen Praxis aus einer sozialisationstheoretischen Perspektive als ‚ethnische Sozialisation' formuliert werden kann. Der Begriff „Gouvernementalität" wird hier im Anschluss an Michel Foucault verwendet (vgl. Foucault 2005, S. 148ff.), der damit eine Denkform des Regierens und insofern Planung des Regierungshandelns begreift, in deren Zentrum die Steuerung der ‚Bevölkerung' rückt (vgl. die ähnliche Herangehensweise von Castro Varela 2009, S. 87ff.). Foucault beobachtet in seinen Analysen zu „Sicherheit, Territorium und Bevölkerung" den Wandel des *Denkens* und *Planens* von Regierungskunst vom 16. Jahrhundert bis zum 18. Jahrhundert. Dieser Wandel bestehe darin, dass die Regierungskunst nach dem Modell der Regierung der Familie durch den Familienvater, „Regieren wie ein Patriarch", ersetzt wurde durch die Regierung der gesamten Bevölkerung mit Familien als Regierungs*instrument* (vgl. Foucault 2005, S. 167), womit für Foucault auch „das schlechthin letzte Ziel der Regierung" (ebd.) gegeben ist, „die Bevölkerung":

> „[…] Denn, was kann, im Grunde genommen, das Ziel der Regierung sein? Gewiss nicht zu regieren, sondern das Los der Bevölkerung zu verbessern, ihre Reichtümer, ihre Lebensdauer, ihre Gesundheit zu mehren […]" (Foucault 2005, S. 168).

Da Foucaults historische Analysen vor der Herausbildung von Nationalstaaten enden, wird die begriffliche Identität von „Staat" und „Nationalstaat", die Max Weber noch überraschte und die er vor allem in der Spracheinheitlichkeit begründet sah (vgl. Weber 1984, S. 313), noch nicht reflektiert. Die zu regierende Bevölkerung wurde in der Folge national-ethnisch bestimmt, la ‚population française', das deutsche Volk usw., was zum einen die Existenz eines sich als Einheit verstehenden Nationalstaates, zum anderen in den gewählten Beispielen ‚deutsche' Familien und ‚französische' Familien voraussetzt, denn sie sind ja die Instrumente der Regierung. In diesem Zusammenhang ist es auch nicht uninteressant, dass das deutsche Wort ‚Geschlecht' sprachgeschichtlich auch die „blutsverwandte Familie" bezeichnete (vgl. Grimm 1984, S. 3903), womit wiederum die semantische Nähe zur Grundlage ethnischen Gemeinsamkeitsglaubens hergestellt ist. Die ethnisch-nationale Identität eines ‚Volkes' im Kontext einer ‚Weltgesellschaft' im 21. Jahrhundert erscheint damit als diskursives Produkt von herrschenden Klassen, mithin Eliten, in deren Produktion insbesondere auch Wissenschaffende der Geistes- und Sozialwissenschaften verstrickt sind, wie diese kritische Anmerkung in Bezug auf die kategorische Macht amtlicher Statistik zeigt:

> „Zu Recht wird daher in der Literatur immer wieder gewarnt, dass mit der Klassifizierung durch die Sozialwissenschaften und durch die amtliche Statistik die Gefahr einer ‚Ethnisierung' verbunden sei, also einer Verfestigung von Grenzziehungen und von Zuordnungen von Individuen zu Gruppen, unabhängig von deren Selbstverständnis und Willen (z. B. Li 1999, S. 13ff.; Dittrich und Radtke 1990)" (Schönwälder und Baykara 2008, S. 7).

Der „ethnische Gemeinsamkeitsglauben" (Weber) wird weithin akzeptiert, Menschen bezeichnen sich frei- und bereitwillig als ‚armenisch', ‚britisch', ‚dänisch', ‚deutsch', ‚französisch', ‚griechisch', ‚italienisch', ‚kroatisch', ‚kurdisch', ‚serbisch', ‚türkisch' und sind zum Teil sogar bereit ihr Leben für die Erhaltung dieser Ethnie zu geben. Dass ‚gouvernementale Vergemeinschaftungsnarrative' als Herrschafts- und Machttechniken von Regierenden auch bildungspolitisch intentional eingesetzt werden, zeigt beispielsweise die Forderung der regelmäßigen Leistung dieses

Schwurs seitens von Schülerinnen und Schüler in Schulen in der Türkei (bis Klasse 9):

> „Ich bin Türke, ehrlich und fleißig. Mein Gesetz ist es, meine Jüngeren zu schützen, meine Älteren zu achten, meine Heimat und meine Nation mehr zu lieben als mich selbst. Mein Ideal ist es aufzusteigen, voranzugehen. O großer Atatürk! Ich schwöre, dass ich unaufhaltsam auf dem von dir eröffneten Weg zu dem von dir gezeigten Ziel streben werde. Mein Dasein soll der türkischen Existenz ein Geschenk sein. Wie glücklich derjenige, der sagt: ‚Ich bin Türke'!" (Artikel 12, Türkisches Bildungsgesetz 2003).

Wie aber nun konkret in Schulen eine homogenisierte Nationalkultur oder Ethnizität vermittelt wird – oder mit der Jan Assmannschen Theoriesprache in der Rezeption von Castro Varela – „das kulturelle Gedächtnis" als „institutionalisiertes Wissen einer Gesellschaft" (Castro Varela 2009, S. 82) codifiziert und weitergegeben wird, entzieht sich der Explikation. So konzedierte beispielsweise Norbert Wenning in seiner Untersuchung über die „nationale Schule", dass die Wirkungen der (national-)kulturellen Homogenisierung empirisch schwer zu fassen sind, also das ‚Deutsch tun' (doing german ethnicity) in Schulen in Deutschland, schwieriger zu bestimmen sei als die Wirkungen sprachlicher Homogenisierung:

> „Deutlicher zu erkennen als die kulturelle Homogenisierung und in ihren Auswirkungen für das Selbstbild der betroffenen Menschen vielleicht noch gravierender, ist die sprachliche Homogenisierung." (Wenning 1996, S. 128)

Daher liegt ein Fokus der interkulturell-pädagogischen Forschung von Beginn an auch auf dem Status der „einen" und „richtigen" Sprache wie u. a. Krüger-Potratz es für den Nationalstaat Deutschland und die Sprache ‚Deutsch' erforscht hat (vgl. Krüger-Potratz 2005, S. 76ff., S. 89; dies. 2010, S. 54). Sprachenpolitik erweist sich aus dieser Perspektive als Völkerpolitik; entsprechend wird die Unterdrückung von Sprachen unter Bezug auf die Sprachenkonvention der Vereinten Nationen auch als ‚linguistic genocide' bezeichnet (vgl. dazu Sknutnabb-Kangas 2000). Die Problematik der Reduktion auf eine einzige zulässige Schulsprache im bundesrepublikanisch-deutschen Kontext wurde begrifflich von Ingrid Gogolin mit dem „monolingualen Habitus" für die „multilinguale Schule" (Gogolin 1994) kritisiert. Das bisher wenig beachtete Potential von Mehrspraschigkeit zeigt Sara Fürstenau als „Kapital im transnationalen Raum" auf (Fürstenau 2004). Während alle genannten Elemente wie einheitliche Schulsprache, Bildungskanon, Nationalgeschichtsschreibung keine spezifischen Kennzeichen des Nationalstaates Deutschland sind, sondern weltweit in allgemeinbildenden Schulsystemen zu beobachten sind, insofern solche Schulsysteme für *alle* Kinder und Jugendlichen in internationaler Perspektive überhaupt existieren, ist die Begrenzung auf den nationalstaatlichen Rahmen ‚Bundesrepublik Deutschland' in diesem Beitrag meines Erachtens aus zwei Gründen notwendig: zum einen unterscheiden sich alle Nationalstaaten durch ihr jeweiliges nationbuilding, sodass Vergleichsarbeiten vor Schwierigkeiten stehen soziale Phänomene kontextuell angemessen zu deuten, zum anderen ist das Element zur Herstellung einer ‚Nationalkultur' in Form der „Idee eines reinen, ursprünglichen Volkes" (vgl. oben Hall 1994, S. 203) durch arische Rassentheorien im Totalitarismus des Deutschen Reichs pervertiert worden. Daher ist anzunehmen, dass Ethnozentrismus bis hin zu extremem Rassismus im Rechtsextremismus bis heute als ernstzunehmende Gefährdungen für eine demokratische, Menschenrechte achtende BRD angesehen werden können und Auseinandersetzungen um Migration, Vielfalt, Fremdenfeindlichkeit, Integration und Assimilation unter schwierigen Bedingungen stattfinden. Ludger Pries konstatiert ‚Deutschland' einen heftigen Nationalismus, den er in der Nationalstaatswerdung und der Zeit des Nationalsozialismus begründet sieht:

> „Die Heftigkeit des Nationalismus in Deutschland, der zu zwei von Deutschland initiierten Weltkriegen und zum millionenfachen Morden des Nationalsozialismus führte, hängt nicht zuletzt auch mit [diesen] besonderen Entstehungsbedingungen von Nationalstaat und Nationalgesellschaft zusammen" (Pries 2008, S. 121).

Deutlicher hebt die Forschungsgruppe um Eugen Buß in ihrer Studie über „deutsche Identität", die im Auftrag der Düsseldorfer ‚Identity Foundation' erstellt wurde, Artikulationsprobleme des Deutsch-Seins in Integrationsdebatten im 21. Jahrhundert hervor:

> „Man will sich als der ‚gute Deutsche' präsentieren und keinesfalls in die Nähe von Faschismus, Nazis, historischer Schuld und nationalem Stolz gerückt werden und beherzigt dementsprechend die anerzogenen Spielregeln der ‚Political Correctness' und des sozial erwünschten Sprechens" (Identity Foundation 2007, S. 10).

Die Auseinandersetzung um Zuwanderung und das Miteinander – oder auch Nebeneinanderleben – von Menschen aus unterschiedlichen geo-politischen Räumen wird in der BRD nach wie vor mit bedingt, durch die Aufgabe der „Aufarbeitung der Vergangenheit" (Adorno 1960), die für Eingewanderte zur „entliehenen Erinnerung" wird (vgl. Georgi 2003). Daraus resultiert meines Erachtens einerseits die große Chance in Deutschland tatsächlich, mithin eine sich im alltagsweltlichen Handeln von Menschen manifestierende weltbürgerliche, Menschenrechte achtende Umgangsweise zu institutionalisieren, andererseits die große Gefahr, bei Ignoranz der eher weniger aufgearbeiteten Vergangenheit trotz ständiger Präsenz, ethnozentrische und rechtsextremistische Positionen zu verstärken, die ihrerseits wieder diffuse ‚Überfremdungsängste' bedienen, die auch in anderen Teilen Europas gegenwärtig zu Erfolgen von ‚nationalen' Parteien führen (Ungarn, Niederlande, Frankreich). Die erneute Relevantsetzung der Kategorie ‚Abstammung' in öffentlichen und auch wissenschaftlichen Diskursen in der BRD sollte meines Erachtens nachdenklich stimmen.

3.3 Lehrkräfte mit Zuwanderungsgeschichte – mehr als nur Lehrer?

‚Botschafter der Vielfalt', ‚Bildungsbotschafter', ‚change agents' – so vielfältig die Titel für Lehrkräfte mit Zuwanderungsgeschichte sind, so vielfältig sind auch die Erwartungen an sie. Aus der Regierungsperspektive wird von ihnen erwartet, dass sie als bildungserfolgreiche Repräsentanten von Zuwanderung helfen[2], Schülerinnen und Schüler mit Migrationshintergrund mehrdimensional zu integrieren, weil sie selbst Beispiele für eine gelungene Integration sind und damit ist in erster Linie zunächst eine „[…] strukturelle Integration in das Aufnahmeland, nämlich als Teil des Humankapitals eines Akteurs und darüber vermittelt in ihrer Funktion bei der Platzierung im Bildungssystem und auf dem Arbeitsmarkt" (Esser 2006, S. 18) gemeint (vgl. zu einer grundsätzlichen Kritik des Konzepts ‚Integration' aus postkolonialer Perspektive Castro Varela 2009, S. 87). Im Hinblick auf die Dimensionen einer sozialen, kulturellen und emotionalen Integration in die ‚deutsche Gesellschaft' kann es für Lehrkräfte mit Zuwanderungsgeschichte Konflikte geben, insbesondere auch in Bezug auf „Schule als Diskursort des Nationalen" (Yildiz), wird doch von ihnen erwartet, dass sie einerseits ‚Deutsche' sind und gleichzeitig ‚ethnisch Andere' und ihre Ethnizität als Ressource in die schulisch-pädagogische Praxis einbringen. Demgegenüber sind der Ordnungslogik des Integrationsforschers Hartmut Essers folgend (vgl. Abb. 3.1) Lehrkräfte mit Zuwanderungsgeschichte ‚multipel inkludiert', weil sie über die berufliche Position und die kompetente Zweisprachigkeit, sowohl in die Aufnahmegesellschaft als auch in die jeweilige ‚ethnische Gruppe' integriert sind.

Diesen Setzungen sozialstruktureller Ordnung folgend wären Lehrkräfte, die monolingual sind, also nur die Sprache der Aufnahmegesellschaft sprechen (deutsch), und nicht mehr die Sprache der eigenethnischen Gruppe (eine von hunderten möglichen), ‚assimiliert'. Diese Lehrerinnen und Lehrerinnen gehören damit nicht zu der Zielgruppe der zu Beginn benannten Projekte, weil sie nicht über Mehrsprachigkeit als Ressource der Verständigung in der schulischen Praxis verfügen. Die

---

[2] Die Repräsentation anderer Minderheiten oder Benachteiligter wie Bildungsferne, gleichgeschlechtlich Lebende, Menschen mit Behinderungen wird nicht gefordert. Ein weiterer Hinweis auf die Besonderheit ethnischen Gemeinsamkeitsglaubens für Fragen kollektiver Kohäsion.

Integration in die ethnische Gruppe	Integration in die Aufnahmegesellschaft	
	Ja	Nein
Ja	Multiple Inklusion/ kompetente Bilingualität	Segregation/ monolinguale Segmentation
Nein	Assimilation/ monolinguale Assimilation	Marginalität/ begrenzte Bilingualität

(Quelle: Esser 2006, S. 18)

Abb. 3.1 „Typen der individuellen Sozialintegration und der sprachlichen Kompetenzen"

Institutionalisierung einer situationsspezifisch verwendeten Bilingualität bestätigt sich in ersten Erkenntnissen des Forschungsprojektes von Viola. B. Georgi zum beruflichen Selbstverständnis von Lehrenden mit Migrationshintergrund:

> „Lehrende mit Migrationshintergrund stehen für gelebte sprachliche Vielfalt in der Schule. Dennoch bringen sie ihre Herkunftssprachen im Unterricht eher selten zum Einsatz. Ein Großteil der Lehrenden verweist und verpflichtet ihre migrantischen Schülerinnen und Schüler den Ergebnissen zu folge auf die deutsche Sprache als Schulsprache. Außerhalb des Unterrichts besteht allerdings durchaus Bereitschaft, die Herkunftssprachen in der Kommunikation mit Schülern und Schülerinnen sowie Eltern vielfältig einzusetzen" (Freie Universität 2010).

Diese situationsspezifische Distribution der Sprachverwendung, im Unterricht die deutsche Sprache, außerhalb des Unterrichts die jeweilige andere Sprache, kann auf der Basis eines Interviews mit einem Referendar an einer Gesamtschule im Ostwestfälischen bestätigt werden.[3] Der Referendar sagte in dem Interview darüber hinaus auf die Frage, ob er versuche ein besseres Verständnis zwischen Schülerinnen und Schülern mit und ohne Migrationshintergrund herzustellen, folgendes:

> „Also nicht so, dass ich das bewusst gemacht habe, aber natürlich, immer wieder. Es ist auch ganz normal bei uns, dass sich keiner über den anderen lustig macht, nur weil er eine andere Herkunft hat. Die Schüler sind bei mir auch ganz anders. Es ist ja schon lustig als Türke ein Deutschlehrer zu sein."

In dieser Sequenz versprachlicht der Referendar zum Einen seine Ethnizität mit dem Begriff ‚Türke' (mögliche Motive für die Aussage im Kontext des Interviews seien hier unberücksichtigt) und bringt zum Anderen implizit zum Ausdruck, dass es nicht lustig ist, als ‚Deutscher' ‚Deutschlehrer' zu sein, womit wohl weniger der

---

[3] Das Interview wurde im Rahmen meines Lehrforschungsprojektes „Zur Alltagsrelevanz ethnischer Identitäten" im Sommersemester 2009 am Institut für Soziologie der Universität Münster durchgeführt.

Spaß an der Tätigkeit des Unterrichtens angesprochen sein dürfte, als die Norm, dass jemand, die oder der Deutsch in einer Schule in Deutschland unterrichtet, auch Deutsche/r ‚ist', was eine Verfügung über Deutsch als Erstsprache implizieren kann. Im selben Interview äußerte er ungefragt auch eine Ambivalenz in Bezug auf seine Identität:

> „Oder wenn man mich fragt, was ich bin, dann sag ich keine Ahnung, weiß ich nicht. Ja klar ich hab den deutschen Pass, aber ich weiß es eigentlich nicht. Wenn ich mich entscheiden müsste, dann ich würde natürlich sagen, dass ich Deutscher bin. Aber viele Türken sagen das halt nicht, für die ist das schlecht Deutscher zu sein. Da haben wir beim Thema Migration auch drüber diskutiert."

Der Referendar lehnt es eigentlich ab, auf Nachfrage seine Identität in ethnischen Kategorien zu bestimmen (*„was ich bin"*), würde sich bei Wahlfreiheit aber für ein ‚Deutschsein' entscheiden (*„Deutscher bin"*), was in dieser Aussage auch als ‚deutscher Pass', also Staatsangehörigkeit, versprachlicht wird. Er sagt auch, dass es für Türken nicht attraktiv sei, deutsch zu sein (*„für die ist das schlecht Deutscher zu sein"*) und es daher auch nicht gesagt werden könne. Diese Aussage entspricht den Ergebnissen einer Befragung von 55 Studierenden türkischer Herkunft in Potsdam und Berlin. Niemand der Befragten identifizierte sich selbst als ‚nur' deutsch bei 47 genannten Selbst-Identifikationen als „Türkisch-deutsch" oder „weder noch" (vgl. Schubert 2006, S. 298). In der Studie haben die Interviewten auch geäußert, dass in Deutschland kein starker nationaler Patriotismus herrsche (vgl. zum ausgeprägten türkischen Nationalismus Bozay 2005), eine emotionale Verbindung mit ‚Deutschland' verhindert werde, und die Deutschen Andere ausschlössen:

> „[...] von einigen Interviewten [wird] diagnostiziert, dass die übergreifende Gemeinschaft für sie emotional verschlossen bleibt, weil die ‚Deutschen', wenn nicht mehr ausschließlich *de jure*, so doch im Alltag faktisch soziale Anerkennung und Solidarität über *jus sanguinis* verteilen, das heißt die ‚übergreifende Gemeinschaft' ethnisch definieren, aber keinen affektualen Zugang zur national-ethnischen Gemeinschaft bieten, sodass die politische und rechtliche Mitgliedschaft als deutsche Staatsbürger im alltäglichen Leben keine sehr hohe emotionale Bedeutung einnimmt" (Schubert 2006, S. 298).

Die Grenzen der Wahlfreiheit des ethnischen Gemeinsamkeitsglaubens werden auch in dem Interview mit dem o. g. Referendar deutlich. Auf Nachfragen zu Vorbehalten gegenüber einem ‚Bekenntnis' zum ‚Deutsch-Sein', sagte er: „Wenn du mich jetzt in der Stadt sehen würdest, dann würdest du doch auch nicht sagen, dass ich ein Deutscher bin." Diese Aussage verweist auf die Spezifik ethnischen Gemeinsamkeitsglaubens, sich neben den bereits oben erwähnten Elementen, wie Blutsverwandtschaft, Abstammungsgemeinschaft, auch auf „[...] ästhetisch auffällige Unterschiede des nach außen hervortretenden Habitus [...] und [...] in die Augen fallende Unterschiede in der Lebensführung des Alltags [...]" (Weber 1964, S. 309) zu begründen. Im Verhältnis von ‚Deutschen' und ‚Türken', werden ‚Türken' seitens von ‚Deutschen' „[...] ‚Eigenschaften' zugeschrieben [...], die eine ‚aktuale soziale Identität (Goffman 1975: 10f.) als ‚Türken' in oft abwertender Differenz zu ‚Deutschen' begründet." (Schubert 2006, S. 298) Die „normative Kraft des Faktischen" (Habermas) setzt damit sozialwissenschaftlichen Versuchen, den ethnischen Gemeinsamkeitsglauben von Menschen aufzulösen, „[...] de[n] alte[n] Traum Immanuel Kants (1784) vom Weltbürgertum doch noch wahr werden [...]" zu lassen (Pries 2008, S. 12), deutliche Grenzen. Das Deutschsein ist vom äußerlichen Habitus her, an bestimmte äußerliche augenscheinliche Merkmale geknüpft, insbesondere an das Weißsein. Für sozialwissenschaftliche Analysen müssen daher sowohl Unterschiede des ethnischen Gemeinsamkeitsglaubens, als auch unterschiedliche Wertschätzungen ethnisch Anderer durch Diskriminierung ethnisch Anderer berücksichtigt werden. Sozialwissenschaftlich wird die Diskriminierung aufgrund der Hautfarbe gemeinhin als Rassismus bezeichnet und die Bedeutung des Weißseins im Hinblick auf asymmetrische Machtverhältnisse analysiert:

> „Whiteness has developed, over the past two hundred years, into a taken-for-granted experience structured upon a varying set of supremacist assumptions (sometimes cultural, sometimes biological, sometimes moral, sometimes all three). Non-White identities, by contrast, have been denied the privileges of normativity, and are marked within the West as marginal and inferior" (Bonnett 1997, S. 188; z.n. Gillborn 2005, S. 490).

Im Unterschied zu weißen deutschen Lehrerinnen und Lehrern teilen Schülerinnen und Schüler mit äußerlich erkennbarer ‚Zuwanderungsgeschichte' und kulturellen Zeichen wie beispielsweise der Namensgebung, „Names often indicate belonging to a certain ethnic group" (vgl. Gerhards und Hans 2009, S. 1102), die Erfahrung rassistisch motivierter Stigmatisierung, Stereotypisierung, Marginalisierung, Ausgrenzung und Abwertung. Tartakowska und Ackermann heben unter Rekurs auf US-amerikanische Studien die Bedeutung von Körper und Akzent als Diskriminierungsanlass hervor (vgl. Tartakowska und Ackermann 2008, S. 34). Von Diskriminierungserfahrungen der im Forschungsprojekt von Viola B. Georgi befragten Lehrerinnen und Lehrern mit Migrationshintergrund im ‚monokulturellen' Klassenzimmer ist auch in einer Pressemitteilung der Freien Universität Berlin zu lesen:

> „Die Befunde der Studie zeigen, dass die Befragten in unterschiedlicher Ausprägung, Akzentuierung und Intensität und zumeist im Lehrerzimmer weiterhin Diskriminierung erleben und zwar in allen in der Studie untersuchten Diskriminierungsformen im Kontext Schule. Dazu gehören: Diskriminierung aufgrund phänotypischer Merkmale, aufgrund des ethnisch-kulturellen Hintergrundes, aufgrund von Sprache (Sprachbeherrschung und Akzent), aufgrund von Religionszugehörigkeit (insbesondere is-

lamfeindliche Erfahrungen) sowie strukturelle und institutionelle Diskriminierung" (Freie Universität Berlin 2010).

Unterschiedliche kulturelle Wertigkeiten und deren Manifestation in diskriminierenden sozialen Praxen sind auch in Bezug auf den „Kapitalwert" (Fürstenau 2004) von Sprachen, bei Unterscheidungen von Migrantensprachen, EU-Sprachen oder Schulfremdsprachen festzustellen: „Eine defizitorientierte Sichtweise auf sprachliche Minderheiten ist u. a. im Kontext gesellschaftlicher Hierarchien zu verstehen (deutsch-englische Mehrsprachigkeit wird selten als Problem oder ‚doppelte Halbsprachigkeit' bezeichnet)" (Fürstenau 2011, S. 33; vgl. auch Fürstenau 2004, S. 62).

Die Notwendigkeit Schülerinnen und Schülern mit Migrationshintergrund ethnisch vielfältige ‚Vorbilder' anzubieten, liegt also auch darin, dass diese andere Identifikations- und Beziehungsmöglichkeiten anzubieten scheinen als solche Lehrerinnen und Lehrer, die sich sowohl selbst als ethnisch deutsch identifizieren, als auch von den Schülerinnen und Schülern nach augenscheinlichen Merkmalen (Hautfarbe, Name, Sprachkompetenz[4]) als solche eingeordnet werden. Dies bestätigt sich auch in den beginnenden Forschungen zu beruflichen Selbstkonzepten von Lehrkräften mit Zuwanderungsgeschichte und in dem Interview mit dem Referendar, das hier exemplarisch verwendet wird. Der befragte Referendar nimmt wahr, dass die Schüler bei ihm *„ganz anders"* sind. Ein wesentliches Moment dürfte hier die Verwendung jeweiliger Herkunftssprachen sein, deren emotionale Komponente der Begriff ‚Muttersprache' noch deutlich zum Ausdruck bringt, insofern es überhaupt zutrifft, dass es sich bei der Erstsprache um die Muttersprache handelt. In der von Viola B. Georgi geführten Studie „Lehrende mit Migrationshintergrund" wird diese Wahrnehmung als ein „besonderes Vertrauensverhältnis" gekennzeichnet:

> „In den Ergebnissen lässt sich ein besonderes Vertrauensverhältnis zwischen Lehrenden mit Migrationshintergrund und Schülerinnen und Schülern mit Migrationshintergrund ausmachen. Dieses Vertrauensverhältnis basiert auf tatsächlich geteilten migrationsspezifischen Erfahrungen sowie sprachlich-kulturellen Gemeinsamkeiten oder auf der wechselseitigen Annahme von Gemeinsamkeiten aufgrund eines ähnlichen Migrationshintergrundes" (Freie Universität Berlin 2010).

Als Begründungselemente werden „tatsächlich geteilte migrationsspezifische Erfahrungen" und der ethnische Gemeinsamkeitsglauben verwendet, die es ermöglichen, zwischen Lehrerin/Lehrer und Schülerin/Schüler ein besonderes bzw. überhaupt ein Vertrauensverhältnis aufzubauen. Die Vertrauensbildung mit Leh-

---

[4] Die spezifische Kombination und Ausprägung dieser Faktoren ermöglicht zuweilen ein „ethnic passing" als Angehörige(r) der Mehrheitsgesellschaft.

rerinnen und Lehrern, die keine migrationsspezifischen Erfahrungen haben und denen weder ein Gemeinsamkeitsglauben entgegengebracht wird, noch ein solcher ihrerseits vermittelt wird, ist in den gesetzten Begründungszusammenhängen als erschwert zu charakterisieren. Soziologisch ist es hoch interessant in diesem Zusammenhang die Vertrauensbeziehung in den Mittelpunkt der Betrachtung zu rücken und mit Luhmann die universale These zu wagen, dass ein ethnischer Gemeinsamkeitsglauben Vertrauen in Mitmenschen begünstigt, und wahrscheinlich auch grundsätzlich bedingt, insofern Vertrauen in Familien gelernt wird (vgl. Luhmann 2000, S. 34ff.). Dadurch ließe sich erklären, dass die systematische soziale Ungleichbehandlung durch Diskriminierung und Rassismus in der Aufnahmegesellschaft die Vertrauensbildung von Zuwanderinnen und Zuwanderern beeinträchtigt oder sogar verhindert. Das Erweisen persönlichen Vertrauens, verstanden als „riskante Vorleistung" durch „Vorwegnahme von Zukunft" zur Reduktion sozialer Komplexität (Luhmann 2000) wird eingeschränkt und damit das wesentliche Merkmal der Freiwilligkeit von Vertrauensleistungen unterbunden: „Man kann Vertrauen nicht verlangen. Es will geschenkt und angenommen sein" (Luhmann 2000, S. 55). So ist anzunehmen, dass ethnische Stereotype in Form von Nationalismus und Ethnozentrismus die Vertrauensbildung erschweren, sowohl auf Seiten ethnischer Mehrheiten wie auch auf Seiten ethnischer Minderheiten.

3.4 Lehren für eine bunte Republik? Chancen, Zielkonflikte und Desiderata

Ein In-Beziehung-Setzen des allgemeinbildenden Schulsystems im Nationalstaat ‚Deutschland' als Institution zur Vermittlung des ‚institutionalisierten kulturellen Wissens' einer ‚kollektiven Gemeinschaft', in diesem Fall der ‚deutschen Nation', und der Aufgaben, die Lehrkräften mit Zuwanderungsgeschichte zugeschrieben werden, deutet auf mehrere Zielkonflikte hin. Sie resultieren in erster Linie aus einer antinomischen Struktur der mit dem Konzept „Lehrkräfte mit Zuwanderungsgeschichte" verbundenen Argumentationsfiguren der ‚Repräsentation' und ‚Integration'. Die Aufgabe der ‚Repräsentation' impliziert, dass mit der Differenzlinie Ethnizität gearbeitet werden muss, um der Bedeutung dieser Differenzlinie einerseits Rechnung zu tragen, sie andererseits jedoch in ihren Auswirkungen und Wirkungen aber auch abzuschwächen, sodass ‚Integration' erreicht wird. Eine vergleichbar paradoxe Situation mit der Differenzlinie ‚Geschlecht', wo Unterscheidungen ebenfalls zur Verstärkung von Unterschieden führen können (Reifikation). Diesem Gedanken folgend ist ein ‚ethnic monitoring', die statistische Erhebung des ethnischen Gemeinsamkeitsglaubens, auch sehr umstritten, da es im Widerspruch steht zum Diskriminierungsverbot des Grundgesetzes der Bundesrepublik Deutschland (vgl. zur Diskussion COMEDD 2010; Heinrich-Böll-Stiftung 2010). In unmittelbarem Zusammenhang mit dem Problem des ‚ethnic monitoring' steht zweitens die Gefahr, dass Menschen mehr oder weniger dazu gezwungen werden, sich zu positionieren, ganz gleich ob sie ‚kosmopolitisch' eingestellte Akademikerinnen und Akademikern sind, ‚assimilierte' zugewanderte Bürgerinnen und Bürgern oder Menschen, die erst durch das Verfahren des ‚ethnic monitoring' zu ‚Anderen' gemacht werden, weil sie sich bisher selbst gar nicht als ‚mit Migrationshintergrund' wahrgenommen haben. Drittens sind vor dem Hintergrund diffuser Reden über eine ‚ethnisch deutsche Identität' sowie feststellbarer Unsicherheiten im Umgang mit der Anrufung nationaler Gefühle, die in der Bundesrepublik Deutschland jenseits von Fußballweltmeisterschaften liegen, unter Umständen Ressentiments auf Seiten deutscher Lehrkräfte gegenüber Kolleginnen und Kollegen mit Zuwanderungsgeschichte zu erwarten (vgl. Identity Foundation 2007). Die gesamtgesellschaftlich gesehen notwendigen Identitätspolitiken ethnischer Minderheiten im Kampf um Anerkennung und Wertschätzung seitens der Mehrheitsgesellschaft können auf der Individual- und Institutionenebene zu Konflikten mit Angehörigen der Mehrheitsgesellschaft führen. Viertens schließlich ist unklar, inwieweit das ‚institutionalisierte kulturelle Wissen' in allgemeinbildenden Schulen (vgl. Abschn. 3.2) unter ethnischen respektive nationalen Gesichtspunkten verändert werden sollte.

Meine Beobachtungen, Analysen und Folgerungen möchte ich abschließend zum Anlass nehmen, um auf die Notwendigkeit einer Unterstützung nicht nur von ‚Lehrkräften mit Zuwanderungsgeschichte', sondern auch von ‚Lehrkräften ohne Zuwanderungsgeschichte' hinzuweisen: alle Lehrerinnen und Lehrer sollten zu ‚Botschaftern der Vielfalt' werden und für eine *bunte Republik lehren*' und auf diese Weise allen Schülerinnen und Schülern Vorbild sein und alle unterstützen, nicht nur entlang der Differenzlinie Ethnizität. Gleichzeitig möchte ich abschließend die Notwendigkeit hervorheben, dass sich auch ‚Deutsche' mit dem Deutschsein auseinandersetzen sollten. In der Empfehlung der Kultusministerkonferenz zur „*Erleichterung der Beschäftigung nichtdeutscher Lehrkräfte in allen Unterrichtsfächern*" aus dem Jahr 1996 findet sich diesbezüglich folgende Aussage:

> „Zur Entwicklung interkultureller Kompetenzen sind Kenntnisse und Einsichten über die identitätsbildenden Traditionslinien und Grundmuster *der eigenen wie fremder Kulturen* [Herv., K.S.] eine notwendige Grundlage; Mutmaßungen und Vorurteilen kann nur mit differenzierter Wahrnehmung, reflektierter Klärung und selbstkritischer Beurteilung begegnet werden. Dabei geht es weniger um eine Ausweitung des Stoffs als vielmehr um eine interkulturelle Akzentuierung der bestehenden Inhalte" (KMK 1996, S. 8).

In den gegenwärtigen erziehungs- und sozialwissenschaftlichen Beiträgen sind „Kenntnisse und Einsichten über die identitätsbildenden Traditionslinien und Grundmuster der *eigenen* Kultur*en* [Herv. K.S.]" bisher weniger zu beobachten, dabei könnten Auseinandersetzungen mit der ‚Homogenitätsfiktion nationaler Identitäten' einerseits und mit den ‚Schwierigkeiten' des Deutschseins andererseits doch fruchtbar gemacht werden für den Aufbau einer Republik als „transnationalem sozialem Raum" (Pries 2008), in dem „[...] sich alle Menschen der Beschränktheit ethnisch oder national fixierten Denkens und Fühlens bewusst würden [...]" (Pries 2008, S. 12). Ein Instrument neben Konzepten zur Förderung von Mehrsprachigkeit kann ein Kulturkonzept sein, in dem kollektive Identitätsfindungen als ‚Kultur' nicht durch Abgrenzung gegenüber anderen ‚Kulturen', sondern auf Selbstreflexion begründet werden und diese ‚Kultur' dann nicht als statisch und unveränderbar, wohl aber als dynamisch und wandelbar entworfen wird. Interkulturelle Kompetenz wird damit definierbar als eine durch Reflexion und Analyse von Identitätskategorien und ihren Funktionen gewonnene Sensibilität als ‚awareness' gegenüber Zuschreibungen und Stereotypen, welche unter Anrufung von ‚kulturellen/nationalen/ethnischen' Unterscheidungen gemacht werden.

Literatur

Adorno, T.W. (1960). Was bedeutet: Aufarbeitung der Vergangenheit? *Gesellschaft – Staat – Erziehung, 1*, 3–14.

Anderson, B. (1988). *Die Erfindung der Nation. Zur Karriere eines erfolgreichen Begriffs*. Frankfurt/Main.

Bozay, K. (2005). *„... ich bin stolz, Türke zu sein!" Ethnisierung gesellschaftlicher Konflikte im Zeichen der Globalisierung*. Schwalbach/Taunus.

Broden, A., Mecheril, P. (2007). (Hrsg) *Re-Präsentationen. Dynamiken der Migrationsgesellschaft*. Düsseldorf.

Castro Varela, M.dM. (2009). Migrationshistorisches Vakuum? Zum Selbstverständnis Deutschlands als Einwanderungsland. In D. Lange, A. Polat (Hrsg.) *Unsere Wirklichkeit ist anders. Migration und Alltag*. Bonn.

Castro Varela, M.M., Dhawan, N. (2010). Mission impossible? Postkoloniale Theorie im deutschsprachigen Raum?. In J. Reuter, P.I. Villa (Hrsg.) *Postkoloniale Soziologie. Empirische Befunde, theoretische Anschlüsse, politische Intervention*. Bielefeld.

Comité pour la mésure de la diversité et l'évaluation des discrimininations (2010). Inégalités et discrimininations. Pour un usage critique et responsable de l'outil statistique (Version 3. Februar 2010). http://lesrapports.ladocumentationfrancaise.fr/BRP/104000077/0000.pdf. Zugegriffen: 15.01.2010.

Diefenbach, H. (2010). *Kinder und Jugendliche aus Migrantenfamilien im deutschen Bildungssystem. Erklärungen und empirische Befunde.* Wiesbaden.

Esser, H. (2006). Migration, Sprache und Integration. AKI-Forschungsbilanz 4, Berlin. http://www.wzb.eu/alt/aki/files/aki_forschungsbilanz_4.pdf. Zugegriffen: 22.03.2009.

Foucault, M. (2005). *Analytik der Macht.* Frankfurt/Main.

Freie Universität Berlin (2010). Forscherinnen der Freien Universität Berlin befragen Lehrkräfte mit Migrationshintergrund in Deutschland. Pressemitteilung Nr. 281/2010 vom 21.09.2010. http://www.fu-berlin.de/presse/fup/2010/fup_10_281/index.html. Zugegriffen: 21.02.2011.

Fürstenau, S. (2011). Mehrsprachigkeit als Voraussetzung und Ziel schulischer Bildung. In S. Fürstenau und M. Gomolla (Hrsg.) *Migration und schulischer Wandel: Mehrsprachigkeit.* (S 25–50).

Fürstenau, S., Gomolla, M. (Hrsg.) (2009). *Migration und schulischer Wandel: Unterricht.* Wiesbaden.

Georgi, V.B. (2003). *Entliehene Erinnerung. Geschichtsbilder junger Migranten in Deutschland.* Hamburg.

Gerhards, J., Hans, S. (2009). From Hasan to Herbert. Name Giving Patterns of Immigrant Parents between Acculturation and Ethnic Maintenance. *American Journal of Sociology, 114*(4), 1102–1128.

Gillborn, D. (2005). Education policy as an act of white supremacy: whiteness, critical race theory and education reform. *Journal of Education Policy, 4,* 485–505. https://www4.nau.edu/cee/orgs/serd/docs/gillborn.pdf. Zugegriffen: 10.03.2010.

Gogolin, I. (1994). *Der monolinguale Habitus der multilingualen Schule.* Münster.

Grimm, J., Grimm, W. (1984). *Deutsches Wörterbuch.* München.

Ha, K.N. (2003). Die kolonialen Muster deutscher Arbeitsmigrationspolitik. In H. Steyerl, E.G. Rodriguez (Hrsg.) *Spricht die Subalterne deutsch? Migration und postkoloniale Kritik.* Münster.

Ha, K.N. (2010). *Unrein und vermischt. Postkoloniale Grenzgänge durch die Kulturgeschichte der Hybridität und der kolonialen >Rassenbastarde<.* Bielefeld.

Hall, S. (1994). *Rassismus und kulturelle Identität. Ausgewählte Schriften.* Bd 2 Hamburg.

Hamburger, F. (2009). *Abschied von der interkulturellen Pädagogik. Plädoyer für einen Wandel sozialpädagogischer Konzepte.* Weinheim und München.

Hansen, G. (2001). *Die Deutschmachung. Ethnizität und Ethnisierung im Prozess von Ein- und Auswanderung.* Münster und New York.

Hauff, M. (1992). *Falle Nationalstaat. Die Fiktion des homogenen Nationalstaates und ihre Auswirkungen auf den Umgang mit Minderheiten in Schule und Erziehungswissenschaft.* Münster und New York.

Hauptstelle Nordrhein-Westfalen (2011). *Netzwerk der Lehrkräfte mit Zuwanderungsgeschichte.* Essen.

Identity Foundation (2007). *Deutschland auf der Suche nach sich selbst. Eine Nation, die eigentlich keine sein kann.* Düsseldorf.

Krüger-Potratz, M. (2011). Mehrsprachigkeit: Konfliktfelder in der Schulgeschichte. In S. Fürstenau, M. Gomolla (Hrsg.) *Migration und schulischer Wandel: Mehrsprachigkeit*. (S. 51–68). Wiesbaden.

Krüger-Potratz, M. (2005). *Interkulturelle Bildung. Eine Einführung*. Münster.

Luhmann, N. (2000). *Vertrauen. Ein Mechanismus der Reduktion sozialer Komplexität*. Stuttgart.

Ministerium für Schule und Weiterbildung NRW (2007). Mehr Lehrkräfte mit Zuwanderungsgeschichte. Handlungskonzept vom 9. November 2007. http://www.raa.de/fileadmin/dateien/pdf/projekte/lehrkraefte-mit-zuwanderungsgeschichte/Handlungskonzept.pdf. Zugegriffen: 29.09.2010.

Ministerium für Schule, Jugend und Kinder des Landes Nordrhein-Westfalen (2005). (Hrsg) *Migranten im Schulwesen in NRW Schuljahr 2004/05, Ausländische und ausgesiedelte Schülerinnen und Schüler Ausländische Lehrerinnen und Lehrer*. Statistische Übersicht, Bd 352 Düsseldorf. http://www.schulministerium.nrw.de/BP/Schulsystem/Statistik/2004_05/Migranten.pdf. Zugegriffen: 25.08.2010.

Ministerium für Schule Weiterbildung des Landes Nordrhein-Westfalen (2006). (Hrsg) *Migranten im Schulwesen in NRW Schuljahr 2005/06, Ausländische und ausgesiedelte Schülerinnen und Schüler Ausländische Lehrerinnen und Lehrer*. Statistische Übersicht, Bd. 356 Düsseldorf. http://www.schulministerium.nrw.de/BP/Schulsystem/Statistik/2005_06/Migranten.pdf. Zugegriffen: 25.08.2010.

Ministerium für Schule Weiterbildung des Landes Nordrhein-Westfalen (2010). *Das Schulwesen in Nordrhein-Westfalen aus quantitativer Sicht 2009/2010*, 3. Aufl. Statistische Übersicht. Düsseldorf. http://www.schulministerium.nrw.de/BP/Schulsystem/Statistik/2009_10/StatUebers.pdf. Zugegriffen: 25.08.2010.

Münkler, H. (2010). *Die Mythen der Deutschen*. Berlin.

Nassehi, A. (2003). *Offenheit und Geschlossenheit. Studien zur Theorie der modernen Gesellschaft*. Frankfurt/M.

Schönwälder, K., Baykara-Krumme, H., Schmid, N. (2008). Ethnizität in der Zuwanderungsgesellschaft Deutschland: Zur Beobachtungen ethnischer Identifizierungen, Loyalitäten und Gruppenbildungen. Expertise für das soziologische Forschungsinstitut Göttingen im Rahmen des Berichts zur sozio-ökonomischen Entwicklung Deutschlands. Göttingen. http://www.soeb.de/img/content/schoenwaelder_baykara.pdf. Zugegriffen: 22.03.2009.

Schubert, H.J. (2006). Integration, Ethnizität und Bildung. Die Definition ethnischer Identität Studierender türkischer Herkunft. *Berliner Journal für Soziologie*, 3, 291–312.

Statistisches Bundesamt (2010). (Hrsg) *Bevölkerung und Erwerbstätigkeit. Bevölkerung mit Migrationshintergrund*. Migration in Deutschland 2009, Bd Fachserie 1 Reihe 2.2. Wiesbaden.

Stender, W. (2000). Ethnische Erweckungen. Zum Funktionswandel von Ethnizität in modernen Gesellschaften – ein Literaturbericht. In *Mittelweg*, Jg. 36, H. 4.

Tartakowska, M., Ackermann, L. (2008). Diskriminierung von Lehrkräften mit Migrationshintergrund. In: Heinrich-Böll-Stiftung (2008) (Hrsg.): Schule mit Migrationshintergrund, Online-Dossier. http://www.migration-boell.de/downloads/integration/Dossier_Schule_mit_Migrationshintergrund.pdf. Zugegriffen: 22.08.2010.

Terhart, E. (2009). *Didaktik*. Stuttgart.

Weber, M. (1964). *Wirtschaft und Gesellschaft*. Tübingen.

Wenning, N. (1996). *Die nationale Schule. Öffentliche Erziehung im Nationalstaat*. Münster und New York.

Wenning, N. (1999). *Vereinheitlichung und Differenzierung. Zu den "wirklichen" gesellschaftlichen Funktionen des Bildungswesens im Umgang mit Verschiedenheit*. Opladen.

Winker, G., Degele, N. (2009). *Intersektionalität. Zur Analyse sozialer Ungleichheiten*. Bielefeld.

Yildiz, S. (2008) Interkulturelle Erziehung und Pädagogik. http://www.weltbild.de/13/videos/1def9649fa68279f118eca6a8a8d6eec3.flv. Subjektivierung und Macht in den Ordnungen des nationalen Diskurses. Wiesbaden.

4 Jugendliche Bildungsaufsteiger mit türkischem Migrationshintergrund

Javier Carnicer

Interkulturelle Pädagogik ist eine Antwort auf die von Migrationsbewegungen herbeigeführte Heterogenität der Schülerschaft, die in Einwanderungsgesellschaften wie Deutschland den Normalfall darstellt. Sie kann als Teil einer ‚Pädagogik der Vielfalt' verstanden werden, die das Ziel verfolgt, für alle Schülerinnen- und Schülergruppen einen gleichberechtigten Zugang zu den materiellen und persönlichen Ressourcen des Bildungssystems zu ermöglichen, um ihre „je besonderen ... Lern- und Lebensmöglichkeiten zu entfalten" (Prengel 2006, S. 185). Dass Kinder und Jugendliche mit Migrationshintergrund im deutschen Bildungssystem nicht über die gleichen Bildungschancen verfügen wie Gleichaltrige ohne Migrationshintergrund ist inzwischen ein akzeptierter Befund, der hier keiner besonderen Argumentation bedarf.[1] Nicht so klar sind hingegen die Ursachen für diesen Befund. Die sozialwissenschaftliche Forschung sucht sie in zwei Institutionen: Schule und Familie. Der Minimalkonsens hierfür ist, dass „Bildungschancen von der Elterngeneration an die Generation der Kinder weitergegeben werden, und dass diese Transmission über das Bildungswesen erfolgt" (Becker und Lauterbach 2007a, S. 12). Lehrerhandeln und Schulentwicklung im Sinne der Interkulturellen Pädagogik bedürfen einer Kenntnis über diesen Prozess der „intergenerationalen Transmission von Bildungschancen" (Becker und Lauterbach 2007a, S. 14), damit die Zuschreibung von ‚Problemen' und ‚Defiziten' in den Familien, insbesondere bei bestimmten Migrantengruppen, überwunden wird. Statt nach den Ursachen von *Miss*erfolgen zu suchen, besteht eine Möglichkeit der Perspektivänderung darin, sich erfolgreiche Bildungsverläufe anzuschauen. Diese Perspektive – die spätestens seit Anfang der 2000er Jahre verstärkt in einigen Forschungsansätzen verfolgt wird (siehe unter anderen Allemann-Ghionda 2006; Bommes et al. 2008; Boos-Nünning

---

[1] Für einen Überblick siehe Diefenbach (2010) und Becker und Lauterbach (2007b).

Javier Carnicer ✉
Universität Hamburg, Hamburg, Deutschland

und Karakaşoğlu 2005; Griese et al. 2007; Raiser 2007) – wird in diesem Beitrag eingenommen.

Nach einer allgemeinen Betrachtung zu Bildungsentscheidungen und zu den Erwartungen, die Eltern an die Bildungslaufbahn ihrer Kinder richten, werden hier zwei Familien mit türkischem Migrationshintergrund vorgestellt, deren Söhne in einer deutschen Universität studieren. Da die Söhne deutlich höhere Abschlüsse als ihre Eltern erreicht haben, kann ihre Bildungslaufbahn als *Bildungsaufstieg* bezeichnet werden. Dabei sind Bildungsaufstiege, mit oder ohne Migrationshintergrund, im deutschen Bildungssystem eher selten. Nach der Sozialerhebung des Deutschen Studentenwerks gelangen nur 24 % der Kinder, deren Eltern keinen Hochschulabschluss besitzen, in die Universität, während es bei Akademikerkindern 71 % sind (Isserstedt et al. 2010, S. 104). Der Anteil von Studierenden mit Migrationshintergrund liegt bei 11 %. Die Erhebung des Studentenwerks zeigt, dass diese häufiger als die Studierenden ohne Migrationshintergrund eine niedrige oder mittlere soziale Herkunft haben (ebd. S. 506).

Die hier vorgestellten Familien wurden im Rahmen eines Forschungsprojekts mit dem Titel *Bildungskarrieren und adoleszente Ablösungsprozesse bei männlichen Jugendlichen aus türkischen Migrantenfamilien* interviewt.[2] Das Ziel der Untersuchung bestand in der Rekonstruktion und Kontrastierung unterschiedlicher Bildungsverläufe von jungen Männern mit türkischem Migrationshintergrund. Die Interviewten wurden darum gebeten, ihren Bildungs- und Lebensweg zu erzählen – bzw. im Fall der Eltern, wie sie den Bildungs- und Lebensweg ihrer Söhne erlebt haben. Aus den Erzählungen können nicht nur die jeweiligen Lebens- und Bildungsverläufe rekonstruiert werden, sondern auch, wie die interviewte Person ihre eigene Biographie deutet, welche Bedeutung sie einzelnen Erlebnissen zuschreibt und wo sie die Ursachen und Hintergründe dieser Erlebnisse sieht. Die Analyse, die die biografischen Interviews erfordern, ist aufgrund des Aufwands – im Vergleich zu statistischen Erhebungen – nur bei einer geringen Anzahl von Fällen durchführbar. Die Porträts der zwei Familien, von denen hier berichtet wird, können daher keine Repräsentativität beanspruchen. Sie weisen aber einige Merkmale auf, die als typisch für bestimmte Konstellationen angesehen werden können.[3]

---

[2] Das von der DFG geförderte Forschungsprojekt wurde vom 1.1.2008 bis zum 31.3.2011 unter der wissenschaftlichen Leitung von Prof. Dr. Vera King und Prof. Dr. Hans-Christoph Koller an der Universität Hamburg durchgeführt. Wissenschaftliche Mitarbeiter/innen: Javier Carnicer, Janina Zölch; studentische Hilfskräfte: Elvin Subow und Esther Pinck. Für weitere Ergebnisse siehe Koller et al. (2010) und Zölch et al. (2009).

[3] Insgesamt wurden zwanzig Familien interviewt. Die Interviews wurden mit den Methoden der objektive Hermeneutik nach Oevermann et al. (1979) und der Narrationsanalyse nach Schütze (1983) ausgewertet.

4.1 Bildungsaspirationen und Bildungsentscheidungen

Bildungskarrieren und ebenso auch Bildungsaufstiege können als eine Reihenfolge von Entscheidungen betrachtet werden. Ein stark vertretener Ansatz der Bildungssoziologie geht davon aus, dass Bildungsentscheidungen rational als eine Abwägung von Nutzen und Kosten getroffen werden. Der Einfluss der sozialen Herkunft auf die Bildungskarriere wird durch zwei Arten von ‚Effekten' beschrieben: Als *primärer Effekt* der sozialen Herkunft wird angenommen, dass Kinder aus höheren Sozialschichten aufgrund günstigerer Voraussetzungen im Elternhaus bessere Schulleistungen und entsprechend höherwertige Bildungsabschlüsse erreichen können als Kinder der Unterschicht. Als *sekundärer Effekt* wird die Wirkung von Bildungsentscheidungen betrachtet, die je nach ökonomischen, kulturellen und sozialen Ressourcen der Familien variieren (Kristen 1999).

In diesem Ansatz der rationalen Wahl wird davon ausgegangen, dass die Eltern durch ihre Bildungsentscheidungen eher einen sozialen Abstieg ihrer Kinder zu vermeiden suchen, als einen Aufstieg anzustreben, d. h. sie wünschen sich eher denjenigen Bildungsabschluss für ihre Kinder, der das Erreichen einer ähnlichen sozialen Position ermöglicht, wie sie selbst haben. Abschlüsse, die darüber hinausgehen, würden einerseits als zu kostspielig eingeschätzt, andererseits als zu risikoreich in dem Sinne, dass die Wahrscheinlichkeit, den Abschluss nicht zu erreichen, für sehr hoch gehalten werde. Quantitative Erhebungen scheinen diese Theorie zu bestätigen. Sie zeigen, dass je niedriger der soziale Status der Eltern ist, desto geringer die Wahrscheinlichkeit, dass sie für ihr Kind das Abitur anstreben (Büchner 2003, S. 15).

Bei Eltern mit Migrationshintergrund ist dieser Zusammenhang jedoch nicht so stark. Eltern mit Migrationshintergrund wünschen sich häufiger höhere Bildungsabschlüsse für ihre Kinder als Eltern ohne Migrationshintergrund bei vergleichbarer Bildung und sozioökonomischem Status.[4]

Die hohen Bildungsaspirationen von Eltern mit Migrationshintergrund wurden häufig auf unrealistische Einschätzungen der Schulleistungen ihrer Kinder zurückgeführt sowie auch auf mangelnde Kenntnisse über das deutsche Schulsystem. Seltener wurde auf die Potenziale hingewiesen, die in diesen hohen Bildungserwartungen stecken. Auf die hohen Bildungsaspirationen bei Familien mit Migrationshintergrund, sowie auch auf entsprechendes Bildungsverhalten weisen folgende Zusammenhänge hin: Nur wenige Migrantenkinder, die eine Gymnasialempfehlung erhalten haben, besuchen eine Real- oder Hauptschule. Gleichzeitig wird ein nicht unerheblicher Anteil von Kindern mit Migrationshintergrund oh-

---
[4] Vgl. zusammenfassend Becker (2010).

ne eine entsprechende Empfehlung an einem Gymnasium angemeldet (Mansel 2007, S. 100). Zudem besuchen Kinder aus Migrantenfamilien häufiger integrierte Gesamtschulen als Kinder ohne Migrationshintergrund. Hier erreichen sie zwar durchschnittlich schlechtere Abschlüsse als ihre Mitschüler ohne Migrationshintergrund; die erreichten Bildungszertifikate sind aber hochwertiger als diejenigen, die Kinder mit Migrationshintergrund an Sekundarschulen mit nur einem Bildungsgang erzielen (Steinbach und Nauck 2004, S. 24).

Ein ähnliches Muster zeigen Daten zu Bildungsentscheidungen von Abiturienten. Der Abiturnotendurchschnitt bei jungen Menschen mit Migrationshintergrund liegt zwar unter dem von autochthonen Menschen, aber insbesondere Abiturienten türkischer Herkunft entscheiden sich deutlich häufiger für ein Studium als Abiturienten ohne Migrationshintergrund (Isserstedt et al. 2007; Kristen et al. 2008).

Diese Daten zu den verschiedenen Übergängen im Bildungssystem deuten darauf hin, dass Eltern mit Migrationshintergrund sich in ihren Bildungsentscheidungen nicht mit einem Abschluss zufrieden geben, der den Kindern lediglich den Verbleib in der sozialen Schicht der Eltern ermöglicht, sondern häufig einen Bildungsaufstieg und vermutlich auch einen damit verbundenen sozialen Aufstieg anstreben.

Dies wird durch die Überlegung gestützt, dass die Migration an sich häufig als ein Projekt des sozialen Aufstiegs angetreten wird. Unabhängig davon, ob sie realistisch oder unrealistisch sind, können die Bildungsaspirationen von Eltern mit Migrationshintergrund als Ausdruck der Aufstiegswünsche angesehen werden, die sie durch ihre Migration zu realisieren versuchten. Die Migration der Eltern und der Bildungsaufstieg der Kinder können so als ein generationenübergreifendes Projekt der sozialen Mobilität betrachtet werden (Juhasz und Mey 2003, S. 313). Die Analysen aus dem Projekt zu Bildungskarrieren bei Jugendlichen aus türkischen Migrantenfamilien zeigen, dass die Migrationsgeschichte der Familie einen entscheidenden Einfluss auf die Bildungserwartungen der Eltern hat. Die Art der Wünsche der Eltern für den Bildungsweg der Kinder sowie deren Weitergabe und Umsetzung hängen eng damit zusammen, inwieweit die Migration ein Projekt des sozialen Aufstiegs darstellte, sowie auch mit der Art und Weise, in der dieses Projekt realisiert wurde.

Theoretische Ansätze der rationalen Wahl gehen davon aus, dass Bildungsentscheidungen und Bildungsaspirationen aus einer rationalen Erwägung der Kosten des Bildungsgangs, der Ressourcen der Familie und der Fähigkeiten des Kindes resultieren. Die Betrachtung von Einzelfällen zeigt jedoch, dass diese Rationalität sehr unterschiedliche Züge annehmen kann. Dies kann anhand eines Zitats aus einem unserer Interviews illustriert werden.

4 Jugendliche Bildungsaufsteiger mit türkischem Migrationshintergrund

Herr Yıldırım[5], einer der Väter, die wir interviewt haben, äußert sich zu den Berufswünschen seines Sohnes, der das Gymnasium besucht, wie folgt:

> „wir haben ihn natürlich immer gefragt ne? So in einem bestimmten Alter mit fünfzehn/sechzehn: ‚Mensch, was hast du denn mal eh vor zu werden'. Da hat er natürlich noch andere Sachen, da wollte er Anwalt werden und studieren, oder so ne?, diese eh sag ich mal in Anführungsstrichen Kinderberufe – oder Feuerwehrmann".

Herr Yıldırım selbst hat eine kaufmännische Ausbildung absolviert und leitet eine Filiale eines Unterhaltungsunternehmens. Seine Aussage kann als Illustration dafür dienen, wie prägend die soziale Position der Eltern für die Erwartungen an den Bildungsweg der Kinder sein kann. Vor dem Hintergrund, dass der Sohn bereits die Schulform besucht, die zur Hochschulreife führt, erscheint ein Studium der Rechtswissenschaft und eine anschließende Karriere als Anwalt durchaus als eine plausible Möglichkeit. Für Herrn Yıldırım gehört dies jedoch in die gleiche Kategorie wie kindliche Traumberufe – etwa ‚Feuerwehrmann'. An einer anderen Stelle des Interviews preist Herr Yıldırım die Redegewandtheit und argumentative Stärke seines Sohnes. Gerade diese Fähigkeiten, die andere mit einem erfolgreichen Anwalt verbinden mögen, erscheinen Herrn Yıldırım als die beste Grundlage für eine kaufmännische Ausbildung.

Im Gegensatz zu Herrn Yıldırım hatte sich die Mehrheit der untersuchten Eltern Hochschulabschlüsse für ihre Kinder gewünscht. Diese Erwartungen entstanden nicht allein aus der Haltung heraus, die Entwürfe der Kinder zu unterstützen. In den Erzählungen der Eltern erschienen sie vor allem in engem Zusammenhang mit der eigenen Migrationserfahrung. Zugleich drücken sie das Vertrauen der Eltern darauf aus, dass ein höherer Bildungsabschluss den Kindern eine bessere soziale Lage ermöglichen kann.

Ob die Kinder tatsächlich einen höheren Bildungsabschluss erreichen, hängt gewiss nicht nur davon ab, ob ihre Eltern entschiedene und hohe Erwartungen haben, sondern auch von der Art und Weise, in der diese kommuniziert und von allen beteiligten umgesetzt werden. Wie dies geschehen kann, wird im Folgenden anhand zweier der untersuchten Familien gezeigt.

---

[5] Um die Identität der Interviewten zu schützen, wurden ihre Namen, sowie auch die Namen von Orten und Institutionen geändert.

4.2 Familie Akyol

Herr Akyol führt zusammen mit seiner Familie ein Schnellrestaurant in einer deutschen Großstadt. Der Stadtteil, in dem die Akyols leben und arbeiten, ist eines jener Arbeiterviertel, die ab den 1960er Jahren verstärkt die Bevölkerung mit Migrationshintergrund aufnahmen. Herr Akyol kam Ende der 1970er Jahre als Asylbewerber nach Deutschland. In der Türkei hatte er bereits geheiratet und war Vater eines Kindes geworden. In Deutschland arbeitete er zunächst in einem landwirtschaftlichen Betrieb, danach in einer Fabrik. Das Schnellrestaurant führte er zum Zeitpunkt des Interviews seit etwa zehn Jahren. Seine Frau sowie die zwei inzwischen in der Türkei geborenen Kinder kamen einige Jahre nach Herrn Akyols Ankunft nach. Die Akyols haben inzwischen vier Kinder: drei Söhne und eine Tochter. Von diesen wurde der zweitälteste Sohn, den wir Selim nennen, interviewt.

Seine Migration stellt Herr Akyol gleich zu Beginn seiner Erzählung wie folgt dar:

> „…nach der Militär bin ich einfach hierher gelandet. Damals da achtziger Jahr war's zu viel Terror (…) Also – rechte linke Seite (…) Leben ist zu gefährlich gewesen. Das hat eh meine Eltern hat gesagt ‚verschwinde hier – weg, egal wo du das hingehst.' (…) und plötzlich bin ich in Deutschland gelandet. … Das war's."

Den konkreten Auslöser seiner Flucht erzählt Herr Akyol relativ ausführlich an späterer Stelle im Interview. Im Zusammenhang mit den damals häufigen gewalttätigen Konflikten zwischen links- und rechtsextremen Gruppierungen geriet er in akute Lebensgefahr und musste daher innerhalb kürzester Zeit aus seinem Heimatort fliehen.

Herrn Akyols Flucht lässt sich folglich nicht ohne weiteres als ein Projekt des sozialökonomischen Aufstiegs beschreiben wie bei einer typischen Arbeitsmigration. Mit „ich bin einfach hierher gelandet" oder „plötzlich bin ich in Deutschland gelandet" stellt er seine Auswanderung als ein unvorhergesehenes, nicht geplantes Ereignis dar. Eine Aufstiegsthematik findet man in seiner Erzählung nicht.

Sein Leben beschreibt Herr Akyol als Kampf. Auf diese Metapher rekurriert er immer wieder, so dass sie wie das Motto seiner Geschichte wirkt. Zuerst habe er für sein Elternhaus „kämpfen" müssen, indem er bereits mit zehn Jahren angefangen habe zu arbeiten; danach für seine eigene Frau und seine Kinder. In dieser Metapher des Kampfes erscheint das Leben als eine unkontrollierbare Folge von Ereignissen, die das Individuum in eine reaktive Rolle zwingt. Mit ‚Kampf' umschreibt Herr Akyol nicht etwa seine Mühen, vorgefasste Lebensziele zu erreichen, sondern die konstante Bereitschaft, auf Schicksalsschläge zu reagieren, um sich selbst und seine Familie zu erhalten. So präsentiert sich Herr Akyol aber auch als jemand, der

4 Jugendliche Bildungsaufsteiger mit türkischem Migrationshintergrund

sich diesem Kampf für sich und seine Familie gestellt und ihn, zumindest bisher, erfolgreich geführt hat.

Dies deutet zum einen auf die Bedeutung hin, die Familienbeziehungen in den Wertorientierungen Herrn Akyols haben. Zum anderen deutet diese Figur des Kampfes auch auf die zentrale Position des Mannes innerhalb der Familie als deren Versorger hin. Dieses Familienbild stellt auch den Rahmen bereit, in dem Herr Akyol den Bildungsweg seines Sohnes Selim deutet.

Selim berichtet, dass er im Gegensatz zu seinen Schulfreunden eine Empfehlung für das Gymnasium bekam. Diese Empfehlung wurde auch befolgt. In dem Gymnasium sei er bis zur zehnten Klasse, sagt Selim, einer der Klassenbesten gewesen. Doch bereits ab der achten Klasse hätten seine Leistungen nachgelassen. Als Selim am Ende der zehnten Klasse war, habe sein Vater das Schnellrestaurant übernommen. Dort habe Selim jeden Tag nach der Schule gearbeitet. Besonders dies habe seine schulischen Leistungen sehr negativ beeinflusst, so dass er nach der elften Klasse nicht versetzt worden sei. Zur Wiederholung der elften Klasse sei er in ein anderes Gymnasium gewechselt, weil dieses „leichter" gewesen sei. Die elfte Klasse habe er dann knapp bestanden, die zwölfte habe ihm aber mehr Schwierigkeiten bereitet. Da er bis spät nachts im Imbiss der Familie gearbeitet habe, habe er sehr häufig im Unterricht gefehlt. Aufgrund dieser Fehlstunden und seiner schwachen Leistung habe er die Schule abbrechen müssen. Daraufhin habe er ausschließlich im Imbiss der Familie gearbeitet, eine Zeit lang auch als Versicherungsvertreter. Als er heiraten wollte, habe er sich entschieden, wie er sagt, „eine richtige Arbeit" zu suchen. Mit Hilfe von Verwandten sei er im Verkehrsbetrieb der Stadt als Busfahrer eingestellt worden, wo er seitdem arbeite.

Herr Akyol hingegen erzählt, Selim habe keine Schwierigkeiten in der Schule gehabt. Dies ist etwas verwunderlich, wenn man bedenkt, dass Selim die elfte Klasse wiederholen musste und in der zwölften Klasse die Schule wegen Fehlzeiten und unzureichenden Leistungen verlassen musste. Herrn Akyol zufolge hat Selim die Schule aber, „wahrscheinlich" verlassen, weil er „des Lernens überdrüssig war". Als Hauptgrund gibt Herr Akyol jedoch an, Selim habe seine Familie nicht „allein lassen" wollen:

> „Also damit er ab diesem Alter ein wenig zur Familie beitragen kann, hat er hier bei uns gearbeitet (…) Er … hat ein Gymnasium besucht und zuletzt in Klasse elf – in der zwölften Klasse hat er Dings gemacht … aufhören gemacht. Eh der … hat Dings gemacht, um anderen Beruf in einem anderen Berufszweig zu arbeiten. Und das hat er nicht hinbekommen. Er wollte (…) uns nicht allein lassen. Das mit dem anderen Beruf hat er nicht hinbekommen. Beziehungsweise, da er in Gedanken hier war, also während die Familie hier arbeitet, da er nicht Dings machen konnte, eine andere Arbeit zum Laufen zu bringen, ist er gekommen und hat bei uns gearbeitet. Und in-

dessen hat er sowieso geheiratet. Als er heiratete ... hat der Dings ..., automatisch zur Stadtverkehrsbetrieb."

Zunächst habe Selim neben der Schule im Geschäft der Familie gearbeitet. Danach habe er die Schule verlassen und sich in einem anderen Beruf versucht. Dies habe jedoch nicht funktioniert, da er befürchtet habe, seine Eltern seien mit der Arbeit im Schnellrestaurant überlastet. Aus diesem Grund habe Selim in seinem Beruf aufgehört, um wieder im Betrieb der Familie zu arbeiten. Erst als er heiratete, habe er eine Stelle beim Stadtverkehrsbetrieb angenommen.

Die Darstellung von Herrn Akyol folgt dem Ideal, das er selbst in seiner Biographie erfüllt zu haben behauptet: Das Ideal des Mannes, der sich für seine Herkunftsfamilie einsetzt, bis er die eigene Familie gründet.

Zentrales Leitmotiv in der Erzählung von Selim ist hingegen die Frage, wie es zu seinem Schulabbruch kommen konnte. Dies erscheint ihm erklärungsbedürftig, vor allem weil er sich selbst als vielfältig begabt beschreibt. In seiner Erklärung gibt er zu, ab einem bestimmten Alter sehr wenig für die Schule und viel mit seinen Freunden gemacht zu haben. Als ein zentrales Problem nennt er auch, dass er nicht rechtzeitig gewusst habe, welchen Weg er gehen wollte. Er beschwert sich über seine Schule und seine Lehrer, die ihm keine Orientierung geboten hätten. Insbesondere beklagt er sich über seine Eltern, die kaum Interesse an seiner Schulkarriere oder seinen außerschulischen Aktivitäten gezeigt und seine Begabung nicht gefördert hätten.

Als den entscheidenden und direkten Grund für seinen Schulabbruch führt Selim seine Arbeit im Familienbetrieb an. „Offiziell" habe er zwar nicht aushelfen müssen; doch er habe nach der Schule immer bis 23, 24 Uhr im Laden geholfen, so dass dies für ihn wie ein „Vollzeitjob" neben der Schule gewesen sei.

Selims Unterscheidung zwischen „offiziell" und „inoffiziell" zeigt, dass er bestimmte Aufforderungen seiner Eltern als doppelbödig interpretiert. Wenn Selim sagt, „ich sollte angeblich in der Küche meine Hausaufgaben machen", so unterstellt er seinem Vater verdeckte Absichten: Damit habe dieser nicht erreichen wollen, dass sein Sohn die Hausaufgaben mache, sondern dass er im Imbiss sei – wo er gleich die Kundschaft bedienen könne. Im Laufe seiner Erzählung führt Selim verschiedene Beispiele an, die auf dieses Muster hinauslaufen.

Warum Selim diesen verdeckten Botschaften gefolgt ist, statt die Chancen wahrzunehmen, die die expliziten Aufforderungen seiner Eltern anboten, kann aus seiner Erzählung nicht rekonstruiert werden. Denkbar ist, dass er sich der Familie und ihrem Betrieb so verpflichtet fühlte, wie es sein Vater beschreibt. Denkbar wäre aber auch, dass Selim eine Zeit lang das Familiengeschäft als seine berufliche Zukunft angesehen hat und die Prioritäten zwischen Imbiss, Schule und Freunden entsprechend verteilt hat – dies deutet er jedoch nur in einem Nebensatz an.

Die Suche nach der Erklärung für seinen Schulabbruch belässt Selim jedoch nicht bei dieser Anklage der Eltern. Deren Verhalten in Bezug auf seinen Bildungsweg erklärt er im Zusammenhang mit ihrem soziokulturellen Hintergrund. Ein abschätziger, stereotypisierender Duktus tritt dabei deutlich zutage – unabhängig davon kann aus Selims Ausführungen eine Erklärung rekonstruiert werden, in der seine Geschichte nicht lediglich als ein besonderer Einzelfall erscheint, sondern als die Ausprägung eines Idealtypus. Am Anfang dieser Erklärung steht die Institution des Familienbetriebs:

> „…bei uns is das so, dass wenn der Vater ein Laden kauft, dann kauft auch die Familie diesen Laden, (…) also dann is die ganze Familie für den Laden verantwortlich, es is halt ein Familienbetrieb".

Ein Familienbetrieb entsteht also auf Initiative des Vaters, während die Verantwortung dafür von der ganzen Familie getragen wird. Mit „bei uns" meint Selim offenbar ‚bei türkischen Familien'. Später jedoch macht er eine Unterscheidung zwischen solchen, die er als „moderne Türken" bezeichnet, und jenen, die er „altmodische Türken" nennt, zu denen er auch seine Eltern rechnet. Die Betriebe dieser „altmodischen Türken" erscheinen in Selims Ausführungen wie eine Verschmelzung von Familie und Geschäft. Die von ihm so genannten „modernen Türken" machten es hingegen mit „System". Damit meint er wohl eine gewisse Rationalität, die zwischen Familie und Geschäft scharf unterscheidet. Als Beispiel eines ‚modernen' Kleinunternehmers türkischer Herkunft nennt er einen anderen Imbissbesitzer seines Stadtteils. Er führe schon sehr lange den Betrieb, doch seine Kinder hätten nie da gearbeitet, denn ihr Vater wisse, dass „Schule und so weiter wichtig is". Diese Haltung ermögliche es, so kann Selim verstanden werden, dass den Kindern Berufsalternativen außerhalb des Familienbetriebes offen bleiben.

Fehlendes „System" bemängelt Selim bei seinen Eltern auch in der Art, wie die Arbeit der Familienmitglieder in die betriebliche Kalkulation einbezogen wird:

> „wenn Sie überlegen, dass sechs Leute so viel arbeiten, sechs/sieben Tage die Woche (…) in nem normalen Betrieb würde man wahrscheinlich mindestens zehn/fünfzehn Tausend Euro dafür kriegen, ne? (…) Aber bei uns is ja alles Familie, (…) auch wenn's dreitausend sind, das sind immer noch tausendfünfhundert mehr als mein Vater damals alleine bekommen hat, also dreitausend, das bleibt alles auf einem Haufen, das wird alles zusammengespart".

Unsystematisch sei nach Selim also die Betriebsführung des Vaters, weil sie auf einer irrigen Kalkulation beruhe: Werfe der Betrieb mehr Geld ab, als der Vater selbst in Lohnarbeit verdient hätte, dann werde dies als ein Gewinn betrachtet, ohne den Einsatz der restlichen Familienmitglieder einzukalkulieren.

Der Zusammenhang, den Selim herstellt zwischen der Betriebsführung seiner Eltern und seiner eigenen Schulkarriere, erinnert an jene Eigenschaften, die Max Weber als drei Grundlagen eines kapitalistischen Betriebes angesehen hat: *Trennung von Haushalt und Betrieb*, rationale *Buchführung*, *freie Arbeit* (Weber 1965, S. 16f.). Folgt man Selims Erklärung und pointiert sie, indem man sie in sozialwissenschaftliches Vokabular übersetzt, so wäre seine Bildungskarriere dem Wirtschaftsethos seiner Eltern zum Opfer gefallen. Das ökonomische Handlungssubjekt in diesem Ethos wäre nicht das Individuum, sondern der Haushalt. Die einzelnen Haushaltsmitglieder wären durch Familiensolidarität dem Betrieb verpflichtet; individuelle Bildungs- und Berufswege wären der Arbeit im Familienbetrieb untergeordnet.

Indem Selim diese Erklärung in den Vordergrund rückt, verdeckt er einige Aspekte seiner Geschichte, die er nicht oder nur in Nebensätzen erwähnt. So erfahren wir zum Beispiel sehr wenig über seine eigenen Entscheidungsprozesse. Etwas einseitig wirkt auch die stereotypisierende Darstellung seiner Eltern. Diese Art der Darstellung ist in unserem Sample einzigartig. In einer Untersuchung von Andreas Pott (2002) hingegen beschreiben Abiturienten mit türkischem Migrationshintergrund ihre Eltern häufig als „ungebildete Bauern" und ähnliches. Dies kann als Ausdruck einer Entfernung vom Herkunftsmilieu angesehen werden, die manchmal mit dem Bildungsaufstieg verbunden sein kann. Selims Erklärung lässt zudem die Einflüsse unbeachtet, die Schule und Gesellschaft ausüben. Schließlich hat der institutionelle Rahmen in Selims Bildungskarriere eine entscheidende Bedeutung gehabt, nicht nur in negativer Hinsicht: Über einen Aushang hatte er von einem Studiengang erfahren, der kein Abitur erfordert. Zugelassen wird man, wenn man einige Jahre Berufserfahrung hat und die Aufnahmeprüfung besteht. Diese Prüfung hatte Selim einige Wochen vor dem Interview bestanden, so dass er inzwischen nicht mehr Busfahrer ist, sondern Student – und Bildungsaufsteiger; übrigens ebenso wie seine jüngere Schwester, die an einer technischen Universität studiert.

4.3 Familie Özdemir

Die Familie Özdemir wohnt in demselben Stadtteil wie die Familie Akyol. Dort betreibt sie einen Kiosk. Bereits die Öffnungszeiten (Montag bis Samstag vom 6.30 bis 22.00 Uhr, Sonntag vom 6.30 bis 21.00) lassen vermuten, dass der Betrieb den Einsatz der ganzen Familie erfordert. Herr Özdemir kam Anfang der 1970er-Jahre nach Deutschland, allerdings nicht als ‚Gastarbeiter', sondern um zu studieren. In der Türkei hatte er eine Ausbildung zum Grundschullehrer abgeschlossen. Diese Ausbildung bestand damals nicht in einem Hochschulstudium, sondern in einem vierjährigen Berufsschullehrgang, den man nach Abschluss der Mittelschule, nach der achten Klasse also, besuchen konnte. In Deutschland gelang es Herrn Özdemir trotz vieler Komplikationen, ein Studium der Verfahrenstechnik aufzunehmen. Aufgrund finanzieller und bürokratischer Schwierigkeiten musste er dieses jedoch kurz vor Ende des Grundstudiums abbrechen, sechs Jahre nach seiner Ankunft in Deutschland. Ein weiterer Grund seines Studienabbruches war die Heirat mit seiner Frau, die aus der Türkei kam, und die Geburt ihres ersten Sohnes. Herr Özdemir nahm eine Vollzeitstelle als Erzieher in dem Jugendzentrum an, in dem er bereits während seines Studiums gearbeitet hatte. Die Özdemirs haben, wie die Akyols, drei Söhne und eine Tochter. Der älteste Sohn, Aytaç, den wir näher kennenlernen werden, ist zum Zeitpunkt des Interviews 29 Jahre alt und studiert Maschinenbauinformatik, der 27 jährige Can hat ein Studium in Bauwesen bereits absolviert, Ömer (22 Jahre alt) studiert Jura; die sechzehnjährige Tochter Meral besucht das Gymnasium. Interviewt wurden Aytaç und Ömer, sowie auch Herr und Frau Özdemir.

Anders als bei Herrn Akyol war die Migration von Herrn Özdemir nicht durch äußere Umstände bedingt. Zwar bezeichnet auch er es als Zufall, dass er nach Deutschland kam, doch die Überwindung vieler Schwierigkeiten auf seinem Weg zeugt von einem starken Willen, ein Studium zu absolvieren, um dadurch in eine höhere Position zu gelangen. Danach gefragt, ob der Abbruch seines Studiums seine Erwartungen an die Bildungskarriere seiner Kinder beeinflusst hätte, antwortet er mit einem entschlossenen „natürlich". Dabei erscheint eine erneute Migration seiner Kinder als ein möglicher Weg, die Position eines Arbeiters zu vermeiden:

„ ... warum soll man Arbeiter werden? Wenn man gut studiert hat, gute Ergebnisse hat, wenn in Deutschland nich klappt, klappt in andere Land, das is ja."

Von seinen Kindern wünscht sich Herr Özdemir vor allem, dass sie nach Erfolg streben und ihre Ziele realisieren:

„Ja, die sollen richtig machen, was sie anfangen. Das is äh immer nach Erfolg streben, ohne Erfolg macht auch kein Spaß, was man macht".

Trotz dieser Zielgerichtetheit, die Herr Özdemir von seinen Kindern erwartet, ist Aytaç' Bildungskarriere über viele Umwege verlaufen. Seinen Bildungsweg bezeichnet Aytaç zunächst als „ganz normal": Er sei in den Kindergarten gegangen, dann zur Grundschule und von dort in die Gesamtschule. In dieser wurde er aufgrund schlechter Leistungen jedoch nicht zur gymnasialen Oberstufe zugelassen. Sein Versuch, das Abitur in einem technischen Gymnasium zu machen, scheiterte.

Sechs Monate lang bewarb er sich um eine Ausbildung als Fachinformatiker, jedoch ohne Erfolg. Er absolvierte dann eine Bauzeichnerausbildung in einer technischen Fachschule. Danach besuchte er wieder ein technisches Gymnasium, wo das Abitur diesmal gelang. Zum Zeitpunkt des Interviews studierte Aytaç Maschinenbau-Informatik. Aytaç gibt zu, dass er wesentlich länger brauche als andere, um das Studium zu beenden. Dies liege nicht an mangelnder Kompetenz, sondern daran, dass er viel nebenbei arbeiten müsse: zum einen in der Schulsozialarbeit und als Nachhilfelehrer, zum anderen auch in dem Laden der Familie.

Ihren Kiosk eröffneten die Özdemirs vor vier oder fünf Jahren. Ömer, der jüngste Sohn, erzählt, dies sei eine Idee seines Vaters gewesen. Doch wenn die Kinder vom Familienbetrieb sprechen, klingt es nach einem Projekt, in dem sie sich nicht nur als Arbeitskräfte beteiligt fühlen. Auf den Laden wird in allen Interviews in der ersten Person Plural Bezug genommen, mit Wendungen wie „als wir unseren Laden eröffneten" oder „unser Laden". Die Arbeit wird zwischen den Familienmitgliedern systematisch verteilt. Sowohl Aytaç als auch Ömer erzählen von einem Schichtplan, der ihnen den Besuch von Lehrveranstaltungen ermöglichen soll und entsprechend den jeweiligen Belastungen durch das Studium angepasst wird. Die Arbeitsbereiche sind ebenfalls verteilt: Aytaç macht die Buchhaltung, Ömer den Einkauf. Diese Arbeiten stellen für beide Brüder zwar eine Belastung dar, die sie aber ohne weiteres annehmen. Die Arbeit im Familienbetrieb wird nicht als etwas dargestellt, das zum Beispiel vom Studium abhält, sondern als eine Aufgabe, die dem Studium gleichgeordnet ist. Aytaç drückt das wie folgt aus:

> „es is nich so, dass mich die Arbeit die ganze Zeit vom Studium abgehalten hat, sondern auch das Studium von der Arbeit".

Die Langwierigkeit seines Wegs bis zum Abitur führt Aytaç jedoch nicht auf seine Arbeit im Laden zurück, sondern vor allem auf den Umstand, dass er zwar „intelligent, aber faul" gewesen sei. Danach gefragt, was ihm auf dem Weg zum Studium geholfen habe, benennt Aytaç neben der Unterstützung von Freunden, zwei Dinge:

- „Natürlich die Erziehung meiner Eltern, spielt natürlich auch eine große Rolle, weil ohne die Erziehung meiner Eltern hätt' ich wohl kaum so ein zielstrebiges Denken, sag ich mal, das is ja ein Denkprozess, der erst entfacht werden muss und ich denk mal, die Initiierung kam halt durch meine Eltern".
- „in erster Linie war es die Tatsache, dass ich halt meine eigenen Ziele hatte, das spielte eine große Rolle, (…) ich hab schon ziemlich früh Ziele gehabt".

Wie wir gesehen haben, entspricht dieses zielstrebige Denken den Erwartungen, die Herr Özdemir an seine Kinder hat. Wie wurde dieser „Denkprozess entfacht"? Der Kindheitstraum von Aytaç sei gewesen, Informatik zu studieren; als Kind habe er Spieleprogrammierer werden wollen. Dies habe damit angefangen, dass sein Vater einen Volkshochschulkurs besucht und sich einen Computer gekauft habe. Herr Özdemir erinnert sich an diese Zeit wie folgt:

> „als erste Computer auf Markt kam, ich hab sofort gekauft, es war aber nichts zu machen, das war zu klein, damit könnten wir gar nich anfangen. Dann kam dieser mit C64 von Commodore und von Atari XF, das hab ich sofort gekauft und damit alle fleißig angefangen zu programmieren (…) Und so hat unsere Computerabenteuer angefangen".

Herr Özdemir spricht in der ersten Person Plural: „damit konnten *wir* gar nich anfangen"; „alle [haben] fleißig angefangen zu programmieren"; „so hat *unsere* Computerabenteuer angefangen". Die Beschäftigung mit Computern wird nicht allein als das eigene Hobby dargestellt, sondern als ein gemeinsames Abenteuer von Vater und Sohn. Aytaç Computerabenteuer nimmt einen großen Raum in seiner Erzählung ein. Was durch die Beschäftigung des Vaters initiiert war, wird zu einem eigenen Hobby, das er auch zusammen mit seinen Freunden und Geschwistern pflegt. In der Gesamtschule wählt er Informatik als Wahlfach. Zusätzlich besucht er, wie sein Vater, Kurse in der Volkshochschule und lernt verschiedene Programmiersprachen.

Der Einfluss des Vaters auf den Bildungsweg von Aytaç geht aber über die Pflege dieses gemeinsamen Hobbys hinaus. Aytaç weist in diesem Zusammenhang auf den Beruf seines Vaters als Erzieher hin. Dieser Beruf ist mit kulturellen und sozialen Ressourcen verbunden, von denen Aytaç profitieren konnte. Zum Arbeitsbereich von Herrn Özdemir gehörte zum Beispiel die Hausaufgabenhilfe. Mit Stolz erzählt er von Jugendlichen, die Dank seiner Nachhilfe in Mathematik das Abitur bestanden hätten. Dort, wo er seinen Kindern nicht helfen konnte, wie zum Beispiel in Englisch, griff er auf die Unterstützung von Arbeitskollegen zurück. Herr und Frau Özdemir engagierten sich darüber hinaus in der Schule: Frau Özdemir als „Milchmutter" (ehrenamtliche Pausen-Milchverkäuferin); Herr Özdemir zum einen nebenberuflich als Dolmetscher, zum anderen auch im Elternbeirat. Herr Özdemir sagt, es habe ihm „Spaß gemacht", sich „mit Schulproblemen" zu beschäftigen. Dadurch habe er auch viele Lehrer kennengelernt, „auch so von Mentalität her und wie die reagieren oder wie die drauf sind und so".

Die Interviews mit Frau und Herrn Özdemir zeigen, dass sie von Anfang an wollten, dass ihre Kinder studieren. Um dies zu realisieren, ist es ihrer Darstellung nach wichtig, Feinheiten und ungeschriebene Regeln in der Kommunikation mit der Schule zu beherrschen – zu lernen also, wie Lehrer, „reagieren oder wie die darauf sind und so". Dies betrifft insbesondere ihren Umgang mit den Empfehlungen der Lehrkräfte in der Klasse 4, den Frau Özdemir als einen „Kampf" beschreibt:

> „Ja, ich hab mein erste Sohn, ich hab gemerkt, Aytaç, er is, er kann, er schafft, aber Lehrer hat gesagt: Ne, für Gymnasium er is bisschen langsam und so weiter. Und mein zweite Sohn war auch und beide wir ham Gesamtschule geschickt wegen Lehrer. Und hinter, äh nachher hab ich gesehn, wir ham Fehler gemacht. Und er [Ömer, dritter Sohn] war auch ganz gute Noten immer und äh ja, Lehrer wollte wieder nich hinschicken. Ich hab gesagt: Nein. Dieses Mal muss er hin. (…) Ich hab gesagt: Nein, er muss Gymnasium. Schöne äh, wie heißt das? … Zeugnis und warum, hab ich gedacht: Warum Gesamtschule? Und hab ich gemerkt und er schafft und wirklich er hat geschafft. Ne? Und meine Tochter war auch immer, warum weiß ich nich, Gesamtschule sagt immer, ja unsere Schüler bleibt hier, Und für sie auch hab ich gekämpft. Hab ich gesagt: Ja, sie kann auch schaffen. Und da hab ich angemeldet …"

Im Interview zeigt sich Frau Özdemir verwundert darüber, dass in der Gesamtschule so viele Schüler mit Migrationshintergrund sind und im Gymnasium so wenige. So erzählt sie, ein komisches Gefühl gehabt zu haben, als ihr jüngster Sohn das Abitur am Gymnasium gemacht habe:

> „Echt, hab ich komisches Gefühl gehabt, weil da is fast sechzig/siebzig Prozent türkische Leute wohnt – und ein einziger Türke Abitur gemacht, (…) beim Gymnasium. Oberstufe doch, aber Gesamtschule. Aber beim Gymnasium ein einziger. (…) ich hab gedacht, das äh kommt von Kinder? Oder kommt? (…) Wegen was? Von Eltern, oder von Jugendliche oder? Ich weiß es nich, deswegen wirklich hab ich auch Tränen kommen. (…) Das war auch schöne Gefühl und bisschen traurige Gefühl, weil einzige Türke da".

Die Reaktion von Frau Özdemir zeigt, wie tief sie emotional in die Schulkarriere der Kinder involviert ist. Sie zeigt aber auch, dass das Abitur ihres Sohnes für sie keine Selbstverständlichkeit darstellt.

Die Intensität, mit der sich Frau Özdemir und ihr Mann für die Schulkarriere ihrer Kinder einsetzen, so wie die aus anderen Stellen der Interviews hervorgehende Art und Weise, in der sich die Geschwister gegenseitig helfen, lassen deren Bildungsaufstieg als ein Familienprojekt erscheinen. Dieses Projekt nimmt in der Darstellung von Herrn Özdemir mitunter ökonomische Züge an. Er bezeichnet zwar die Bildungskarriere von Aytaç als eine Meisterleistung, seine Umwege trotzdem als einen Verlust:

> „wie gesagt, er hat vier Jahre umsonst zur Schule gegangen. Ich war sehr sauer, (…) diese vier Jahre waren verschenkt, (…) Wenn man denkt äh, wie viel Geld, wenn man fertig studiert hat in diese vier Jahre, er hätte ja vier Jahre früher mit alles fertig und als Ingenieur wie viel er in vier Jahre verdienen könnte. Das is unsere Verlust, das muss man so rechnen."

Stets erscheint in den Interviews mit der Familie Özdemir ein „wir" als das grammatikalische Subjekt von Handlungen und Entscheidungen, die den Familienbetrieb oder den Bildungsweg der Kinder betreffen. „Wir" sind hier aber diejenigen, die Verluste erleiden müssen, weil „*er*" umsonst zur Schule gegangen sei. Dies zeigt die Kehrseite der hohen Bildungsaspirationen. Ist der Bildungsaufstieg ein Projekt der Familie, so bedeutet dies, dass der Bildungserfolg nicht allein für sich selbst, sondern auch stellvertretend für die Familie errungen werden soll.

4.4 Abschließende Betrachtungen

Am Anfang dieses Beitrags wurde auf den Einfluss hingewiesen, den die soziale Lage und die Art des Migrationsprojekts auf Bildungsaspirationen und Bildungsentscheidungen ausüben können. Die Unterschiede zwischen Familie Akyol und Familie Özdemir sind vor allem an diesen Faktoren festzumachen. Herr Akyol, aus dörflichen Verhältnisse stammend, verband mit seiner Flucht nach Deutschland kein Projekt des sozialen Aufstiegs. Von Herrn Özdemir hingegen werden höhere Bildung und nötigenfalls Migration als eine Möglichkeit (auch für seine Kinder) angesehen, nicht in der Arbeiterposition zu verharren. Die städtische Herkunft von Herrn Özdemir und seine berufliche Bildung bedingen Unterschiede gegenüber Herrn Akyol, die besonders sichtbar werden, wenn man das soziale Kapital betrachtet, das sich aus seinem Beruf ergibt: etwa die Möglichkeit, Nachhilfe für den Sohn durch Arbeitskollegen zu bekommen oder das Wissen, wie mit der Institution Schule umzugehen ist.

Die Betrachtung dieser Familien zeigt nicht nur die entscheidende Bedeutung, die Bildungserwartungen, Engagement und Ressourcen der Eltern für den Bildungsweg der Kinder haben, sondern auch, welche besonderen Umstände und Fähigkeiten und welcher Einsatz von Eltern und Kindern für den Bildungsaufstieg nötig sind. Damit werden aber auch die Herausforderungen der Interkulturellen Pädagogik für die Lehrerbildung und die Schulentwicklung deutlich: Wie können Bildungsaufstiege von Kindern und Jugendlichen mit Migrationshintergrund auch dort ermöglicht werden, wo diese besonderen Ressourcen nicht vorhanden sind?

Die umwegreichen Bildungsaufstiege von Selim Akyol und Aytaç Özdemir stellen in der hier vorgestellten Untersuchung nur bedingt Sonderfälle dar, denn Wechsel zwischen Realschule, Gesamtschule und Gymnasium sind bei den interviewten jungen Männern häufig anzutreffen. Solche Wege sind nur dann möglich, wenn zwischen den verschiedenen Bildungsgängen eine gewisse Durchlässigkeit besteht. Das deutsche gegliederte Schulsystem ist für Wege nach unten bekanntermaßen durchlässiger als für Wege nach oben. Die vorgestellte Untersuchung enthält Hinweise darauf, dass darin *ein* Ansatz zur Erklärung der Bildungsnachteile von jungen Männern aus türkischen Einwandererfamilien zu sehen ist.

Literatur

Allemann-Ghionda, C. (2006). Klasse, Gender oder Ethnie? Zum Bildungserfolg von Schüler/innen mit Migrationshintergrund. Von der Defizitperspektive zur Ressourcenorientierung. *Zeitschrift für Pädagogik, 52*(3), 350–362.

Becker, B. (2010). *Bildungsaspirationen von Migranten. Determinanten und Umsetzung in Bildungsergebnisse.* Arbeitspapiere – Mannheimer Zentrum für Europäische Sozialforschung, Bd. 137. Mannheim.

Becker, R., Lauterbach, W. (2007). Bildung als Privileg – Ursachen, Mechanismen, Prozesse und Wirkungen. In R. Becker, W. Lauterbach (Hrsg.) *Bildung als Privileg – Ursachen, Mechanismen, Prozesse und Wirkungen.* (S. 9–41).

Becker, R., Lauterbach, W. (2007). *Bildung als Privileg. Erklärungen und Befunde zu den Ursachen von Bildungsungleichheit.* Wiesbaden.

Bommes, M., Grünheid, I., Wilmes, M. (2008). *Migranten am START – Bildungskarrieren von begabten Zuwandererkindern.* Osnabrück: Institut für Migrationsforschung und Interkulturelle Studien (IMIS), Studie im Auftrag der START-Stiftung – ein Projekt der Gemeinnützigen Hertie-Stiftung-gGmbH.

Boos-Nünning, U., Karakaşoğlu, Y. (2005). *Viele Welten leben: Zur Lebenssituation von Mädchen und jungen Frauen mit Migrationshintergrund.* Münster.

Büchner, P. (2003). Stichwort: Bildung und soziale Ungleichheit. *Zeitschrift für Erziehungswissenschaft, 6*(1), 5–24.

Diefenbach, H. (2010). *Kinder und Jugendliche aus Migrantenfamilien im deutschen Bildungssystem. Erklärungen und empirische Befunde.* Wiesbaden.

Griese, H.M., Schulte, R., Sievers, I. (2007). (Hrsg) „*Wir denken deutsch und fühlen türkisch". Sozio-kulturelle Kompetenzen von Studierenden mit Migrationshintergrund Türkei.* Frankfurt am Main.

Isserstedt, W., Middendorff, E., Fabian, G., Wolter, A. (2007). *Die wirtschaftliche und soziale Lage der Studierenden in der Bundesrepublik Deutschland 2006. 18. Sozialerhebung des Deutschen Studentenwerks durchgeführt durch HIS. Hochschul-Informations-System.* Bonn und Berlin.

Isserstedt, W., Middendorff, E., Kandulla, M., Borchert, L., Leszczensky, M. (2010). *Die wirtschaftliche und soziale Lage der Studierenden in der Bundesrepublik Deutschland 2009. 19. Sozialerhebung des Deutschen Studentenwerks durchgeführt durch HIS. Hochschul-Informations-System.* Berlin.

Juhasz, A., Mey, E. (2003). *Die zweite Generation: Etablierte oder Außenseiter? Biographien von Jugendlichen ausländischer Herkunft.* Wiesbaden.

Koller, H.C., Carnicer, J., King, V., Subow, E., Zölch, J. (2010). „Educational Development and Detachment Processes of Male Adolescents from Immigrant Families". *Journal of Identity and Migration Studies*, 4(2), 44–60.

Kristen, C. (1999). *Bildungsentscheidungen und Bildungsungleichheit – ein Überblick über den Forschungsstand.* Arbeitspapiere – Mannheimer Zentrum für Europäische Sozialforschung, Bd. 5. Mannheimer Zentrum für Europäische Sozialforschung.

Kristen, C., Reimer, D., Kogan, I. (2008). „Higher Education Entry of Turkish Immigrant Youth in Germany". *International Journal of Comparative Sociology*, 49(2–3), 127–151.

Mansel, J. (2007). „Ausbleibende Bildungserfolge der Nachkommen von Migranten". In M. Harring, C. Rohlfs, C. Palentien (Hrsg.) *Perspektiven der Bildung. Kinder und Jugendliche in formellen, nicht-formellen und informellen Bildungsprozessen.* (S. 99–115). Wiesbaden.

Oevermann, U., Allert, T., Konau, E., Krambeck, J. (1979). „Die Methodologie einer ‚objektiven Hermeneutik' und ihre allgemeine forschungslogische Bedeutung in den Sozialwissenschaften". In H.G. Soeffner (Hrsg.) *Interpretative Verfahren in den Sozial- und Textwissenschaften.* (S. 352–434). Stuttgart.

Pott, A. (2002). *Ethnizität und Raum im Aufstiegsprozeß. Eine Untersuchung zum Bildungsaufstieg in der zweiten türkischen Migrantengeneration.* Opladen.

Prengel, A. (2006). *Pädagogik der Vielfalt. Verschiedenheit und Gleichberechtigung in Interkultureller, Feministischer und Integrativer Pädagogik.* Wiesbaden.

Raiser, U. (2007). *Erfolgreiche Migranten im deutschen Bildungssystem – es gibt sie doch. Lebensläufe von Bildungsaufsteigern türkischer und griechischer Herkunft.* Politics, Society and Community in a Globalizing World, Bd. 6 Berlin.

Schütze, F. (1983). Biographieforschung und narratives Interview. *Neue Praxis*, 13(3), 283–293.

Steinbach, A., Nauck, B. (2004). Intergenerationale Transmission von kulturellem Kapital in Migrantenfamilien. Zur Erklärung von ethnischen Unterschieden im deutschen Bildungssystem. *Zeitschrift für Erziehungswissenschaft*, 7(1), 20–32.

Weber, M. (1965). *Die protestantische Ethik. Eine Aufsatzsammlung.* München und Hamburg.

Zölch, J., King, V., Koller, H.C., Carnicer, J., Subow, E. (2009). Bildungsaufstieg als Migrationsprojekt. Fallstudie aus einem Forschungsprojekt zu Bildungskarrieren und adoleszenten Ablösungsprozessen bei männlichen Jugendlichen aus türkischen Migrantenfamilien. In *Adoleszenz – Migration – Bildung. Bildungsprozesse Jugendlicher und junger Erwachsener mit Migrationshintergrund.* (S. 67–84). Wiesbaden.

Inklusion als Herausforderung für die Entwicklung von Unterricht, Schule und Lehrerbildung

Mareike Stellbrink

5.1 Einleitung

„Schulentwicklungsplanung sollte sofort mit der Zielsetzung beginnen, dass es in ca. zehn Jahren keine Schulen mehr gibt, die nur von Kindern mit Behinderung besucht werden und keine Schule, in welcher Kinder mit Behinderung nicht vorkommen" (Schöler et al. 2010, S. 12).

Die Integration von Kindern mit sonderpädagogischem Förderbedarf wird zurzeit unter dem Stichwort ‚Inklusion' mehr als je zuvor in der schulpolitischen Diskussion thematisiert. Bei konsequenter Auslegung der inklusiven Idee ist die Zielrichtung, wie sie unter anderem in der hier zitierten Studie vertreten wird, deutlich: Das sonderpädagogische Fördersystem soll vollständig in einer ‚Schule für alle' aufgehen. Auch wenn abzuwarten bleibt, ob es in Deutschland dauerhaft zu einem Verzicht auf spezialisierte Schulformen kommt, steht doch fest, dass das deutsche Schulsystem diesbezüglich in nächster Zeit einschneidende Veränderungen erfahren wird, die sich vor allem auf die Arbeit der Lehrerinnen und Lehrer auswirken werden.

„Lehrkräfte nicht nur der Grundschule, sondern auch der Sekundarschulen und der beruflichen Schulen sollten davon ausgehen, dass zukünftig Kinder mit ganz unterschiedlichen Behinderungen in ihren Klassen oder in ihrer Schule Einlass begehren, so dass der Begriff ‚heterogene Lerngruppe' eine je spezifische Note erhalten kann – nicht als Ausnahme, sondern als Regelfall" (Preuss-Lausitz 2011, S. 163).

Die Lehrkräfte stehen vor der Aufgabe, sich auf die jeweilige Situation in ihrer Klasse einzustellen. Das erfordert Fortbildungen, da die meisten Lehrkräfte für den Unterricht in vermeintlich homogenen Gruppen ausgebildet wurden. Die zukünftigen Lehrkräfte, die sich derzeit noch in der Ausbildung befinden, werden zu einem

Mareike Stellbrink ✉
Westfälische Wilhelms-Universität Münster, Münster, Deutschland

großen Teil bereits von Beginn ihrer Berufslaufbahn an mit dem Thema Inklusion konfrontiert werden. Die Universitäten und Studienseminare sind deshalb angehalten, sich auf die neuen Herausforderungen innerhalb der Ausbildung einzustellen. Wie genau diese Anpassung gestaltet wird, hängt dabei vor allem davon ab, wie Inklusion konkret in den Klassenzimmern umgesetzt werden soll. Es sind inzwischen „[i]nklusive schulpädagogische Handlungsmöglichkeiten […] für eine Reihe von Schulen seit Jahren alltägliche Realität, für die Mehrzahl von Schule stellen sie nach wie vor Neuland dar" (Prengel 2011, S. 34). An welche Konzepte können sich Lehrkräfte halten, um in ihrer Klasse individuelle Förderung zu realisieren und so auf die unterschiedlichen Bedürfnisse einer immer heterogener werdenden Schülerschaft einzugehen?

Als eine mögliche Antwort auf diese Frage soll in diesem Beitrag nach Darstellung des zugrunde liegenden Inklusionsverständnisses (Punkt 1) der Offene Unterricht nach Falko Peschel vorgestellt und auf Hans Wockens Ansatz einer inklusiven Didaktik bezogen werden (Punkt 2). Vor allem wegen der Möglichkeit einer hochgradigen Differenzierung scheint der konsequent Offene Unterricht nach Falko Peschel ein angemessenes und gangbares Konzept zur Umsetzung von Inklusion im Klassenzimmer zu sein. Anschließend wird auf Grundlage der Erfahrungen aus der inklusiv arbeitenden Grundschule Berg Fidel in Münster diskutiert, welche weiteren Maßnahmen für eine gelungene inklusive Schulentwicklung notwendig sind (Punkt 3). Es erfolgt eine zusammenfassende Diskussion (Punkt 4), bevor noch einmal die Problematik der an die Herausforderungen der Inklusion angepassten Lehrerbildung aufgegriffen und das Projekt ‚Praxisphasen in Inklusion' (PinI) der Universität Münster vorgestellt wird (Punkt 5).

5.2 Inklusion

Der Begriff der Inklusion ist seit den 1990er Jahren in der Erziehungswissenschaft und in der Schulpolitik im deutschen Sprachraum gebräuchlich. Obwohl er seitdem im wissenschaftlichen Diskurs eine klare Abgrenzung vom Begriff der Integration erfahren hat, wird er noch immer vor allem in Bezug auf die integrative Beschulung von Kindern mit sonderpädagogischem Förderbedarf verwendet. Wenn zum Beispiel die Landesregierung von Nordrhein-Westfalen bis zum Sommer 2011 einen Inklusionsplan entwickeln will, ist damit ein Umgestaltungskonzept speziell für die sonderpädagogische Förderung gemeint. Der Gemeinsame Unterricht (GU), also das gemeinsame Lernen von Kindern mit und ohne Behinderungen, soll weiter ausgebaut und als Rechtsanspruch der Eltern verankert werden. Dabei verweist die

Landesregierung auf die UN-Behindertenrechtskonvention: „Mit diesem Abkommen, das für die Bundesrepublik Deutschland 2009 in Kraft getreten ist, verpflichten sich die Vertragsstaaten in Artikel 24 unter anderem, ein inklusives Bildungssystem zu entwickeln, also das gemeinsame Lernen von Kindern und Jugendlichen mit und ohne Behinderungen zum Regelfall zu machen" (MSWNRW 2011). Im bereits vorgelegten ‚Zwischenbericht der Landesregierung Nordrhein-Westfalen zum Stand der Vorbereitungen des Aktionsplanes' mit dem Titel „Eine Gesellschaft für alle – NRW inklusiv" wird „die Schulaufsicht [...] in Abstimmung mit dem Schulträger angehalten, dem Wunsch der Eltern nach gemeinsamen Unterricht, wo immer dies geht, nachzukommen" (Landesregierung NRW 2011, S. 23). In diesem Kontext wird ein ‚inklusives Bildungssystem' gleichgesetzt mit GU. Elternverbände fordern seit den 1970er Jahren unter dem Begriff der Integration eine Entwicklung in diese Richtung.

Der neuere Begriff der Inklusion hat allerdings auf der qualitativen Ebene – zumindest in der Theorie – eine umfassendere Bedeutung:

> „Das Konzept der Inklusion versteht sich [...] als eine allgemeine Pädagogik, die es mit einer einzigen, untrennbar heterogenen Gruppe zu tun hat. In ihr sind unterschiedlichste Dimensionen von Heterogenität vorhanden: Verschiedene Geschlechterrollen, ethnische, sprachliche und kulturelle Hintergründe, religiöse und weltanschauliche Überzeugungen, Familienstrukturen und Einschränkungen kommen in ihnen vor" (Hinz 2002, S. 257).

Das Konzept betrifft in diesem umfassenderen Verständnis nicht nur die Unterscheidungskategorie ‚Behinderung', sondern es berücksichtigt unterschiedliche Differenzkonstruktionen. Gleichzeitig soll einer erneuten ‚Schubladisierung' (Prengel 2011) entgegengewirkt werden, indem sich die Beteiligten darüber im Klaren sind, dass „gruppenbezogene sprachliche Bezeichnungen immer nur vorläufige Annäherungen sein können und dass sie nicht ihren Gegenstand repräsentieren" (ebd., S. 32). Inklusive Pädagogik meint eine Pädagogik, die die individuelle Entwicklung *jedes* Kindes unabhängig von etwaigen ‚Schubladen' betrachtet und die Förderung dementsprechend gestaltet, ohne dass es dabei zu einer Trennung des Kindes vom sozialen Umfeld kommt (vgl. ebd., S. 35). Das Konzept der Inklusion will jede Form der Kategorisierung und Sortierung überwinden und zielt auf eine Aufhebung der von Hinz (2002) so bezeichneten ‚Zwei-Gruppen-Theorie' ab (ebd., S. 357). Der Zwei-Gruppen-Theorie zufolge wird die Schülerschaft in zwei Gruppen gespalten, nämlich in die eine Gruppe, die regulär beschult wird und in die andere Gruppe, die vermeintlich nicht in das Regelsystem passt und eine gesonderte Form der Beschulung erfährt. Die derzeitige Praxis der Integration überwindet diese Trennung nicht, sondern führt lediglich vereinzelt Schüler aus der einen Gruppe in die andere über. Inklusion meint also auch eine quantitative Steigerung, insofern sich die

Integrationsquote schrittweise einer ‚Vollintegration' annähern soll. Diesem Konzept nach gibt es kein „‚Anderssein', das integriert werden muss in etwas, das ‚die Regel' ist – sondern die Regel ist, dass *alle* Kinder aus dem Einzugsgebiet der Schule aufgenommen werden, ungeachtet ihrer Behinderung, ihrer kulturell-ethnischen und sozialen Herkunft oder ihres Geschlechts. Die Schule ist verantwortlich, einen Bildungs- und Lebensraum zur Verfügung zu stellen, der dieser Schülerschaft eine möglichste optimale Förderung gewähren kann" (Kummer Wyss 2009, S. 6).

Kummer Wyss spricht neben der Aufhebung der Zwei-Gruppen-Theorie eine weitere zentrale Idee der Inklusion an, nämlich die Wohnortnähe. Eine inklusive Schule ist demnach eine ‚Schule für alle', die alle Kinder des jeweiligen Viertels aufnimmt. Derzeit ist das deutsche Schulsystem von einer ‚Schule für alle' allerdings selbst im Primarbereich noch weit entfernt. In Nordrhein-Westfalen gibt es parallel zur Grundschule Förderschulen mit sieben verschiedenen Schwerpunkten (Emotionale und soziale Entwicklung, Geistige Entwicklung, Hören und Kommunikation, Körperliche und motorische Entwicklung, Lernen, Sehen und Sprache) für Kinder mit diagnostiziertem sonderpädagogischem Förderbedarf, denen also eine ‚Behinderung' zugeschrieben wird. Abgesehen von dem Ziel, im Sinne der inklusiven Idee Etikettierungen zu vermeiden und die Kinder gemeinsam einzuschulen, spricht für einen Verzicht auf die Trennung außerdem, dass bei einer Sonderschulüberweisung noch andere Faktoren eine Rolle spielen als ein vermeintlich eindeutig diagnostizierter spezieller Förderbedarf. Vielmehr kommt es zu einer Überschneidung unterschiedlicher Differenzkonstruktionen.

So sind Kinder mit Migrationshintergrund heute insgesamt an Förderschulen überrepräsentiert. In Deutschland haben 6 % der Schüler einen diagnostizierten sonderpädagogischen Förderbedarf. Von diesen Kindern besuchen 4,9 % eine Förderschule (das bedeutet im Umkehrschluss eine Integrationsquote von 18,8 %).

Abbildung 5.1 zeigt die Förderschulquote nach Staatsangehörigkeit. Daraus geht hervor, dass 2008 innerhalb einiger Gruppen weitaus mehr Kinder eine Förderschule besucht haben als der bundesweite Durchschnitt von 4,9 %. Kinder aus Albanien und dem Libanon besuchen nach dieser Quelle fast dreimal so häufig eine Förderschule wie der Durchschnitt; Kinder mit italienischem Pass oder aus dem ehemaligen Jugoslawien (Bosnien und Herzegowina, Kroatien, Mazedonien, Serbien und Montenegro und Slowenien) fast doppelt so häufig. Deutsche Kinder liegen um 0,8 Prozentpunkten unter dem Durchschnitt, wobei in diese Gruppe auch Kinder mit Migrationshintergrund fallen, die einen deutschen Pass besitzen. Schülerinnen und Schüler mit einem nicht deutschen Pass sind im Schwerpunkt Lernen überrepräsentiert: „65 % der ausländischen Sonderschüler werden dem ‚Schwerpunkt Lernen' zugeordnet, bei den deutschen ist der Anteil mit 51 % deutlich geringer" (Stähling 2010, S. 219). Die Unterscheidungskriterien ‚nationale Herkunft' und ‚Behinde-

5 Inklusion als Herausforderung

Tab. D2-6A: Förderschulbesuchsquote* 1995 bis 2008 nach ausgewählten Nationalitäten (in %)

Nationalität	1995	1996	1997	1998	1999	2000	2001	2002	2003	2004	2005	2006	2007	2008
							in %							
Deutschland	3,8	3,8	3,8	3,9	3,9	4,0	4,0	4,1	4,2	4,2	4,1	4,1	4,1	4,1
Afghanistan	3,0	2,9	3,0	3,7	4,6	4,4	4,4	4,8	5,1	5,7	6,0	6,0	6,1	5,9
Albanien	10,8	11,3	14,0	14,0	13,5	14,8	15,5	15,8	17,0	16,7	15,6	14,9	14,1	13,2
Griechenland	5,2	5,2	5,2	5,1	5,1	5,2	5,2	5,4	5,6	5,7	6,0	5,9	6,0	6,2
Iran	2,2	2,1	2,1	2,3	2,3	2,8	2,9	3,2	3,5	3,6	3,7	3,7	3,7	3,9
Italien	8,0	7,7	7,8	7,9	8,0	8,2	8,6	8,8	9,1	9,0	8,7	8,8	8,6	8,7
Libanon	14,4	13,5	12,9	13,2	13,1	13,2	12,5	13,2	13,3	13,4	13,5	12,8	12,7	13,0
Marokko	8,2	7,8	7,5	7,5	7,4	7,9	8,3	8,6	8,9	8,8	8,7	8,5	8,3	8,3
Ehem. Jugoslawien[1]	6,0	6,9	7,5	8,8	9,2	9,9	10,5	11,2	11,1	10,6	10,3	9,9	9,5	9,6
Polen	3,4	3,3	3,2	3,1	3,0	2,7	2,9	3,2	3,2	3,3	3,2	3,2	3,2	3,3
Portugal	5,3	5,6	5,9	6,3	6,3	6,6	6,7	7,2	7,4	7,3	6,9	6,8	6,9	6,8
Russische Föderation	2,4	2,5	2,4	2,2	2,3	2,4	2,4	2,6	2,7	2,8	2,9	3,1	3,2	3,1
Spanien	5,1	5,0	5,0	4,8	4,6	5,0	5,0	5,3	5,4	5,3	5,2	5,0	4,9	4,7
Türkei	6,7	6,4	6,3	6,3	6,4	6,5	6,8	6,9	6,9	6,9	6,7	6,8	6,8	7,0
Ukraine	1,0	1,2	1,3	1,0	1,1	1,2	1,1	1,2	1,4	1,4	1,5	1,6	1,7	2,0
Vietnam	1,5	1,5	1,5	1,3	2,1	1,9	1,9	1,7	1,7	1,6	1,7	1,7	1,9	1,8

* Die Förderschulbesuchsquote entspricht dem Anteil der Schülerinnen und Schüler in Förderschulen an den Schülern mit Vollzeitschulpflicht
(1. bis 10. Jahrgangsstufe und Förderschulen).
1) Nachfolgestaaten Jugoslawiens: Bosnien und Herzegowina, Kroatien, Mazedonien, Serbien und Montenegro, Slowenien
Quelle: Statistische Ämter des Bundes und der Länder, Schulstatistik, eigene Berechnungen

Abb. 5.1 Quelle: Autorengruppe Bildungsbericht, 2010.

rung' interagieren also ganz offensichtlich, wenn es um eine gesonderte Beschulung geht (vgl. auch Kornmann 2006). Ein ähnlicher Zusammenhang besteht zwischen dem Bildungsstand der Eltern und einer gesonderten Beschulung: Über die Hälfte aller Eltern von Förderschulkindern hat als höchsten Schulabschluss einen Hauptschulabschluss, während dies bei den Eltern von Kindern auf allgemeinen Schulen nur für 27 % zutrifft (Autorengruppe Bildungsbericht 2010, S. 253). Es sei in diesem Kontext an den starken Zusammenhang zwischen sozialer Herkunft und der Verteilung auf die Schulformen erinnert: Im Jahr 2008 besuchten z. B. 5 % der 18- bis 21-Jährigen mit hohem sozioökonomischen Status die Hauptschule; bei Jugendlichen mit niedrigem sozioökonomischem Status waren es 31 %. Im Vergleich dazu besuchten aus dieser Gruppe lediglich 16 % ein Gymnasium oder hatten bereits das Abitur bestanden; dem stehen 61 % der sozioökonomisch besser gestellten Jugendlichen im selben Alter gegenüber (ebd., S. 92).

Die Diskussion um schulische Integration/Inklusion ist in Deutschland vor allem durch die 2009 von Deutschland ratifizierte UN-Behindertenrechtskonvention neu angestoßen worden. Diese lenkt den Blick zwar erneut auf die Dimension der Behinderung, sie stößt aber auch eine weiter gefasste Debatte um die Benachteiligung verschiedener sozialer Gruppen an, da sie allgemein die Frage stellt: Wie können wir jede Schülerin und jeden Schüler einer heterogen zusammengesetzten Gruppe individuell fördern? Inklusion rückt nach dem hier dargelegten Verständnis auch die aufgezeigten Benachteiligungen in Abhängigkeit von den familiären Hintergründen in den Fokus, für die das deutsche Bildungssystem unrühmliche Bekanntheit erlangt hat. In diesem Verständnis hat Inklusion weitreichendere Folgen, als die derzeitige Diskussion um die Ausweitung des GU suggeriert.

Bei konsequenter Auslegung der inklusiven Idee wird nicht nur die derzeitige Form des sonderpädagogischen Fördersystems in Frage gestellt, sondern es wird insgesamt die Vielgliedrigkeit des deutschen Schulsystems ad absurdum geführt: „Inklusion will das [...] gegliederte Schulsystem komplett durch eine einzige Schule für alle ersetzen" (Wocken 2009, S. 219). Im Folgenden geht es um die Problematik eines veränderten Unterrichts bei der Gestaltung der ‚Schule für alle'.

5.3 Inklusiver Unterricht

5.3.1 Inklusive Didaktik (nach Wocken)

Für die Gestaltung des GU haben sich inzwischen viele von Schule zu Schule verschiedene Formen entwickelt und etabliert. Dabei steht die theoretische Grundlegung eines Unterrichtskonzeptes noch am Anfang (vgl. Heimlich 2007, S. 361). Vor allem bedeutet die Gestaltung des GU, die an der Idee der Inklusion ausgerichtet ist, die Abkehr vom Glauben an ein homogenes Lernverhalten der Gruppe: „Eine Schulklasse, die im Sinne inklusiver Pädagogik zusammengesetzt ist, lernt nicht im Gleichschritt" (Sander 2004, S. 243).

Insofern ist inklusiver Unterricht eng verknüpft mit dem Anspruch der Individualisierung. Dabei geht es um ein differenziertes Lernangebot für alle Schüler. Eine nur verlagerte, zurzeit im integrativen Unterricht meist praktizierte Zweiteilung in ‚zielgleich' und ‚zieldifferent' unterrichtete Schüler entspricht nicht der hier vertretenen Inklusionsidee. ‚Zielgleich' unterrichtete Schüler werden nach dem Klassenziel des regulären Curriculums unterrichtet; ‚zieldifferent' unterrichtete Schüler erhalten individuelle Förderpläne, die sich an den Curricula für die Gruppen ‚geistige Behinderung' und ‚Lernbehinderung' ausrichten. Eine solche Zweiteilung trotz integrativer Beschulung wird von Hinz als ‚Fehlform' des GU bezeichnet (vgl. Hinz 2002). In Situationen der Einzelintegration bleibt der Unterricht häufig traditionell frontal ausgerichtet. Dabei unterstützt ein Sonderpädagoge den Schüler mit sonderpädagogischem Förderbedarf. Wenn es in der integrativen Klasse mehrere

5 Inklusion als Herausforderung

Kinder mit sonderpädagogischem Förderbedarf gibt, werden diese in vielen Fällen von Sonderpädagogen im Nebenraum unterrichtet. Durch solche Praktiken kommt es Hinz zufolge zu einer ‚additiven Situation', in der bestimmte Kinder nicht in die Klasse *hinein* geholt, also integriert werden, sondern lediglich *dazu* geholt werden (vgl. ebd., S. 355). Georg Feuser prägte in den 1990er Jahren für dasselbe Dilemma den Begriff ‚Schäferhundpädagogik'.

Ein prominenter Ansatz für eine inklusive Didaktik, die solchen Entwicklungen entgegentreten will, stammt von dem emeritierten Hamburger Professor für Lernbehindertenpädagogik Hans Wocken:

> „Es gilt die Balance zu wahren, zwischen individuellen Lernangeboten einerseits, damit jedes Kind zu seinen Möglichkeiten findet, und gemeinsamen Lernsituationen andererseits, damit die soziale Integration der Kindergruppe gefördert wird. Das Grundproblem eines integrativen[1] Unterrichts besteht also darin, verschiedene Kinder gemeinsam zu fördern, und zwar so, daß sowohl die Verschiedenheit der Kinder als auch die Gemeinsamkeit der Gruppe zu ihrem Recht kommen" (Wocken 1998, S. 40).

Aus diesen Überlegungen heraus entwickelt Wocken eine Didaktik gemeinsamer Lernsituationen. Damit ist ein Katalog verschiedener didaktischer Figuren gemeint. Nach Wocken soll es vor allem Phasen individualisierter Arbeit an jeweils unterschiedlichen Themen geben, wobei das Gemeinsame vor allem darin besteht, dass man zur selben Zeit im selben Raum lernt. Wocken verweist aber auch auf die Wichtigkeit gemeinsamer Projekte, an denen alle Schüler gemeinsam, wenn auch mit verschiedenen Aufgaben und Rollen, arbeiten. Solche Projekte können nach seiner Auffassung allerdings nicht mehr als 10 % der Unterrichtszeit ausmachen. Eine Kombination aus Einzel- und Kleingruppenarbeit und Projekten im Klassenverband soll einerseits die Individualisierung des Lernens garantieren und andererseits die Klassengemeinschaft fördern. So soll der Gefahr entgegengewirkt werden, dass das soziale Lernen aufgrund starker Konzentration auf den einzelnen Schüler vernachlässigt wird. Im Folgenden soll diskutiert werden, inwiefern ein konsequent offenes Unterrichtskonzept, wie es Falko Peschel vorstellt, den von Wocken entworfenen Leitlinien gerecht wird.

---

[1] „Integrativ" muss hier als „inklusiv" gedacht werden: Zum Zeitpunkt der Publikation hatte sich der Begriff der Inklusion im deutschsprachigen Raum noch nicht vollständig durchgesetzt. „Integration" kann gerade bei Inklusions- bzw. Integrationspädagogen, die die Bewegung von Beginn an mitgeprägt haben, durchaus in dem oben dargelegten Verständnis von „Inklusion" gemeint sein. Auf der anderen Seite gibt es zahlreiche Verwendungen von „Inklusion" jüngeren Datums, deren Kontext auf ein eigentlich „integratives" Verständnis zurückschließen lässt.

5.3.2 Offener Unterricht (nach Peschel)

Der Begriff des ‚Offenen Unterrichts' versammelt viele verschiedene Vorstellungen von Unterrichtskonzepten und -methoden unter sich. Das Label steht für eine Sammlung von Konzepten, die gemeinsam eine Definition ex negativo ergeben: ‚Offener Unterricht' wird vor allem als Gegenmodell zum Frontalunterricht verstanden, selbst aber häufig nicht genauer bestimmt. Mit dem Konzept werden daher folglich oft unklare Vorstellungen verbunden (vgl. Graumann 2005, S. 162). Falko Peschel, Hochschuldozent und Grundschullehrer an der von ihm und seiner Frau Stefanie Peschel gegründeten ‚Bildungsschule Harzberg' in Lügde (NRW), grenzt sein Modell von einem solchen allgemeinen Verständnis ab und beschreibt es wie folgt:

> „Offener Unterricht gestattet es dem Schüler, sich unter der Freigabe von Raum, Zeit und Sozialform Wissen und Können innerhalb eines ‚offenen Lehrplanes' an selbst gewählten Inhalten auf methodisch individuellem Weg anzueignen. Offener Unterricht zielt im sozialen Bereich auf eine möglichst hohe Mitbestimmung bzw. Mitverantwortung des Schülers bezüglich der Infrastruktur der Klasse, der Regelfindung innerhalb der Klassengemeinschaft sowie der gemeinsamen Gestaltung der Schulzeit ab" (Peschel 2009, S. 78).

Peschel stützt sein Konzept auf eine ‚Didaktik des weißen Blattes' nach Zehnpfennig und Zehnpfennig (1992), die sich durch einen weitgehenden Verzicht auf Lehrgänge auszeichnet. Die Schüler arbeiten von Schulbeginn an mit leeren Blättern, die sie, unterstützt durch Hilfsmittel wie z. B. eine Buchstaben-Anlauttabelle, mit eigenen Geschichten und Aufgaben füllen.

Das Herzstück des Offenen Unterrichts nach Peschel bildet der Sitzkreis zu Beginn und zum Schluss des Schultages. Hier treffen sich jeden Morgen zu einer bestimmten Uhrzeit alle Kinder. Der ‚Kreischef' befragt der Reihe nach jedes Kind, was es den Tag über tun möchte. Dabei bleibt die Entscheidung den Kindern frei überlassen; es kommt auch vor, dass Schüler eine Zeit lang nicht arbeiten. In der Regel arbeitet aber jedes Kind nach dem Eingangskreis, wo, wie lange, mit wem und wie es möchte, an seinem selbstgewählten Thema. Die Lehrkraft steht in dieser Zeit als Ansprechpartner zur Verfügung, gibt Impulse oder trifft sich nach vorheriger Verabredung mit einzelnen Kindern, um auf Fragen und Probleme einzugehen. Zu einer Zwischenbesprechung und am Ende des Schultages trifft sich die Klasse wieder im Kreis, und die Ergebnisse werden, oft in Form von Vorträgen, vorgestellt und gegebenenfalls besprochen. Der Offene Unterricht wird in Peschels Sinne als durchgängiges Unterrichtsprinzip geführt und durch Phasen gemeinsamer Projekte ergänzt. Im Vergleich zu anderen offenen Unterrichtsformen zeichnet sich das hier vorgestellte Konzept durch einen hohen Grad an Offenheit in den zentralen

5 Inklusion als Herausforderung

Bereichen der Wahl der Lerninhalte, der Methoden, des Raumes, der Zeit und der Sozialformen, und auch in einer weitgehenden Freigabe der Tages- und Klassenorganisation aus. Diese Offenheit ermöglicht eine starke Differenzierung und eine hohe Flexibilität der Abläufe.

Obwohl sich Peschels Konzept Offenen Unterrichts nicht explizit als inklusiv versteht – in der konzeptuellen Beschreibung des Unterrichts geht er auf die Problematik nicht ein – entspricht es in großen Teilen Wockens Verständnis einer inklusiven Didaktik, indem es auf Frontalunterricht verzichtet und stattdessen jedes Kind auf einem unterschiedlichen, seinem Lernstand entsprechenden Niveau an unterschiedlichen, den jeweiligen Interessen entsprechenden Inhalten, arbeitet. Neben dieser hochgradig differenzierten Arbeit bleibt allerdings Raum für tägliche Treffen mit der gesamten Gruppe im Sitzkreis und für gemeinschaftliche Projekte wie z. B. Theateraufführungen. Es liegt deshalb meines Erachtens nahe, das Konzept für inklusiv zusammengesetzte Klassen in Betracht zu ziehen. In einer von Peschel vier Jahre lang nach dem Konzept des Offenen Unterrichts geleiteten Grundschulklasse, deren Entwicklung Peschel selbst evaluiert hat, konnte nach Peschels Dafürhalten in mehreren Fällen durch den Offenen Unterricht eine Überweisung auf die Sonderschule verhindert werden. Die Kinder

> „sollten nach vergeblichen Bemühungen der Beschulung im ersten Schuljahr eigentlich auf die Sonderschule überwiesen werden. Sie wurden gezielt in die hier untersuchte Klasse auf Grund des offenen Unterrichtskonzepts als ‚letzte Lösung' eingewiesen. Der als lernbehindert geltende Schüler wechselte nach dem Besuch der hier beschriebenen Klasse auf die Hauptschule, der als unbeschulbar eingestufte auf das Gymnasium. [...] Ein Kind, das in seiner vorigen Schule als unbeschulbar galt und auch gezielt in die Klasse eingewiesen wurde, wechselte im Anschluss an seine Grundschulzeit sehr erfolgreich auf die Gesamtschule" (Peschel 2010, S. 375).

Der Offene Unterricht nach Peschel stellt ein vielversprechendes Modell für die Gestaltung inklusiver Lernprozesse dar. Die Erwartung, dass er im Umkehrschluss als eine Art Patentrezept für inklusiven Unterricht dienen könnte, kann ein einzelnes Unterrichtskonzept allerdings vermutlich nicht erfüllen. Letztlich muss jede Schule und jede Lehrkraft den für sie selbst passenden Weg finden, Inklusion zu gestalten. Dabei spielt nicht nur die Gestaltung des Unterrichts eine Rolle.

Im Folgenden sollen Merkmale für das Gelingen einer inklusiven *Schule* anhand der Erfahrungen der Grundschule Berg Fidel in Münster diskutiert werden.

5.4 Inklusive Schule (nach Stähling)

Die Grundschule Berg Fidel versteht sich explizit als inklusive Schule. Es wird ein dem Offenen Unterricht von Peschel ähnliches Konzept verfolgt: Die Kinder lernen hauptsächlich in Freiarbeit mit individueller Aufgabenstellung, wobei – anders als an der Bildungsschule Harzberg – festgelegte Zeiten für die Hauptfächer Mathematik und Sprache eingeplant sind. Die Freiarbeit wird in Berg Fidel ergänzt durch vereinzelte Fachunterrichtsstunden und durch projektähnliche Phasen und Stunden, so dass der Schulalltag hier einem zwar flexiblen, aber doch vorgegebenen Stundenplan folgt (vgl. Stähling 2009, S. 126). Der Schulleiter Reinhard Stähling zieht in seiner Monographie „‚Du gehörst zu uns' – Inklusive Grundschule" (^{2}2009) ein Resümee aus der langjährigen Arbeit in der Schule. Für das Gelingen einer inklusiven Schule setzt Stähling einen „Nährboden aus Achtung, Zugehörigkeit und Verlässlichkeit" voraus (ebd., S. 140). Diese Begriffe und Werte klingen zunächst einleuchtend, können allerdings nichtssagend wirken angesichts der konkreten Aufgabe, inklusive Schulen zu entwickeln. Aus der Lektüre von Stählings Erfahrungen lassen sich die für ihn wichtigsten Elemente für das Entstehen eines solchen „Nährbodens" herausfiltern. Diese sollen im Folgenden in sieben Punkten erläutert werden (vgl. Abb. 5.2 und Stellbrink 2011).

1. Im Sinne der Aufhebung der ‚Zwei-Gruppen-Theorie' bedeutet bei Stähling ‚Achtung' u. a. die **Verantwortlichkeit aller Mitarbeiter für alle Schüler**: Schüler mit speziellen Bedürfnissen bzw. einem diagnostizierten sonderpädagogischen Förderbedarf sollen nicht als besondere Schützlinge an entsprechende

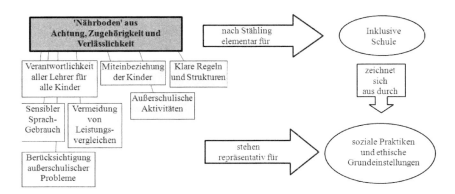

Abb. 5.2 Elemente für das Gelingen einer inklusiven Schule nach Stähling

sonderpädagogische Mitarbeiter weitergereicht werden, sondern jeder Lehrer und jede Lehrerin ist für jeden Schüler verantwortlich (Stähling 2009, S. 7; vgl. auch Hinz 2002). Jede Klasse wird von einem multiprofessionellen Team unterrichtet, das aus jeweils einer Lehrkraft, einem Erzieher und ein bis zwei Honorarkräften oder Praktikanten besteht. Das entspricht Vorstellungen von ‚Doppelbesetzung', ‚Teamteaching' oder einem ‚Zwei-Pädagogen-System', die innerhalb der inklusionspädagogischen Diskussion beschrieben werden (vgl. z. B. Schwager 2011, Halfhide 2009). Man ist sich einig, dass inklusiver Unterricht nur gelingen kann, wenn man eine nahezu durchgehende Doppel- oder Mehrfachbesetzung ermöglicht. Im gelungenen Fall erkennt man bei einer Doppelbesetzung nicht, wer der Sonder- und wer der Regelschulpädagoge ist.
2. Die traditionelle Rolle der Lehrkraft erfährt bei Stähling eine deutliche Erweiterung, indem das allgemeine Wohlbefinden der Kinder in den Verantwortungsbereich der Lehrerinnen und Lehrer gerückt wird. Die Zufriedenheit der Schüler findet bei Stähling besondere Berücksichtigung, indem er den Aufgabenbereich der Lehrkräfte an einer inklusiven Schule, vor allem an einer so genannten Brennpunktschule, um einen sozialpädagogischen Auftrag erweitert (vgl. Stähling 2009, S. 19). Insofern bedeutet ‚Achtung' auch, dass es in der Schule Raum gibt für die **Berücksichtigung außerschulischer Probleme**. Es muss für die Kinder zum Beispiel das Angebot geben, intensive Einzelgespräche mit den Lehrkräften führen zu können.
3. Achtung und Wertschätzung hängen nach Stähling auch mit dem **Verzicht auf Leistungsvergleiche** zusammen (vgl. Stähling 2009, S. 143f.). Direkte Vergleiche innerhalb der Gruppe können stigmatisierend wirken und das Nicht-Können eines Kindes bloßstellen. Die negativen Auswirkungen der sozialen Bezugsnorm sind insbesondere bei leistungsschwächeren Schülern belegt (vgl. Bohl 2006, S. 64). Im Anschluss an Bohl ist eine individuelle Bezugsnorm aus pädagogischen Gründen sinnvoll. Stähling nennt deshalb als einen Faktor von Anerkennung die Vermeidung von Leistungsvergleichen und lehnt die traditionelle Bewertung mit Noten ab. Eine Möglichkeit, differenzierte Bewertungen vorzunehmen, besteht in der Verwendung von Lerntagebüchern oder Portfolios, die einen „ganzheitlichen Blick auf die Leistungen eines Schülers und seine Entwicklung im Laufe der Zeit ermöglichen" (Helmke 2009, S. 241) und eine Grundlage dafür sein können, den einzelnen Schüler zu bewerten, ohne auf Vergleiche mit den Mitschülern zurückzugreifen. Um den sozialen Vergleich weiter zu verringern, setzt Stähling neben den genannten alternativen Bewertungsmethoden – wie auch Peschel an der Bildungsschule Harzberg – außerdem auf die gezielte Vergrößerung der Leistungsheterogenität in der Gruppe durch Jahrgangsmischung. Auf diese Weise werden Leistungsunterschiede von vornherein

als ‚normal' eingeplant und es fällt leichter, auch die Leistungen derjenigen anzuerkennen, die von einem anderen Punkt aus starten (vgl. Stähling 2009, S. 156).

4. Ein **sensibler Sprachgebrauch** ist laut Stähling ein weiterer Bestandteil der Achtung und Wertschätzung: „So heißt es statt ‚Du störst' besser ‚das, was du jetzt tust, stört¡" (Stähling 2009, S. 77). In diesem Beispiel verlagert sich die globale Kritik auf eine spezielle Handlung, so dass der Satz keine allgemeine Ablehnung dem Kind gegenüber ausdrückt. Die ständige Reflexion des eigenen Sprachgebrauchs stellt eine Notwendigkeit dar, da ansonsten über Etikettierungen und nicht-hinterfragte Sprechgewohnheiten Kinder verbal ausgesondert werden können.

5. Die **Miteinbeziehung der Kinder** in Entscheidungsprozesse spielt in der Grundschule Berg Fidel eine herausragende Rolle und knüpft an bekannte Forderungen nach mehr Demokratie in der Schule an, die vor allem aus reformpädagogischen Ansätzen bekannt sind (z. B. aus der Freinet-Pädagogik). In Berg Fidel wird diese Forderung durch die Institution Klassenrat aufgegriffen. Im Klassenrat werden einmal pro Woche Regeln erstellt, Probleme besprochen und mit Hilfe aller Schüler Lösungen entwickelt. Außerdem werden hier die Klassenpflege betreffende Wochenaufgaben wie der Tafeldienst verteilt.

6. **Klare Regeln und Strukturen** sind nicht nur elementarer Bestandteil inklusiven Unterrichts, sondern werden generell als Qualitätsmerkmal guten Unterrichts angesehen (vgl. Helmke 2009). Dazu gehören zum Beispiel Rituale, die allen Kindern bekannt sind, und die eine strukturierende Funktion einnehmen. Das gemeinsame Singen zu bestimmten Zeiten kann eine solche Funktion einnehmen. Ein Ritual, das von den Kindern selbst bei Bedarf angewandt werden kann, ist ein bestimmtes Klatschzeichen: Fängt eine Person mit dem bekannten Rhythmus an, macht der Rest der Klasse mit, so dass am Ende der Sequenz die Aufmerksamkeit der Schüler wieder hergestellt ist.

7. Stähling legt großen Wert auf **außerschulische Aktivitäten**. Eine „Atmosphäre der Zugehörigkeit" soll durch „Aktivitäten, die dem Gemeinschaftsleben der Klasse dienen" unterstützt werden (Stähling 2009, S. 142). Der Aufbau einer solchen Gemeinschaft bedeutet, dass viel Zeit und Engagement investiert werden müssen, was Stähling zum Aufbau einer inklusiven Schule – gegebenenfalls auch auf Kosten von Unterrichtszeit – in Kauf nimmt. Ein weiteres Beispiel für die Unterstützung der Klassengemeinschaft ist das tägliche gemeinsame Mittagessen in den Ganztagsklassen von Berg Fidel, das im Klassenraum eingenommen wird.

Einerseits erachtet Stähling allgemeine Qualitätsmerkmale von Unterricht wie die effiziente Klassenführung als wichtig. Andererseits legt er besonderen Wert auf einen vertrauten, respektvollen Umgang zwischen allen Mitgliedern der Klasse, der weniger durch das Verfolgen bestimmter Konzepte als vielmehr durch eine entsprechende Grundhaltung seitens der Mitarbeiter ermöglicht wird. Nach Stähling zeichnet sich eine inklusive Schule also nicht in erster Linie durch ein festgelegtes – offenes – Unterrichtskonzept aus, sondern vor allem durch am Ideal der Inklusion orientierte ‚soziale Praktiken' und ‚ethische Grundeinstellungen' der Mitarbeiter (s. Abb. 5.2).

5.5 Zusammenfassung

Die Grundeinstellung der Mitarbeiter stellt eine wichtige Säule inklusiver Schule dar; daneben ist auf der didaktischen Ebene eine hochgradige Differenzierung unabdingbar. Der Offene Unterricht nach Peschel kann deshalb als wertvoller Ansatz betrachtet werden, um Inklusion in der Schule umzusetzen. Neben dem hohen Grad an Individualisierung ist die große organisatorische Flexibilität von Vorteil, die die Berücksichtigung der verschiedenen Bedürfnisse der Kinder erleichtert. Als ein Beispiel sei der Herkunftssprachenunterricht für Kinder aus eingewanderten sprachlichen Minderheiten genannt: Wenn einzelne Kinder während der freien Arbeit an einem solchen Angebot teilnehmen, stellt das weniger eine ‚Besonderung' dar als bei einem für alle verbindlich eingeteilten Stundenplan, da im Offenen Unterricht ohnehin jedes Kind seiner individuellen Arbeit nachgeht. Es sei an dieser Stelle auf die Praxis von Demokratischen Schulen verwiesen, deren Grundsätze denen von Falko Peschel in der Regel ähneln und die sich deshalb ebenfalls als mögliches Modell zur Umsetzung von Inklusion anbieten (vgl. Gidion 2010).

Die Forderung nach Offenem Unterricht darf aber nicht dogmatisch verstanden werden; es gibt Schulen, die auch ohne komplette Umstellung ihres Schulalltags eine individuelle Förderung und eine Unterstützung der Klassengemeinschaft erreichen. In diesem Sinne wird die Frage nach den Gelingensbedingungen inklusiven Unterrichts in einer von der Friedrich-Ebert-Stiftung in Auftrag gegebene Studie folgendermaßen beantwortet:

> „Als wichtigste Gelingensbedingung für integrativen/inklusiven Unterricht haben sich die grundlegenden Einstellungen der Beteiligten, die Kooperationsbereitschaft und der Kompetenztransfer zwischen Sonder- und Regelpädagoginnen und -pädagogen sowie die Unterrichtsgestaltung erwiesen" (Schöler et al. 2010, S. 6).

Neben der Gestaltung des Unterrichts und der oben bereits thematisierten Etablierung von Teamteaching wird hier – wie bei Stähling – die Grundhaltung der Mitarbeiter als elementare Voraussetzung für das Gelingen inklusiver Schule hervorgehoben. Es ist anzunehmen und bleibt zu hoffen, dass sich die wissenschaftliche Diskussion als Begleitung der kommenden inklusiven Schulentwicklungsprozesse der Aufgabe annimmt, diesen teilweise nur schwer zu operationalisierenden Bereich der Pädagogik weiter zu untersuchen. Die Erkenntnisse werden für die weitere inklusive Schulentwicklung und für die Lehrerausbildung von Bedeutung sein.

5.6 Ausblick: „Praxisphasen in Inklusion" als Teil der Lehrerbildung

Abschließend soll die an die Herausforderungen der Inklusion angepasste Lehrerausbildung thematisiert werden. Die neue Lehramtszugangsverordnung in NRW von 2009 hat bereits auf die schulpolitischen Entwicklungen reagiert, indem sie für alle Lehramtsstudiengänge das Modul ‚Deutsch für Schülerinnen und Schüler mit Zuwanderungsgeschichte' eingeführt hat und für die Studiengänge der Primar- und Sekundarstufe I Inhalte in Sonderpädagogik vorsieht (vgl. MSWNRW 2009). Die Ausgestaltung dieser Inhalte, die einen geringen Teil des bildungswissenschaftlichen Bereiches ausmachen werden, hängt allerdings von den jeweiligen Bedingungen an den Universitäten und von den Schwerpunkten der Studierenden ab. Die oben thematisierte ‚Grundhaltung' wird aber für die auszubildenden Lehrer und Lehrerinnen, die in der eigenen Schulzeit in der Regel keine Erfahrungen mit integrativer oder sogar inklusiver Beschulung erlebt haben, in ihrer Berufslaufbahn eine wichtige Rolle spielen. Es scheint so zu sein, dass „besonders die Erfahrung mit gemeinsamem Unterricht […] nach vorliegenden Forschungsergebnissen die Akzeptanz der integrativen Bemühungen im Schulsystem" befördert (Heimlich 2007, S. 357). Um die Akzeptanz zu fördern, sollten Lehramtsanwärter demnach möglichst schon während ihres Studiums Erfahrungen im GU sammeln können.

Aus dieser Überlegung heraus ist das Projekt ‚Praxisphasen in Inklusion' (PinI) entstanden, das seit dem Wintersemester 2010 am Zentrum für Lehrerbildung der Universität Münster angesiedelt ist. Lehramtsanwärter im Bachelor (Orientierungspraktikum, 20 Tage) und im Master (Kernpraktikum, bis zu 100 Tage)[2] werden gezielt an integrativ oder inklusiv arbeitende Schulen vermittelt und dort in die Arbeit im GU eingebunden. Zuvor absolvieren die Studierenden ein PinI-Begleitseminar, in dem sie sich mit theoretischen Konzepten auseinandersetzen und das sie auf die

---

[2] Ab dem Wintersemester 2011/2012 gilt das neue LABG, nach dem sich die Praxisphasen in Orientierungspraktikum, Berufsfeldpraktikum und Praxissemester aufteilen.

Anforderungen einer inklusiven Gestaltung von Schule und Unterricht vorbereitet. Eine Evaluation der ersten Phase des Projektes ist zurzeit in Vorbereitung. Offener Unterricht oder Formen offenen Unterrichts werden nicht an allen PinI-Kooperationsschulen praktiziert. Im Sinne der hier aufgezeigten Merkmale inklusiver Schule ist das Ziel des Projektes PinI aber auch dann erreicht, wenn den angehenden Lehrern und Lehrerinnen durch die Mitarbeit im GU eine neue Perspektive auf Schule und Unterricht aufgezeigt wird. Das Projekt trägt so dazu bei, dass die Studierenden ihre eigene Grundhaltung in Bezug auf Inklusion entwickeln.

Literatur

Autorengruppe Bildungsberichterstattung (2010). Bildung in Deutschland 2010. Ein indikatorengestützter Bericht mit einer Analyse zu Perspektiven des Bildungswesens im demografischen Wandel. Im Auftrag der Ständigen Konferenz der Kultusminister der Länder in der Bundesrepublik Deutschland und des Bundesministeriums für Bildung und Forschung. http://www.bildungsbericht.de/index.html?seite=8400. Zugegriffen: 03.04.2011.

Bohl, T. (2006). *Prüfen und Bewerten im Offenen Unterricht*. Weinheim.

Gidion, N. (2010). Der Beitrag der „Demokratischen Schulen" zu einem inklusiven Schulsystem. In A. Hinz, I. Körner, U. Niehoff (Hrsg.) *Auf dem Weg zur Schule für alle. Barrieren überwinden – inklusive Pädagogik entwickeln. Herausgegeben von der Bundesvereinigung Lebenshilfe für Menschen mit geistiger Behinderung e. V. Marburg*. (S. 192–212).

Graumann, O. (2002). *Gemeinsamer Unterricht in heterogenen Gruppen. Von lernbehindert bis hochbegabt*. Bad Heilbrunn.

Halfhide, T. (2009). Teamteaching. In S. Fürstenau, M. Gomolla (Hrsg.) *Migration und schulischer Wandel: Unterricht*. (S. 103–120).

Heimlich, U. (2007). Didaktik des gemeinsamen Unterrichts. In J. Walter, F. Wember (Hrsg.) *Sonderpädagogik des Lernens*. Handbuch Sonderpädagogik, Bd 2 Göttingen.

Heimlich, U. (2009). *Lernschwierigkeiten*. Bad Heilbrunn.

Helmke, A. (2009). *Unterrichtsqualität und Lehrerprofessionalität. Diagnose, Evaluation und Verbesserung des Unterrichts*. Seelze-Velber.

Hinz, A. (2002). Von der Integration zur Inklusion – terminologisches Spiel oder konzeptionelle Weiterentwicklung? *Zeitschrift für Heilpädagogik, 9*, 354–361.

Kornmann, R. (2006). Die Überrepräsentation ausländischer Kinder und Jugendlicher in Sonderschulen mit dem Schwerpunkt Lernen. In G. Auernheimer (Hrsg.) *Schieflagen im Bildungssystem*. (S. 71–85). Wiesbaden.

Kummer Wyss, A. (2009). *Integration, Inklusion – Fusion? Behinderung in der Schule – Zusammenarbeit zwischen Regel- und Sonderschule*. Tagung Integras und VSLCH, Bd 31, S. 6–10. (Extra-Bulletin)

Landesregierung Nordrhein-Westfalen (2011). „Auf dem Weg zum Aktionsplan". Zwischenbericht der Landesregierung Nordrhein-Westfalen zum Stand der Vorbereitungen des Aktionsplanes „Eine Gesellschaft für alle – NRW inklusiv". http://www.schulministerium.nrw.de/BP/_Startseite/Aktuelles/Zwischenbericht_zum_Aktionsplan_NRW_Endfassung_nach_Billigung_Minister_Schneider_21_03_2011.pdf. Zugegriffen: 15.07.2011.

Ministerium für Schule und Weiterbildung Nordrhein-Westfalen (2009). Verordnung über den Zugang zum nordrhein-westfälischen Vorbereitungsdienst für Lehrämter an Schulen und Voraussetzungen bundesweiter Mobilität (Lehramtszugangsverordnung – LZV). http://www.verwaltung.uni-wuppertal.de/law/LZV_2009.htm. Zugegriffen: 15.07.2011.

Peschel, F. (2009). *Offener Unterricht. Idee, Realität, Perspektive und ein praxiserprobtes Konzept in der Diskussion*, 5. Aufl. Baltmannsweiler.

Peschel, F. (2010). *Offener Unterricht. Idee, Realität, Perspektive und ein praxiserprobtes Konzept in der Evaluation*, 3. Aufl. Baltmannsweiler.

Preuss-Lausitz, U. (2011). Integration und Inklusion von Kindern mit Behinderungen – Ein Weg zur produktiven Vielfalt in einer gerechten Schule. In H. Faulstich-Wieland (Hrsg.) *Umgang mit Heterogenität und Differenz*. (S. 141–160). Hohengehren.

Prengel, A. (2006). *Pädagogik der Vielfalt. Verschiedenheit und Gleichberechtigung in Interkultureller, Feministischer und Integrativer Pädagogik*, 3. Aufl. Schule und Gesellschaft. Wiesbaden.

Prengel, A. (2011). Selektion versus Inklusion – Gleichheit und Differenz im schulischen Kontext. In H. Faulstich-Wieland (Hrsg.) *Umgang mit Heterogenität und Differenz*. (S. 23–48). Hohengehren.

Schöler, J., Merz-Atalik, K., Dorrance, C. (2010). Auf dem Weg zur Schule für alle? Die Umsetzung der UN-Behindertenrechtskonvention im Bildungsbereich: Vergleich ausgewählter europäischer Länder und Empfehlungen für die inklusive Bildung in Bayern. http://library.fes.de/pdf-files/akademie/bayern/07824.pdf. Zugegriffen: 04.04.2011.

Schwager, M. (2011). Gemeinsames Unterrichten im Gemeinsamen Unterricht. *Zeitschrift für Heilpädagogik*, 3, 92–98.

Sander, A. (2004). Konzepte einer Inklusiven Pädagogik. *Zeitschrift für Heilpädagogik*, 5, 240–244.

Stähling, R. (2009). *„Du gehörst zu uns". Inklusive Grundschule*, 2. Aufl. Baltmannsweiler.

Stähling, R. (2010). Interkulturelle Bildung. In A. Kaiser, B. Werner (Hrsg.) *Bildung und Erziehung. Enzyklopädisches Handbuch für Behindertenpädagogik*. Stuttgart.

Stellbrink, M. (2011). Inklusion und Offener Unterricht. Examensarbeit zur Erlangung des Ersten Staatsexamens an der Universität Münster, November 2010. http://bidok.uibk.ac.at/library/stellbrink-inklusion-dipl.html. Zugegriffen: 15.09.2011.

Wocken, H. (1998). Gemeinsame Lernsituationen. Eine Skizze zur Theorie des gemeinsamen Unterrichts. In A. Hildeschmidt, I. Schnell (Hrsg.) *Integrationspädagogik. Auf dem Wege zu einer Schule für alle*. (S. 37–52). Weinheim und München.

Wocken, H. (2009). Von der Integration zur Inklusion. Ein Spickzettel für Inklusion. *Gemeinsam leben*, 4, 216–219.

Zehnpfennig, H., Zehnpfennig, H., Landesinstitut für Schule und Weiterbildung (1992). *Schulanfang. Ganzheitliche Förderung im Anfangsunterricht und im Schulkindergarten*. S. 46–60 Soest.

Online-Quellen

Bildungsschule Harzberg. http://www.bildungsschule-harzberg.de. Zugegriffen: 15.05.2011.

Gemeinsam leben, gemeinsam lernen – Olpe plus e.V. http://www.inklusion-olpe.de. Zugegriffen: 13.05.2011.

Ministerium für Schule und Weiterbildung von Nordrhein-Westfalen (MSWNRW). http://www.schulministerium.nrw.de/BP/Inklusion_Gemeinsames_Lernen/index.html. Zugegriffen: 14.05.2011. Praxisphasen in Inklusion: http://www.uni-muenster.de/PinI/. Zugegriffen: 15.05.2011.

Heterogene Lernentwicklungen in der Grundschule: Zur Konzeption des Schreibunterrichts

Timm Christensen und Mechthild Dehn

Wir berichten aus der Perspektive der Schreibforschung, der Didaktik des Textschreibens und Rechtschreibens, über die Lernentwicklung von vier Kindern aus einer Hamburger Grundschulklasse. Drei von ihnen haben einen Migrationshintergrund. Ziel ist, Unterricht so zu konzipieren und zu gestalten, dass – in den Worten einer Lehrerin – „unterwegs niemand verloren geht" (vgl. Dehn et al. 1996). Im Zentrum des Schreibunterrichts steht das Schreiben zu Vorgaben, stehen Inhalte und thematische Akzente, die Anstoß und Antrieb für das sprachliche Lernen für alle Kinder sind: zum Beispiel das Gemälde „Auf dem Segler" von C.D. Friedrich – vielleicht eine Provokation, aber eine produktive (vgl. Dehn et al. 2011). Im Zentrum unserer Betrachtung steht die Beziehung von Normaspekten (vor allem beim Rechtschreiben) und Aspekten sprachlicher Bildung (vor allem beim Textschreiben).

- Welche Funktion haben die unterschiedlichen Lernausgangslagen im Rechtschreiben zu Anfang von Klasse 1 für das Textschreiben?
- Inwiefern und unter welchen Bedingungen kann das „Schreiben zu Vorgaben" (Bildern, Büchern, Erzählungen, Geschichten …) eine gute Aufgabe für das Textschreiben sein – bei kulturellen und kognitiven Unterschieden?
- Inwiefern gründet das Textschreiben auf Bildung und leistet zugleich einen wichtigen Beitrag dazu?

Diese Konzeption des Schreibunterrichts bietet nicht nur Aufschluss darüber, unter welchen Bedingungen Kinder mit und ohne Behinderungen gemeinsam nach ihrem jeweiligen Vermögen lernen können, sondern zeigt auch, wie unterschiedliche kulturell bedingte Perspektiven artikuliert werden. Uns ist wichtig, das sprach-

---

Timm Christensen ✉, Mechthild Dehn ✉
Universität Hamburg, Hamburg, Deutschland

liche Können und Lernen im Hinblick auf Rechtschreiben und Textschreiben anzuregen. Darüber hinaus liegt unser Fokus auch, da es sich bei Sprache um ein Medium der Artikulation von Selbst- und Weltverhältnis handelt, auf den kognitiven Erkenntnissen der Lernenden und auf den Verarbeitungen ihrer Erfahrungen.

6.1 Heterogene Lernentwicklungen

Die kulturelle und soziale Durchmischung verschiedener Bevölkerungsgruppen besonders in deutschen Großstädten bedeutet, dass sich in einer Grundschulklasse die Lernwicklung von Kindern bis zu drei Jahren unterscheidet (vgl. Brügelmann 2010). Die von uns ausgewählte Hamburger Grundschulklasse befindet sich im Stadtteil Altona. Altona war bis 1938 eine eigenständige norddeutsche Großstadt und hat eine lange Tradition darin, politisch und religiös verfolgten Menschen Aufnahme zu gewähren. Die Anziehung, die Altona auf Menschen unterschiedlicher Herkunft ausübt, spiegelt sich auch heute noch in der Bevölkerungsstruktur wider. Die Kinder kommen aus bildungsnahen und bildungsfernen Elternhäusern, haben Eltern, die in China, in Ghana, in Serbien, in Russland, in Kolumbien, in der Türkei und in Deutschland geboren und aufgewachsen sind. Zugleich handelt es sich bei dieser Klasse um eine Integrationsklasse, d. h. Kinder mit sonderpädagogischem Förderbedarf in den Bereichen Lernen, Sprache und sozial-emotionaler Entwicklung werden im Klassenverband unterrichtet. Um dies zu gewährleisten, verfügt die Klasse über 10 Stunden Doppelbesetzung in der Woche.

Innerhalb des sprachlichen Lernens kommt der Rechtschreibung (zusammen mit Leseflüssigkeit und -richtigkeit) in Deutschland eine Schlüsselrolle zu. Im Gegensatz zu anderen Entwicklungsbereichen sprachlichen Lernens kann sie quantitativ über das Schema von richtig und falsch festgestellt werden. Das Erschließen von Textqualitäten, Textverständnis, kommunikativen Fähigkeiten usw. bedarf aufwändigerer Analysen.

Die qualitative Analyse der Rechtschreibleistung eines Schülers erlaubt dagegen Einsichten in lautsprachliche und metasprachliche Fähigkeiten – etwa ob die Pluralbildung genutzt werden konnte, um herauszufinden, ob der Singular mit/d/oder/t/am Ende geschrieben wird (*Hand, Zelt*). Bildet ein Kind mit Sprachschwierigkeiten den Plural von *Hund* als *Hunte*, wird es *Hund* am Ende mit/t/schreiben, obwohl es Regelwissen anwendet. Die Lernbeobachtung Schreiben (Dehn und Hüttis-Graff 2010) eröffnet qualitative Einblicke in das sprachliche Wissen der Kinder bereits am Schulanfang. Somit richtet sie den Blick weniger auf das in der Schule Gelehrte, sondern auf das Gekonnte: Sie zeigt, welche Einsichten in das Verhältnis von Phonemen und Graphemen sich die Kinder erschlossen ha-

Tab. 6.1 Lernbeobachtung Schreiben November Klasse 1 aus: Dehn und Hüttis-Graff (2010)

Zielwörter	Nicola	Johann	Semra	Marija
Sofa	SOFA	SoFA	SOFA	SFO
Mund	MONT	Mot	MOT	MOR
Limonade	LMMONAD	LeMoNAD	iAD	LM
Turm	TOM	TOM	TOL	TM
Reiter	RAEITA	RAEITA	RTAA	RTA
Kinderwagen	KNDAWAGÄN	KeNDAWAGe	TENAN	KFMO

ben, wie sie einsilbige und mehrsilbige Wörter schriftlich repräsentieren, ob und welches orthographische Regelwissen sie bereits anwenden (s. Tab. 6.1).

Diese Überlegungen möchten wir konkretisieren – am Beispiel von vier Kindern mit unterschiedlichen Lernvoraussetzungen und Lernentwicklungen:

Nicola (diesen und die folgenden Namen haben wir geändert) wächst zweisprachig spanisch und deutsch auf. Ihre Mutter kommt aus Kolumbien. Nicola hat sich bereits im November der 1. Klasse die Phonem-Graphem-Korrespondenz fast vollständig erschlossen. Damit sind alle von ihr notieren Wörter lesbar. Ihre Schreibungen lassen erkennen, dass sie sowohl einsilbige als auch mehrsilbige Wörter analysieren kann und den Diphthong (ei) auch durch eine Buchstabengruppe repräsentiert, z. B. RAE*I*TER. Neben ihrer Orientierung an der eigenen Artikulation nutzt sie das Doppelgraphem ei. Sie verwendet, wenn auch nicht normgerecht, die häufige Konsonantendoppelung MM und den selteneren Buchstaben Ä. Diese Beobachtungen weisen darauf hin, dass sie sich Schrift nicht nur auditiv, sondern auch visuell erschließt.

Nicola verfügt durch ihre Herkunftsfamilie über Literacy-Erfahrungen und hat bereits einen differenzierten Wortschatz. Sie hat eine ähnliche sprachliche Sozialisation erfahren, wie wir am Beispiel Anouk (2,9 Jahre) zeigen.

Johann hat einen ähnlich sicheren Zugriff auf die Phonemstruktur der deutschen Sprache entwickelt wie Nicola. So kommt er zu ähnlichen Lösungen für die Verschriftung der Wörter. Im Gegensatz zu Nicola gelingt es ihm auch, das kurze/i/zu diskriminieren (KeNDAWAGe). Er verschriftet es als e, dem ja von allen Graphemen die meisten Phoneme zugeordnet werden (/ɛ/bellt;/e:/Weg;/ə/Farbe).

Johann wächst einsprachig in einer bildungsnahen Familie auf.

Semra verschriftet das zweisilbige Wort SOFA wie Nicola phonematisch richtig. Dagegen gelingt ihr die Analyse nicht vollständig, wenn es sich um einsilbige Wörter mit Kurzvokal und anschließendem Konsonatencluster handelt (Mot für Mund, Tol für Turm). Von viersilbigen Wörtern wie Limonade und Kinderwagen verschriftet sie jeweils drei Silben (I-A-D, TEN-A-N). Interessant ist die Schreibung des Wortes Reiter – RTAA. Semra nutzt hier möglicherweise die Dopplung des Buchstaben A um ihre Aussprachedauer zu repräsentieren. Diese Strategie ist für das weitere Erlernen der Orthographie irrelevant, zeigt aber, dass sie sich aktiv mit Wegen lautsprachlicher Repräsentation auseinandersetzt. Im Gegensatz zu Nicola erscheint ihr Zugang zur Schrift überwiegend auditiv zu sein. Das A als Doppelbuchstabe kommt in der Schrift nur sehr selten vor. Unsicher ist Semra im Hinblick auf die Artikulationsstelle der Sprachlaute/t/versus/k/. So verwechselt sie die im fortis gebildeten Plosive [t] – [k], im Unterscheidungsmerkmal vorne/hinten.

Semra ist einsprachig türkisch in Hamburg aufgewachsen. Sie lebt bei ihrer Mutter, die seit 15 Jahren in Deutschland ist und kaum Deutsch spricht. Mutter und Tochter verständigen sich ausschließlich in Türkisch.

Marija hat wie die anderen Kinder ihrer Klasse einen Zugang zur Phonemstruktur der deutschen Sprache gewonnen. Allerdings hält sie, was sie wahrnimmt, rudimentär fest. Einen sicheren Zugriff hat sie auf wort- und silbeninitiale Positionen der Phoneme. Deshalb verschriftet sie überwiegend Konsonanten. Optisches Gewicht verleiht sie Wörtern, indem sie diese durch zusätzliche Buchstaben ergänzt (bei *Mund* und *Kinderwagen*). Ihre Schreibungen sind somit zum Teil als diffus zu bezeichnen.

Marija hat mit drei Jahren sprechen gelernt. Entsprechend ist ihre Lautsprache auf phonetischer, phonematischer sowie morphologisch-syntaktischer Ebene erst wenig ausdifferenziert. Mit ihren Eltern spricht sie Deutsch und Serbisch. Ihre Mutter kann nicht schreiben.

Die Entwicklungsunterschiede dieser Kinder zeigen eine denkbar weite Spanne im Hinblick auf sprachliche Erfahrungen und Entwicklungen. Während für Nicola die Zweisprachigkeit sicherlich eine Entwicklungschance eröffnet hat, so sind die sprachlichen Entwicklungen von Semra und Marija sowohl in der Herkunftssprache ihrer Eltern als auch im Deutschen erschwert. Die Chancen des Erwerbs von zwei Sprachen können von Semra und Marija kaum genutzt werden, da ihre Entfaltungsmöglichkeiten durch ungünstige soziale, emotionale und kognitive Faktoren behindert sind.

Auf der Ebene ihrer Rechtschreibleistungen sind die Entwicklungsunterschiede von Nicola, Johann, Semra und Marija eklatant. Der Rechtschreibunterricht muss deshalb auch Lernangebote bereithalten, an denen gemeinsam Verschiedenes gelernt werden kann: zum Beispiel indem Schrift auch visuell in der Klasse präsent ist und thematisiert wird, sowohl im Hinblick auf die phonematische Gestalt von Wörtern (wie bei *Kinderwagen*) als auch im Hinblick auf schrifttypische Strukturen (wie bei *Mund*). So erlaubt etwa das gemeinsame, regelmäßige Verschriften von Wörtern aus dem Klassengeschehen verschiedene schrifttypische Einsichten. Darüber hinaus vertreten wir die Auffassung, dass der Sprachunterricht auch die inhaltliche Dimension des Schreibens bereits am Beginn der Grundschule allen Schülerinnen und Schülern gleichermaßen zugänglich machen sollte. So können heterogene Erfahrungen und Deutungen von Welt sowohl dem Lernenden als Einzelnem als auch als Teil der Lerngruppe bewusst werden, wenn sie ihre Texte in der Klasse vorlesen bzw. vorlesen lassen.

6.2 Heterogene Lernentwicklungen: Aspekte des Schreibens als kultureller Tätigkeit

Wie kann Unterricht so unterschiedlichen Bedürfnissen in einer Lerngruppe gerecht werden, wie sie am Beispiel dieser Kinder deutlich werden? Welches sind „Settings" für interkulturelles Lernen? Antworten auf solche Fragen könnten zu außerordentlich breiten Formen der Differenzierung und Individualisierung führen. Wir gehen einen anderen Weg: Lernen ist immer individuell; es kommt darauf an, Aufgaben und Lernarrangements zu finden, die in sich ein breites Spektrum unterschiedlicher Lernmöglichkeiten und -ansprüche eröffnen, so dass jedes Kind die eine Aufgabe als Herausforderung für das ihm erreichbare Ziel bearbeiten kann. Der Austausch mit den Lösungen der anderen Kinder ist immer auch ein kultureller Austausch, nicht nur ein kognitiver.

Schreiben als kulturelle Tätigkeit begreifen bedeutet, es zum einen im Hinblick auf den Buchstaben als Bestandteil des Alphabets zu betrachten und zugleich im Hinblick auf den Text als Text zwischen Texten (vgl. zum Folgenden ausführlich Dehn et al. 2011, S. 40ff.). Der eine Aspekt betrifft die *Literalität*, der andere die *Literarität* (s. Abb. 6.2).

Literalität ist Gegenbegriff zur Oralität, zur Mündlichkeit. Mit dem *Buchstaben* wird es möglich, die Äußerung zu fixieren aus dem flüchtigen Strom der Zeit in die Kontinuität des Raums (der Tontafel, des Papiers, des Bildschirms). Man kann die Äußerung zu (sehr viel) späteren Zeitpunkten wieder betrachten, man kann sie an andere Orte tragen, man kann sie neu gliedern, sie verändern. Diese Vergegenständlichung erfordert vom Schreibenden und erlaubt ihm zugleich, von der Sprechsituation zu abstrahieren und sich selbst zum Gesagten in eine neue Beziehung zu bringen, ermöglicht also Abstraktion und Reflexion – und damit ein Moment von *Autonomie*. Für flüssiges Lesen ist die Einhaltung von *Normierungen* notwendig: Sie betreffen die Buchstabenformen, die Rechtschreibung, auch Stilnormen und Textsortennormen. In der Zeitung werden andere Texte erwartet als im Roman oder im Werbeblatt oder im Chat.

Literarität ist nicht an die Kenntnis und den Gebrauch der Buchstaben gebunden. Sie betrifft das Verhältnis von *Selbst* und *Welt*, bildet sich auch im Zuhören und Zuschauen, im Erzählen und beim Diktieren aus – das gilt historisch und entwicklungspsychologisch. Auch hier gibt es ein Heraustreten aus der Situation, ein Sich-Hineinversetzen in andere Welten, das Imaginieren von Bildern und Vorstellungen und die Möglichkeit zur Reflexion des Augenblicklichen. Abstraktion und Reflexion sind beiden Aspekten des Schreibens gemein. „Wer schreibt, fasst Vorgegebenes, Gewusstes, Erfahrenes für sich und gibt es anderen wiederum zum Lesen. Der Text, der dabei entsteht, ist immer ein *Text zwischen Texten*. Er adaptiert andere Texte und korrespondiert mit ihnen, mit Formen und Mustern, in denen Inhalte, Themen, Bedeutungsstrukturen gestaltet, Erfahrung und Erkenntnis formuliert und generiert werden" (ebd., S. 42). Inwiefern Literarität schon ganz jungen Kindern zugänglich ist, möchten wir an einer Vorlesesituation zeigen:

Anouk (2,9 Jahre) lebt in Paris und spricht und versteht nur wenig Deutsch. Bei einem Besuch liest ihr die Großmutter viele Male das Buch „Nisse geht zur Post" (Oettinger 1994) auf Deutsch und auf Französisch („Nisse va à la poste") vor. Die beiden Bücher unterscheiden sich ein wenig in der Größe.

Anouk geht mit ihrem Vater öfter zur Post, um dort etwas abzuholen. Sie kennt also die Ausgangssituation des Buches. Schon am ersten Tag nimmt Anouk die Bücher auch selbst zur Hand, gern die deutsche Fassung und sagt: en allemagne. Sie beginnt mit Außentitel und Innentitel – immer auf Französisch (also auch bei dem Buch, das sie als „en allemagne" gekennzeichnet hat!), sagt beim Blättern: après… und kommentiert Einzelnes, zum Beispiel, dass Putte den Verkehr regelt; zählt die Stufen im Treppenhaus, die Nisse noch bewältigen muss.

Besonders wenn sie auf dem Schoß sitzt, weniger wenn sie allein „liest", „kommentiert" sie emotionale Momente des Buches, indem sie zeigt, Gesten und Wörter wiederholt:

- Puttes Freude, dass sie nun bei der Post angekommen sind
- die Erleichterung, dass die Schlange dort nicht so lang ist, sie also mit ihrem Abholschein nicht so lange werden warten müssen
- die Spannung, welches Paket von den vielen, die man hinter dem Schalter sieht, wohl das richtige ist
- ob es vielleicht nicht mehr aufzufinden ist (was in Paris mehrfach vorgekommen ist)
- und vor allem die Freude, das Erschrecken über die Größe des Paktes: Ui, ui, ui – oh là, là, là – dies gern im Wechsel von Deutsch und Französisch

6 Heterogene Lernentwicklungen in der Grundschule

Abb. 6.1 Nisse va à la poste

- dann – immer auf Französisch – „Mais c'est difficile de marcher quand on n'y voit rien" – und Ivars Angebot: „Lui aussi veut donner un coup de main" – beides wiederholt sie mit großem Vergnügen

- und immer wieder die Geste der Mutter, als die Kinder mit dem Riesenpaket vor der Wohnungstür stehen – beide Hände vor dem Mund: „Ach du meine Güte" – dies auch mal auf Deutsch.

Die unterschiedlichen Figurenkonstellationen: die Mutter gibt Nisse den Abholschein – Nisse zeigt ihn seinen Freunden Putte und Karin – sie gehen mit zur Post – der Friseur wird aufmerksam auf die kleine Gruppe auf dem Hinweg – auf dem Rückweg sind sogar die Kunden erstaunt – die Schlange bei der Post (der Mann vor Nisse ist so groß, dass der kaum etwa sehen kann) – die alte Frau, die nach ihnen in die Post kommt und sich auch über die Größe des Pakets wundert – Ivar, der hinzukommt – Siv, die gerade Milch holen will und ihnen die Haustür aufhält – das alles sind Konstellationen aus dem Kinderleben, überschaubar und variantenreich; sie wecken Erinnerungen, bestätigen Erfahrungen. Ebenso wie Handlungsmomente und Bedeutungsmuster: die Ungewissheit der Erwartung – die Sorge, ob das Erwartete auch eintritt – die Überraschung über die Größe und wie dieses Moment mit vereinten Kräften (Putte und Ivar) bewältigt wird. Das Auspacken – im Paket ist zwischen sehr viel Papier ein Globus von Onkel Bengt – ist dann nicht mehr so wichtig wie das Vorherige.

Wenn man sich vorstellt, dass Anouk etliche solche Geschichten kennt, also schon mit knapp drei Jahren bereits über einen „Textschatz" verfügt, kann man ermessen, wie umfangreich und vielfältig ihr Repertoire an *Textualität* zu Schulbeginn sein wird. Der Titel (außen und innen) hat ihre besondere Aufmerksamkeit – ein wichtiges Merkmal für den Umgang mit Geschichten und für das Textwissen. Wir können annehmen, dass Nicola und Johann eine ähnliche literarische Sozialisation erfahren haben.

Kindern, denen nicht so viel vorgelesen wird (wie zum Beispiel auch Semra und Marija), kennen am Schulanfang Geschichten vor allem aus den audiovisuellen Medien – aber auch sie kennen Geschichten, die sie beim Schreiben artikulieren können. Auch sie haben Interesse, sich ihrer Erfahrungen und Erinnerungen, sich innerer Bilder zu vergewissern und sie aufs Papier zu bringen.

In der Grundschule bestimmt meist der Normaspekt den Unterricht: Kinder sollen Texte erst schreiben, wenn sie Sicherheit gewonnen haben, was die Buchstabenformen und die Orthografie betrifft, sie lernen früh Textsortennormen, zum Beispiel Stilmerkmale einer guten Erzählung (s. Abb. 6.3a).

Uns geht es darum, das Spektrum des Schreibunterrichts zu erweitern und den allen Kindern zugänglichen Bereich der Literarität einzubeziehen – als Anstoß für das eigene Schreiben, für die Erfahrung, etwas auf dem Papier artikulieren zu wollen und zu können und es anderen mitzuteilen: als Grundlage für sprachliche Bildung und auch für die oft mühsame Orientierung an den Normen. Es geht also darum,

Aspekte des Schreibens als kultureller Tätigkeit

```
                    LITERALITÄT                    LITERARITÄT
                         |                              |
                     Buchstabe                    Intertextualität
      ┌──────────┬──────────────┐           ┌──────────┬──────────┐
   Autonomie   Normierung                   Selbst              Welt

   Gliederung   Schriftzeichen               Imagination        Figuren-
   Vergegen-    Orthographie                 Erfahrung          konstellationen
   ständlichung Stilnormen                   Erinnerung         Handlungs-
   Abstraktion  Textsorten-                  Abstraktion        momente
   Reflexivität normen                       Reflexivität       Bedeutungs-
                                                                muster
```

Abb. 6.2 Aspekte des Schreibens als kultureller Tätigkeit (Dehn et al. 2011, S. 44)

nicht das eine gegen das andere auszuspielen, sondern beide Aspekte des Schreibens miteinander zu verbinden (s. Abb. 6.3b).

6.3 Schreiben zu Vorgaben

Ausdrückliches Einbeziehen von Literarität bedeutet, den Kindern Vorgaben zu geben, zu denen sie schreiben können. Das können Geschichten sein, Bilder, aber auch Erfahrungen und Beobachtungen aus dem Sachunterricht. Wichtig ist, dass die Kinder Anknüpfungspunkte für eigene Vorstellungen und Impressionen finden, für Erinnerungen und dies mit ihrem Wissen verbinden können. Komplexe, mehrdeutige Vorgaben bieten eher Spielräume für Eigenes, so dass die Kinder „aus dem Vollen schöpfen" können beim Schreiben, indem sie Bezug nehmen auf vertraute Muster, Textmuster, Deutungsmuster, sprachliche Codes…; sie erfahren, dass es beim Schreiben um etwas geht, darum, das, was sie denken und empfinden aufs Papier zu bringen und sich mit anderen darüber auszutauschen. Oft gelingt das besonders gut, wenn die Vorgabe eine produktive Überforderungssituation schafft, also zunächst neben einer Faszination auch Befremden oder sogar Abwehr auslöst. Kognitiv und kulturell werden in der Auseinandersetzung damit weite Spielräume eröffnet. Die unterschiedlichen Akzentuierungen sind beim Austausch über die Texte für jeden interessant. Das heißt, dass es nicht darum geht, einen bestimmten

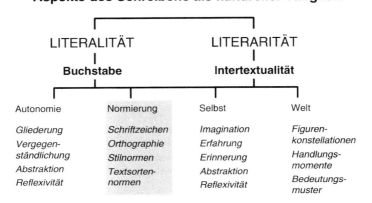

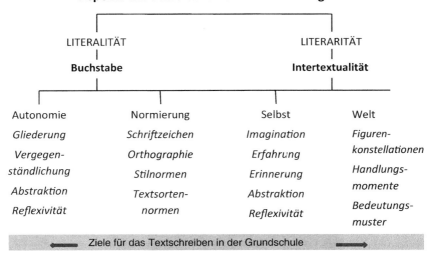

Abb. 6.3 a Dominanz des Normaspekts beim Schreiben; b Verknüpfung der unterschiedlichen Aspekte des Schreibens (ebd., S. 85, S. 88)

besten Text (wie manchmal bei einer Bildergeschichte oder einer Nacherzählung) zu produzieren, sondern um Vielfalt der Sichtweisen und Artikulationen. Wie das geschehen kann, zeigt die folgende Aufgabe.

6.4 Beispiel einer Aufgabe zum Textschreiben: Schreiben zum Gemälde

Das Schreiben zu der Vorgabe „Auf dem Segler" von Caspar David Friedrich (s. Abb. 6.4) setzt einen Rahmen, der sicherstellt, dass jedes Kind der Lerngruppe einen kognitiven, emotionalen oder sozialen Bezug zur eigenen Erfahrungswelt herstellen kann. Das Gemälde ist komplex angelegt: Die Figurenkonstellation von Mann und Frau bestimmt die Bildmitte: ein Paar auf einem Schiff. Was diese nah beieinander sitzenden Menschen verbindet, lässt das Bild jedoch offen. Ob sie von einer Reise heimkehren oder in einer fremden Stadt ankommen, ist unbestimmt. Ebenso unbestimmt sind ihre Erfahrungen: Haben sie Gefahren durchlebt oder eine friedliche Reise unternommen? Sind sie getrieben von Sehnsucht und Hoffnung auf ein besseres Leben oder genießen sie die Weite des Meeres? Ob und welche dieser Erfahrungen dem einzelnen Kind zugänglich sind, ist für das Schreiben irrelevant. Wichtig ist, dass die Kinder Mann/Frau, Schiff/Wasser/Stadt als solche erkennen können. Nur Kinder, die diese Phänomene weder kennen noch auf bildlicher Ebene erkennen könnten, sind von der Aufgabe ausgeschlossen. In den beschriebenen Lerngruppen können alle Kinder das Gesehene in diesem Sinne deuten – sie haben damit die Möglichkeit, eigene Erfahrungen, Vorstellungen und Erinnerungen zu formulieren. Sie können es aber auch bei einer Beschreibung des Faktischen belassen.

Damit die Kinder ihre Deutungen des Bildes artikulieren, ist es entscheidend, ob sie von außen inszenierte Fragen beantworten müssen oder ob sie Zugang zu einem innerpersonellen Frage-Antwort-Dialog bekommen. Dieser Frage-Antwort-Dialog wird angeregt, wenn die Kinder ausdrücklich dazu aufgefordert werden, ihre Gedanken, Ideen, Formulierungen zu dem Bild zu notieren – auf bereitgelegte kleine Zettel. Verbunden damit ist ein bestimmtes Lehrer-Schülerverhältnis: Die Gewissheit, dass es nicht darauf ankommt, bestimmte Erwartungen oder Normen der Lehrperson zu erfüllen, sondern dem eigenen Wahrnehmungs- und Erkenntnisraum trauen zu dürfen. Das Gemälde setzt zwar einen Kommunikationsrahmen, das unterrichtliche Miteinander aber sollte von der Bereitschaft getragen sein, individuelle und damit nicht vorhersehbare Sichtweisen entstehen zu lassen. So können auch kulturell bedingte Perspektiven in ihrer Vielschichtigkeit artikuliert werden.

Abb. 6.4 Caspar David Friedrich: Auf dem Segler 1818/19

6.4.1 Literarität: Formulierungen zum Bild

Alle Kinder haben zu Beginn von Klasse 3 eine oder auch mehrere Formulierungen zu dem Bild von C.D. Friedrich geschrieben. Die Formulierungen unserer vier Kinder gelten unterschiedlichen Bedeutungsmustern: der Heimkehr, der (neuen) Heimat, der Hoffnung, der Fremde. Sie geben der Schwierigkeit des Bildverstehens Ausdruck, zeichnen ein Stimmungsbild (Tab. 6.2).

Nicola und Marija geben eine Interpretation im Sinne einer Geschichte, Johann und Semra eine Beschreibung. In einem Satz (komprimiert mit einer Infinitivkonstruktion) thematisiert Nicola die Hoffnung auf eine (neue) Heimat: nicht etwa das

Tab. 6.2 Formulierungen zu „Auf dem Segler" von C.D. Friedrich – September Klasse 3

Name	Formulierung Orthografisch überarbeitet (nicht grammatisch!)	Formulierung Buchstabengetreue Abschrift
Nicola	Die Frau und der Mann segeln zum Land, um Heimat zu finden und um ein besseres Leben zu führen.	Die Frau und der Mann Segeln zum Land um Heimat zu finden und um ein besseres Leben zu führen.
Johann	Das Meer ist still, ganz still. Zwei Menschen sitzen irgendwie verzaubert auf dem Bug eines Schiffes.	Das Meer ist still ganz still zwei menschen sizen irenwie ferzaubert auf dem Bugein es Schiffes.
Semra	Und der Wasser kann man auch nicht so gut sehen. Das Wasser sieht wie ein schwarz Meer aus. Das Boot hat auch so ein Vorhang oder so was und das sieht schön aus.	Und der Wasser kamman auch Nicht so gut sehen das Wasser sid wie ein schwarz Meer aus. das Boot hat auch so ein fohrhang oder so was und das sid schön aus.
Marija	Die sitzen auf ein Boot und die fahren zu Hause und die kucken da Welt an und die segeln (?) wieder zu Hause und die suchen	Die sezn af en Bot ot Di faren zu Huse ont ie kuen da Welt an ot Die Feseiln wiDa zu Huse ot Di suuen

Zurückkehren, sondern das *Finden*. Johann formuliert eine Impression, die er bei dem Bild hat: die Stille des Meeres, sprachlich als Wiederholung und Steigerung (*still, ganz still*). Offenbar kennt er sich mit den Bezeichnungen aus; *Bug eines Schiffes* – das ist eine bildungssprachliche Formulierung. Semra artikuliert – sprachlich als Reihung – ihre Schwierigkeiten, Wasser und Segel (*Vorhang*) zu erkennen, und versucht eine Deutung: *sieht wie ein schwarz Meer aus*. Marija betont die Heimkehr zu Beginn und am Schluss; die Vorzeitigkeit (*kucken die Welt an*) fasst sie nicht als sprachliche Form.

6.4.2 Literarität: Texte zum Bild

Im weiteren Unterrichtsverlauf weiten alle hier vorgestellten Kinder ihre Formulierungen zu einem größeren Text aus. Johann entwickelt das Stimmungsbild seiner Formulierung (Abb. 6.5). Wiederum mit dem Stilmerkmal der Wiederholung führt er den Leser ein: von außen (Schiff, Bild) nach innen zu den Figuren (Aussicht). Das ist die Aussicht auf die Stadt, die auch die beiden Figuren haben. Seine erste Formulierung fügt er wörtlich ein. Im letzten Satz artikuliert er die Vorstellung,

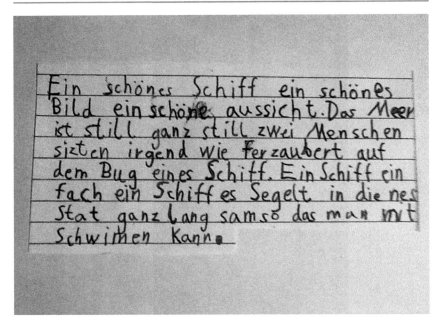

Abb. 6.5 Johann September Klasse 3

die Imagination, die das Gemälde bei ihm hervorruft: *ganz langsam, so dass man mitschwimmen* kann. Ein Eintauchen im wörtlichen Sinn!

Schreibidee und Ausführung sind für ein Kind nach gerade zwei Jahren Schulbesuch erstaunlich.

Marija hat zunächst einen kaum lesbaren Text geschrieben; sie nimmt das Angebot ihrer Lehrerin an, ihr zu diktieren. Zwei Tage später geht sie mit dem Blatt zu der zweiten Lehrerin in der Klasse: „Das ist *mein* Text. Ich hab' ihn Frau P. diktiert. Aber es ist *mein* Text."

Ihr Text hat inhaltlich eine große Wucht: Es geht um Hunger, um große Not, um die Suche nach einer Insel, einem Haus, um Eltern mit einem Kind – aber schließlich geht die Geschichte doch gut aus: *und dann haben die Trinken, Brot und Wasser*. Der Text ist sprechsprachlich mündlich, Er- und Ich-Perspektive gehen unmittelbar ineinander über (*ich sollen ein Insel finden – und die haben kein Essen; Und ich habe Hunger – Der Mann sagt: Wir haben kein Essen.*) Man kann an dem Text sehen, dass Marija Literalität im Sinne einer Abstraktion von der Situation, der Konzentration auf eine bestimmte Perspektive noch nicht beherrscht. Aber das Schreiben (Diktieren) war für sie eine Entäußerung, eine Gestaltung von dem, was sie bewegt; und zwar im Schutz eines Rahmens – hier des Gemäldes von C.D. Friedrich.

„Auf dem Segler" – diese Aufgabe ist nicht zu schwer für Marija. Häufig aber verhindert bei Kindern wie Marija die Angst vor einem Misserfolg des Kindes seinen Erfolg.

Die Texte der hier vorgestellten Kinder im Überblick
Es war einmal ein Ehepaar. Das in Island wohnte. Aber es ist nach Spanien gereist, um ein neues Leben anzufangen. Denn sie waren arm. Der Mann arbeitet als echter Pirat. Und die Frau als Verkäuferin. Aber die Frau hatte keine Angst, denn sie haben sich gut verstanden. Sie sind Tage lang gereist. Und dann waren sie endlich da. Die Stadt hieß Sevia. Es war tragisch heiß. Aber es war wunderschön. Es war, als wär ein Traum in Erfüllung gegangen. War es ja auch, es war alles wieder gut. Ende *Nicola*

Ein schönes Schiff, ein schönes Bild, eine schöne Aussicht. Das Meer ist still, ganz still, zwei Menschen sitzen irgendwie verzaubert auf dem Bug eines Schiffs. Ein Schiff, einfach ein Schiff, es segelt in die nächste Stadt, ganz langsam, so dass man mit schwimmen kann. *Johann*

Der Mann und (die) Frau sind, glaube ich, verheiratet und der Mann ist ein Pirat und die Himmel ist grau und auch bisschen schwarz und der Boot fährt zu die Pflanzen, vielleicht möchten die Pflanzen anschaun und der Boot ist auch ein Piratenboot. Die Frau sitzt neben ihn. Vielleicht möchten die einfach spazieren mit das Boot und der Boot sieht so groß aus. Aber sieht trotzdem schön aus. Vielleicht regnet es, weil die Himmel so gruselig aussieht. Aber die haben eine so eine ich glaube eine Gardine oder so. Und die Frau sieht fröhlich aus. Eigentlich sehen die Beiden fröhlich aus, nicht nur die Frau, auch der Mann. *Semra*

Dikiert: Ich denke eine Geschichte und ich sollen ein Insel finden und die haben kein Essen. Und die haben kein Trinken. Die haben kein Brot. Ich denke mir, dass sie ein Kind haben. Und die haben kein Sachen. Und ich habe Hunger. Der Mann sagt: „Wir haben kein Essen." Und die suchen ein Haus. Die lassen das Boot auf den Wasser. Die Frau und der Mann gehen das Haus suchen und das Haus. Dann wohnen die da und dann haben die Trinken, Brot und Wasser. *Marija (Aufgeschrieben von der Lehrerin ohne grammatische Korrekturen)*

6.5 Entwicklung der Literalität: Rechtschreibentwicklung anhand der „Lernbeobachtung Schreiben" und der HSP (Hamburger Schreibprobe) in Klasse 2 und 3

Kehren wir zu unserer ersten Ausgangsfrage zurück: Welche Funktion haben die unterschiedlichen Lernausgangslagen im Rechtschreiben, wie wir sie in Klasse 1 zu Beginn des Artikels erläutert haben? Die Formulierungen und Texte der Schülerinnen zu dem Bild zeigen, dass die nach wie vor sehr großen Unterschiede in der Rechtschreibkompetenz keinen der Schüler vom Schreiben abgehalten oder ausgegrenzt haben. Alle Schülerinnen und Schüler konnten ihre Gedanken und Deutungen schriftlich festhalten (lassen).

Die rechtschriftlichen Unterschiede sind immens geblieben, trotz eines differenzierten Rechtschreibunterrichts, der zum Beispiel auf Diktate verzichtet hat. Die Heterogenität der Lernenden bleibt auch in diesem Entwicklungsbereich bestehen. Entscheidend ist hier, dass sie alle Lernfortschritte gemacht haben. Im Unterricht der 2. Klasse wurde u. a. Sprache im Hinblick auf Rechtschreibphänomene untersucht. Die Einsicht in differenzierte Phonemunterschiede konnten die Kinder unterschiedlich für ihre Lernentwicklung nutzen. So hat z. B. die Auseinandersetzung mit Kurz- und Langvokalen Marija geholfen, sich die phonematische Struktur von Wörtern weiter zu erschließen, während Nicola ihre erworbene Unterscheidungsfähigkeit nutzen konnte, um sich die Konsonantendoppelung anzueignen (vgl. Christensen 2011). Ebenso hat die Thematisierung der Großschreibung Marija geholfen, kleine von großen Buchstaben zu unterscheiden, während fortgeschrittene Lerner wie Nicola und Johann eine wortübergreifende Rechtschreibstrategie entdeckten. Geübt haben die Kinder auch Einzelwörter mit Hilfe eines eigenen Karteikastens. Damit haben sie sowohl an einem Klassenwortschatz als auch an einem individuellen Wortschatz gearbeitet. Beim Abschreiben eigener Texte zur Präsentation haben alle Kinder die Bedeutung von Rechtschreibung erfahren – alle sollen die Texte natürlich gut lesen können. Sie haben dabei eigene Schreibungen verbessert und richtig schreiben geübt.

Um die Rechtschreibentwicklung der ausgewählten Kinder zu dokumentieren, haben wir die Lernbeobachtung Schreiben in Klasse 1 im Januar und Mai wiederholt und auch in Klasse 2 und 3 wieder schreiben lassen, bis ein großer Teil der Wörter richtig geschrieben wurde. Als standardisierten Test haben wir im selben Zeitraum die Hamburger Schreibprobe durchgeführt und die Prozentränge der Graphemtreffer ermittelt.

Der sichere Zugriff auf das phonematische System der deutschen Rechtschreibung hat bei *Nicola* (Tab. 6.3) dazu geführt, dass sie sich sehr schnell weitere Prinzipien der deutschen Orthographie (Augst und Dehn 2009, S. 40ff.; Thelen 2002,

Tab. 6.3 Nicola HSP Ende Klasse 2 PR 94, Ende Klasse 3 PR 96

Zielwörter	November Kl.1	Mai Kl. 1
Sofa	SOFA	Sofa
M*und*	MONT	Mund
Limonad*e*	LMMONAD	Limonade
T*u*rm	TOM	Turm
R*ei*ter	RAEITA	Reiter
K*i*nderwage*n*	KNDAWAGÄN	Kinderwagen

Tab. 6.4 Johann HSP Ende Klasse 2 PR 51, Ende Klasse 3 PR 45

Zielwörter	November Kl.1	November Kl. 2
Sofa	SoFA	Sofa
M*und*	MOT	Mund
Limonad*e*	LeMoNAD	Lemonade
T*u*rm	ToM	Turm
R*ei*ter	RAEiTA	Reiter
K*i*nderwage*n*	KeNDAWAGe	Kinderwagen

S. 71 ff.) erschließen konnte. So schreibt sie bereits im Mai alle Wörter der Schreibprobe richtig und erzielt in Klasse 2 und 3 jeweils einen sehr hohen Prozentrang in der Hamburger Schreibprobe. Ihre Rechtschreibleistung ist somit weit fortgeschritten. Nur wenige Kinder ihrer Altersgruppe erreichen diesen Prozentrang. Günstig hat sich sicherlich auf ihr Rechtschreiblernen die durch ihre Zweisprachigkeit bedingte Aufmerksamkeit auf Phonemunterschiede ausgewirkt. Zudem hat ihre visuelle Orientierung an Schrift, sie nutzte bereits die Konsonantendoppelung *MM* im November der 1. Klasse (ohne deren Funktion zu kennen), es ihr sicherlich erleichtert, sich die Orthographie umfassend anzueignen. Auch ihre Rechtschreibleistung in Texten ist beachtlich: Ihre Formulierung zu dem Bild enthält bis auf die Großschreibung des Verbs „Segeln" keine Rechtschreibfehler. Nicola wendet also Anfang Klasse 3 die wortübergreifende Strategie der Großschreibung an, beherrscht Länge- und Kürzezeichen (*führen*, *besseres*), schreibt morphematisch richtig (*Land*) und setzt Satzzeichen. Sie hat ein umfassendes Interesse an Sprache und Schrift entwickelt, so dass Text- und Rechtschreibkompetenz sowie metasprachliches Wissen sich gegenseitig ergänzen und befördern können.

Tab. 6.5 Semra HSP Ende Klasse 2 PR 47, Ende Klasse 3 PR 53

Zielwörter	Nov. Kl.1	Januar Kl. 1	November Kl. 2	Oktober Kl. 3
Sofa	SOFA	SOVaR	Sofer	Sofa
Mu**nd**	MOT	MoNt	Munt	Mont
Limonade	iAD	NoLaD	Limonade	Limonade
Tu**rm**	TOL	toRM	Tor	Torm
Rei**t**er	RTAA	RaN	Reiten	Reiter
Ki**nderwage**n	TENAN	KiNaWaGN	Kinderwargen	Kinderwagen

Dagegen hat *Johann* (Tab. 6.4) trotz ähnlicher Startbedingungen wie Nicola eine weniger dynamische Rechtschreibentwicklung durchlaufen. Erst ein halbes Jahr nach Nicola, nämlich im November Klasse 2, schreibt er bis auf Limonade alle Wörter der Lernbeobachtung Schreiben richtig. Seine Leistungen liegen innerhalb der Hamburger Schreibprobe mit dem Prozentrang um 50 im Mittelfeld, wie sie die meisten Schüler der Eichstichprobe erreichen. Gründe für diese Rechtschreibleistung lassen sich nur vermuten: Seine Motorik ist weniger differenziert als die von Nicola, so dass er mehr Aufmerksamkeit auf das Formen der Buchstaben lenken muss und so weniger Wortformen automatisieren konnte. Darüber hinaus liegt sein innerer Fokus deutlich mehr auf der Auswahl von Wörtern aus seinem Wortschatz als auf der normgerechten rechtschriftlichen Reproduktion von Wörtern. Rechtschreibung hat für ihn einen geringeren Stellenwert als für Nicola. Seine Rechtschreibung in Texten zeigt jedoch, dass er wie Nicola alle Prinzipien der Orthographie anwendet, jedoch unsicher ist im Hinblick auf wortübergreifende Strategien in Bezug auf Großschreibung und Wortgrenzen.

Semras Rechtschreibentwicklung (Tab. 6.5) ist geprägt von einer intensiven Suche nach dem „richtig Weg". Dies illustrieren besonders ihre Schreibungen des Wortes „SOFA". Im Januar der Klasse 1 experimentiert sie mit dem seltenen Graphem /v/ um das Phonem /f/ zu repräsentieren (SOVAR) und wendet im November der Klasse 2 das orthographische Element „er" an (SOFER). Die Schreibung zeigen, dass sie sich mit Normen auseinandersetzt und versucht, diese in ihr eigenes System zu integrieren. Dies gelingt ihr im Laufe der Grundschulzeit immer mehr im Hinblick auf die Rechtschreibnorm. So erreicht sie Ende Klasse 2 und 3 einen mittleren Prozentrang in der Hamburger Schreibprobe. Damit ist ihre Fähigkeit zum Richtigschreiben genauso weit entwickelt wie die von Johann, trotz der sehr unterschiedenen Lernausgangslage zu Beginn von Klasse 1. Semra hat gemessen an ihren schulischen Startbedingungen viel gelernt. Sie ist zwar eine weniger flexible Den-

6 Heterogene Lernentwicklungen in der Grundschule

Tab. 6.6 Marija HSP Ende Klasse 2 PR 0,9, Ende Klasse 3 PR 0,8

Zielwörter	Nov. Kl.1	Januar Kl. 1	Mai Kl. 1	Oktober Kl.3
Sofa	SFO	OA	SOFA	Sofa
M*und*	MOR	MN	MOT	Mont
Limonad*e*	LM	LAD	L	LimonaD
T*u*rm	TM	OAN	TOM	Tom
Re*it*er	RTA	RTA	RATA	Rata
K*ind*er*wagen*	KFMO	KNAWN	KAWGN	KenDerwagen

kerin als Johann und könnte deshalb weniger Rechtschreibregeln herleiten, jedoch nutzt sie intensiv die Schriftsprache, um eigene Texte zu verfassen. Die Konzeption des Schreibunterrichts ermöglicht ihr, eigene Gedanken zu entwickeln und festzuhalten. So schreibt sie einen ebenso langen Text wie Nicola. Damit erhält sie die Möglichkeit Wörter immer wieder zu schreiben und so indirekt Rechtschreibung zu üben. „Wer viel schreibt, schreibt vieles richtig" (Augst und Dehn 2009, S. 191). Dies belegt die Analyse von Augst und Dehn von 154 Kindertexten. Klassen, in denen die Kinder lange Texte schreiben, erreichen gegenüber Klassen, in denen die Kinder weniger lange Texte schreiben, signifikant bessere Rechtschreibleistungen.

Marijas Rechtschreibentwicklung (Tab. 6.6) nimmt eine Sonderstellung ein. Im Laufe der ersten Klasse macht sie langsame Lernfortschritte. Es gelingt ihr, geringfügig mehr Phoneme zu diskriminieren. Auch im Oktober der 3. Klasse schreibt sie nicht alle Wörter der Lernbeobachtung Schreiben richtig! Ihre Schreibungen ähneln jedoch denen von Nicola und Johann im November der 1. Klasse. Ihr Lernfortschritt liegt damit eindeutig im Bereich der phonematischen Analyse. Ihre Rechtschreibung macht ihren Entwicklungsrückstand in besonderer Weise sichtbar: Gemessen an der Norm liegt ihre Leistung mit einem Prozentrang von unter 1 am äußersten Rand der Eichstichprobe. Hätte sie mehr lernen können im Hinblick auf Rechtschreibung? Dies ist möglich. Jedoch wo liegen ihre Grenzen? In der vierten Klasse rechnet sie noch unsicher im Rechnen im Zahlenraum bis 20. Das Herstellen logischer Relationen und das kognitive Erfassen von Gesetzmäßigkeiten fallen ihr schwer. Diese Fähigkeit benötigt sie aber auch zum Richtigschreiben. Sie muss Regelwissen auf aktuelle Schreibungen anwenden, Verallgemeinerungen und Übertragungen vornehmen. Sie wird über die Schulzeit hinaus Zeit brauchen, um sich die Orthographie zu erschließen. Dafür wird es jedoch entscheidend sein, ob sie Schriftsprache in ihrer vollen Funktion (vgl. Aspekte des Schreibens als kultureller Tätigkeit) kennen gelernt hat und als für sich bedeutsam empfinden kann. Lesen und Schreiben müssen Teil ihres Selbstkonzeptes werden, damit sie außerhalb von institutionalisierten Lernzusammenhängen Schriftsprache aktiv gebraucht. Dazu können ihre Schreiberfahrungen in der Grundschule einen Beitrag leisten, da Schrift für sie nicht nur Übungsgegenstand ist. Schreiben als kulturelle Tätigkeit bedeutet für sie in erster Linie Ausdrucksmittel gemachter Erfahrungen und Deutungen. Der Schreibunterricht konnte ihr Schreiben als Medium der Reflexion von Welt und Selbst zugänglich machen. Trotz ihrer auch ihr selbst bewussten Schwierigkeiten stellt sie sich während der gesamten Grundschulzeit den Herausforderungen der Schriftsprache. Sie lernt lesen und nutzt Schreibanlässe kontinuierlich zum Verfassen eigener Texte. Diese Erfahrungen wirken sich auf ihre Sprachfähigkeit aus. Sie kann sich im Gegensatz zum Schulanfang mündlich verständlich machen, ihre Meinung gegenüber anderen äußern und ihre Interessen vertreten. Damit hat sie sich Basisfähigkeiten zur demokratischen Teilhabe an Gesellschaft erschließen können.

6.6 Wie Unterricht das Textschreiben befördern kann für alle Kinder

Wir betrachten das Rechtschreiben nicht als Voraussetzung für das Textschreiben, sondern als einen Bereich im Gesamt des Schreibens. Auch wer noch nicht selbst schreiben kann, hat doch schon Textmuster kennen gelernt, kann Schreibideen entwickeln, die er zum Beispiel einem erwachsenen Schreiber diktieren kann (Merklinger 2011); das gilt – im besonderen Fall – auch für ältere Grundschulkinder wie Marija.

Schreibunterricht ist so zu konzipieren, dass „unterwegs niemand verloren geht". Die Lernentwicklung von Marija zeigt dies am deutlichsten. Trotz ihrer wenig differenzierten Rechtschreibung nimmt sie am Grundschulunterricht teil.

Die thematische Auswahl dieses Bildes – weitere Beispiele lassen sich leicht finden (vgl. Christensen und Dehn 2011) – erlaubt ihr und anderen Kindern mit ganz unterschiedlichen Lernvoraussetzungen einen Zugang zur Bildung. Beim Textschreiben können die Schülerinnen und Schüler ihre Sichtweise auf Welt ausdrücken, fiktionalisieren und reflektieren. Bildungsprozesse können in einem gemeinsamen Deutungsraum stattfinden, weil die Fragestellungen alle Menschen betreffen. Dazu gehören u. a. Themenkomplexe wie Fremdsein und Heimat suchen, Miteinander leben, Geschlechterbeziehungen, Hunger. Das Bild regt die Kinder an, über diese Themen zu schreiben, Erzählungen zu finden und zu erfinden. Es fordert aber auch zur genauen ästhetischen Wahrnehmung heraus. Dies zeigt besonders der Text von Johann. Damit berührt der vorgestellte Schreibunterricht „Grunddimensionen menschlicher Interessen und Fähigkeiten" im Sinne Klafkis (Klafki 1994, S. 54). Der Unterricht erreicht sehr unterschiedliche Kinder auf unterschiedliche Weise, aber alle lernen an einem Gegenstand, beziehen sich auf das Gleiche. Für das Selbst- und Weltverhältnis einer Gesellschaft ein nicht zu unterschätzender Treffpunkt.

Wie Unterricht das Textschreiben befördern kann für alle Kinder
1. Die Haltung:
Es gibt viele verschiedene Wege, viele verschiedene Lösungen, zu einer Aufgabe einen Text zu schreiben; das bedeutet die Haltung aufzugeben, dass alle etwas Bestimmtes erbringen beim Lösen von Aufgaben – und dann auf die Abweichungen von dieser Erwartung lobend oder enttäuscht zu reagieren.
2. *Eine* Aufgabe für alle:
Die Aufgabe muss einen *hohen Anspruch* haben, so dass ein breites Spektrum an Differenzierung beim Lösen entsteht. Es gibt nach oben und unten keine Grenze.
Mit der einen gemeinsamen Aufgabe haben alle einen *Orientierungsrahmen* für den Austausch über die *verschiedenen individuellen Lösungen*.
3. Schreiben zu einer Vorgabe:
Schreiben zu einer *Geschichte, einem Bilderbuch, einem Bild, einer Beobachtung* gibt den Kindern Inhalt und (sprachliche) Form vor. Es geht aber nicht um eine Nacherzählung oder Bildbeschreibung, sondern um eine sprachliche „Antwort", eine Transformation. Wichtig ist, dass mit der Vorgabe Erinnerungen, Impressionen, Erfahrungen virulent werden, die auf eine sprachliche Gestaltung drängen. Aber die einfache Deskription muss auch möglich sein.
Aufgabe der Kinder ist, aus der Fülle und Komplexität der Vorgabe etwas für sich auszuwählen, in den Fokus zu stellen, zu thematisieren, zu formulieren. Also (einen) Gedanken aufs Papier zu bringen und sich mit anderen in der Lerngruppe darüber auszutauschen, ihn zu verändern, zu präzisieren oder auch zu verwerfen.
4. Ergebnisoffen – ergebnisorientiert:
Schreibaufgaben sollten *„ergebnisoffen"* in der konkreten Lernsituation sein, aber *„ergebnisorientiert"* in der didaktischen Konzeptionierung; Pohl, Steinhoff formulieren das so in Bezug auf Textformen (2010, S. 22).

Literatur

Augst, G., Dehn, M. (2009). *Rechtschreibung und Rechtschreibunterricht*. Seelze.

Brügelmann, H. (2010). Pädagogische Leistungskultur. Beobachtung und Förderung des Lesens und Schreibens am Schulanfang. http://www.scriptorium.phgmuend.de/bruegelmann_vortrag_scriptorium_paed_leist_kult.100415.pdf

Christensen, T. (2010). Bedingungen für Könnenserfahrungen. Von Könnern und Kindern lernen. In C. Jantzen, D. Merklinger (Hrsg.) *Lesen und Schreiben. Lernerperspektiven und Könnenserfahrungen*. Freiburg.

Christensen, T. (2011). Lautunterschiede wahrnehmen lernen. Die Vokale im Fokus der Aufmerksamkeit. *Födermagazin*, 4, 18–22.

Christensen, T., Dehn, M. (2011). Formulieren kann jeder – eine Schreibaufgabe für alle Kinder einer Klasse. In: *Deutsch differenziert*, H. 1, 2012 (i.D.).

Dehn, M., Hüttis-Graff, P., Kruse, N. (1996). *Elementare Schriftkultur. Schwierige Lernentwicklung und Unterrichtskonzept*. Weinheim.

Dehn, M., Hüttis-Graff, P. (2010). *Zeit für die Schrift. Beobachtung, Diagnose, Lernhilfen*. Berlin.

Dehn, M., Merklinger, D., Schüler, L. (2011). *Texte und Kontexte. Schreiben als kulturelle Tätigkeit in der Grundschule*. Velber.

Klafki, W. (1994). *Neue Studien zur Bildungstheorie und Didaktik*. Weinheim und Basel.

May, P., Vieluf, U., Malitzky, V. (2001). *Hamburger Schreibprobe Klasse 1–9. Diagnose orthografischer Kompetenz zur Erfassung der grundlegenden Rechtschreibstrategien*. Velber.

Merklinger, D. (2011). *Frühe Zugänge zu Schriftlichkeit. Eine explorative Studie zum Diktieren*. Freiburg.

Thelen, T. (2002). Schrift ist berechenbar. Zur Systematik der Orthographie. In C. Röber-Siekmeyer, T. Tophinke (Hrsg.) *Schrifterwerbskonzepte*. (S. 66–82). Baltmannsweiler.

Pohl, T., Steinhoff, T. (2010). *Textformen als Lernformen*. Köln.

Von ‚Schülerisch' zu Bildungssprache
Übergänge zwischen Mündlichkeit und Schriftlichkeit im Konzept der Durchgängigen Sprachbildung

7

Imke Lange

Schulisches Lernen ist im Unterrichtsalltag zweifach mit Sprache verbunden: Lerninhalte werden in Schrift und Wort vermittelt und das erworbene Wissen wird mündlich und schriftlich präsentiert. Um schulisch erfolgreich zu sein, müssen Schülerinnen und Schüler diese Verbindung von Inhalt und Sprache beherrschen. Die Formulierung „Von ‚Schülerisch' zu Bildungssprache" steht für den Weg des sprachlichen Lernens, den Schülerinnen und Schüler dabei gehen müssen.

Ein Konzept, wie *alle* Kinder und Jugendlichen auf diesem Weg sprachlichen Lernens in der Schule unterstützt werden können, ist das der Durchgängigen Sprachbildung. Im Zentrum steht dabei Bildungssprache als eine spezifische Art, wie Sprache im Zusammenhang mit Wissenserwerb und -präsentation verwendet wird. Der Begriff Bildungssprache bietet eine Möglichkeit, unterrichtliches Handeln auf eine sprachliche Perspektive hin zu betrachten – und zwar fachübergreifend. Im ersten Teil meines Beitrags erläutere ich den Begriff Bildungssprache und seine Bedeutung für den Unterricht. Im zweiten Teil stelle ich das Konzept der Durchgängigen Sprachbildung vor. Abschließend fasse ich zusammen, welche Konsequenzen sich aus diesem Konzept für die Lehrerbildung ergeben.

7.1 Bildungssprache

7.1.1 ‚Schülerisch' und Bildungssprache

Auch wenn ‚Schülerisch' nicht als Begriff im Duden auftaucht, findet der Begriff als Kunstwort Verwendung im Zusammenhang mit schulischem Lernen. In den

---

Imke Lange ✉
Westfälische Wilhelms-Universität Münster, Münster, Deutschland

S. Fürstenau (Hrsg.), *Interkulturelle Pädagogik und Sprachliche Bildung*,
DOI 10.1007/978-3-531-18785-3_7,
© VS Verlag für Sozialwissenschaften | Springer Fachmedien Wiesbaden 2012

beiden folgenden Beispielen geht es – einmal aus der Perspektive einer Lehrerin, einmal aus der Perspektive eines Schülers – um *sprachliche* Ausdrucksformen, die die Aneignung von Lerninhalten und die Verarbeitung von Wissen erleichtern oder erschweren. Dies zeigt die Aussage einer Mathematiklehrerin, die über den Einsatz von Lerntagebüchern in ihrer Klasse spricht:

> Das Schöne an den Lerntagebüchern ist, dass die Kinder ein eigenes Lernlexikon haben. Wir haben das so genannt, die erklären das auf ‚Schülerisch'. Sie dürfen das im Lerntagebuch so aufschreiben, wie sie das ihrem Nachbarn erklären wollen oder wie sie sich das selber merken. (Grießbach 2008)

Aus Sicht der Lehrerin ist es im Unterricht offenbar sinnvoll, den Schülerinnen und Schülern einen Raum zu geben, in dem sie Lerninhalte so versprachlichen können, wie sie es untereinander oder für sich tun würden. Es geht an dieser Stelle also *nicht* um das Erklären für die Lehrerin oder um das Erklären im Rahmen eines Tests oder Referates.

In der Anfrage eines Schülers im Online-Forum www.physikerboard.de findet sich ebenfalls der Begriff ‚Schülerisch'. Die Plattform bietet Schüler(inne)n, Studierenden und Interessierten Hilfe zur Selbsthilfe bei physikalischen Fragestellungen. Der Schüler nennt sich SeTT und muss ein Referat über die Wirbelstrombremse halten. SeTT schreibt:

> N'Abend Physiker und andere hochintilligente Nervenbündel [...]!
> Habe hier ein Problem:
> Ich muss in ca. 2 Wochen ein Referat halten... jetzt dürft ihr raten, über was [...]
> Richtig
> Ich habe hier schon die SuFu [Suchfunktion, IL] benutzt und den einen oder anderen informativ zugestopften Thread gefunden... Ich weiß nicht woran es liegt, vielleicht, weil ich schon über 1 1/2 h am PC hocke und versuche diese Wirbelströme ins Gehirn zu stopfen, oder – schlimmer – versuche dieses „Phänomen" (kA, ob des der richtige Ausdruck ist ^^) zu VERSTEHEN.
> Naja, irgendwie kann/will ich's nicht verstehen... Vllt. würde ichs in 2–3 Tagen verstehen, aber sicher ist sicher.
> Also folgendes:
> 1. Wie funktioniert eine Wirbelstrombremse? (Dabei können jegliche Formeln oder Nichtformeln weggelassen werden [...])
> 2. Und ist es möglich, dass die Erklärung in „Schülerisch" und nicht in Fachchinesisch gegeben werden kann? [...]

Die Anfrage ist gespickt mit Smileys, die zur Kennzeichnung der Schwierigkeiten beim Verstehen, der Suche nach Hilfe und nicht ernst gemeinten Textsstellen dienen. SeTT bittet: „Und ist es möglich, dass die Erklärung in ‚Schülerisch' und nicht in Fachchinesisch gegeben werden kann?" SeTT braucht offenbar eine besondere sprachliche Form, um sich einen Zugang zu dem geforderten Wissen zu erschließen.

In seinem Beitrag verwendet er dazu „Fachchinesisch" als Gegenbegriff zu „Schülerisch". Er bittet ausdrücklich um einen Verzicht auf spezifische fachliche Begriffe und Darstellungsformen, die in der Kommunikation zwischen Experten verwendet werden („Dabei können jegliche Formeln oder Nichtformeln weggelassen werden").

‚Schülerisch' bezeichnet aus der alltäglichen Wahrnehmung einen Teil des Begriffspaares, um das es in diesem Beitrag geht: Alltagssprache und Bildungssprache. Bei diesem Begriffspaar handelt sich um spezifische Arten, wie Sprache verwendet wird, wie Inhalte und Informationen dargestellt und kommuniziert werden – um so genannte Sprachregister.

Die beiden Sprachwissenschaftler Peter Koch und Wulf Oesterreicher unterschieden in einem Aufsatz von 1985 eine „Sprache der Nähe" von einer „Sprache der Distanz" und ordnen diesen beiden Sprachen Kommunikationsbedingungen zu.

Die „Sprache der Nähe" zeichnet sich demnach durch folgende Merkmale aus: Privatheit, Vertrautheit, Emotionalität, Situations- und Handlungseinbindung, physische Nähe sowie Dialogizität und Spontaneität. Eben diese Merkmale lassen sich in den beiden Beispielen für ‚Schülerisch' finden, z. B. die Vertrautheit und physische Nähe der Schülerinnen und Schüler untereinander im Zitat der Lehrerin („wie sie das ihrem Nachbarn erklären wollen") oder die Dialogizität in SeTTs Anfrage („...jetzt dürft ihr raten, über was [...] Richtig") und die Emotionalität, die SeTT durch die vielfältige Verwendung von Smileys kennzeichnet. Einer „Sprache der Distanz" ordnen Koch und Oesterreicher die Merkmale Öffentlichkeit, Fremdheit, Situations- und Handlungsentbindung, physische Distanz, Monologizität und Reflektiertheit zu: SeTT arbeitet auf ein Referat hin, das er vor der Klasse halten muss (Monologizität und Öffentlichkeit). Dann muss er die Funktionsweise der Wirbelstrombremse für seine Mitschülerinnen und Mitschüler und die Lehrkraft nachvollziehbar, strukturiert und fachlich angemessen darstellen (Handlungsentbindung und Reflektiertheit).

Koch und Oesterreicher haben auch die Begriffe „konzeptionelle Mündlichkeit" und „konzeptionelle Schriftlichkeit" geprägt. Um die jeweiligen Kommunikationssituationen von Nähe und Distanz zu bewältigen, seien bestimmte Versprachlichungsstrategien erforderlich. In diesem Sinne ist Bildungssprache ein deskriptiver Begriff. Wenn z. B. Schülerinnen und Schüler in einer Gruppenarbeit ein Experiment durchführen, können sie sich auf das beziehen, was sie gemeinsam jetzt in diesem Moment sehen und tun: „Guck' mal, da is noch was drin!" Sollen diese Schülerinnen und Schüler später ihren Mitschülerinnen und Mitschülern berichten, was in ihrem Experiment passiert ist, müssen sie unabhängig von der Situation und Handlung formulieren: „Als wir die Flüssigkeit abgegossen haben, blieb ein brauner Bodensatz zurück." Im Lehrbuch lautet der dazugehörige Fachtext dann:

„Nach Abgießen der Flüssigkeit ist ein brauner Bodensatz sichtbar." Die Veränderungen im Wortschatz und Satzbau sind beträchtlich: Die handelnden Personen („wir haben abgegossen") verschwinden zugunsten einer unpersönlichen Ausdruckweise. Die Verben „abgießen" und „zurückbleiben" werden nominalisiert – einmal als Substantiv („Abgießen"), einmal als Adjektiv mit passivischer Bedeutung („ist sichtbar") (vgl. Gogolin et al. 2011a, S. 200f.; Lange und Gogolin 2010, S. 13).

Bildungssprache zeigt sich folglich sowohl in gesprochener Sprache als auch in schriftlichen Äußerungen und ist eine „Sprache der Distanz". Wenn das sprachliche Zielregister im Unterricht Bildungssprache sein soll, geht es um den Übergang von konzeptioneller Mündlichkeit zu konzeptioneller Schriftlichkeit, also um den Übergang von einer „Sprache der Nähe" zu einer „Sprache der Distanz". Dabei ist grundsätzlich davon auszugehen, dass den Schülerinnen und Schülern die Sprache der Nähe vertrauter ist. So wird der Wunsch von SeTT verständlich, das neue Wissen zuerst in dem für ihn vertrauten Sprachregister erklärt zu bekommen. So wird verständlich, warum die Lehrerin die Lerntagebücher unterstützt.

Die Befähigung, Bildungssprache verstehen und verwenden zu können, entscheidet über Schulerfolg (vgl. zsf. Gogolin und Lange 2011, S. 108f.). Die Ergebnisse der internationalen Schulleistungsvergleichsstudien haben wiederholt gezeigt, dass ein enger Zusammenhang zwischen Lesekompetenz im Deutschen und Leistungschancen in Mathematik und naturwissenschaftlichen Fächern besteht. Verlierer im deutschen Schulsystem sind vor allem Kinder und Jugendliche, die eine andere Erstsprache als Deutsch sprechen *und* deren sozioökonomischer Hintergrund niedrig ist. Forschungsergebnisse weisen darauf hin, dass sich der formale Bildungsstand der Familie möglicherweise nachhaltiger auf den Schulerfolg auswirkt als die gesprochene Familiensprache – egal ob Deutsch oder andere Sprachen (Eckhardt 2008). Besonders ein Mangel an Schriftorientierung im Elternhaus bestimmt den Schul*miss*erfolg (Dehn 2011).

In der Institution Schule besitzt Bildungssprache doppelte Funktionen: Sie ist das Medium der Vermittlung des Wissens und Könnens und sie ist zugleich das Medium, in dem der Nachweis einer erfolgreichen Aneignung gebracht wird (Gogolin et al. 2011a, S. 16). Bei der Forderung nach einer chancengerechten Schule fällt den Lehrkräften die Aufgabe zu, allen Kindern einen Zugang zu diesem entscheidenden sprachlichen Register zu verschaffen – unabhängig von der sozialen oder sprachlichen Herkunft.

7.1.2 Zum Zusammenhang von Alltagssprache, Bildungssprache und Fachsprache

Betrachtet man schulisches Lernen aus bildungssprachlicher Perspektive, ergänzt neben der Alltagssprache ein zweiter Begriff das Verständnis von Bildungssprache: die Fachsprache. Merkmale von Fachsprache sind u. a. ein terminologisch normierter Fachwortschatz, Nominalstil und unpersönliche Konstruktionen sowie fachspezifische Textsorten, z. B. Versuchsprotokoll, Nacherzählung oder Quelleninterpretation (vgl. Gogolin et al. 2011a, S. 198–202).

Die Frage, in welchen Zusammenhang man Bildungssprache zu weiteren sprachlichen Registern setzt, ist relevant, weil das gewählte Modell die jeweiligen Vorstellungen eines sinnhaften und zielführenden sprachbildenden Unterrichts beeinflusst. Am Beispiel von drei stark vereinfachten Modellen soll dies verdeutlicht werden (vgl. Abb. 7.1):

Im ersten Modell einer Pyramide bauen die einzelnen Register aufeinander auf (Abb. 7.1a): Die Alltagssprache ist die Basis der Bildungssprache und diese wiederum die Grundlage für die Fachsprache. Dieses Modell suggeriert sowohl eine Wertung der einzelnen Register als auch eine zeitliche Abfolge beim Erwerb der Register. Die Alltagssprache wird in der Familie erlernt. Im Kindergarten und in der Schule gewinnt die Bildungssprache an Bedeutung, mit zunehmender Differenzierung in einzelne Schulfächer finden auch fachsprachliche Elemente Eingang in den Unterricht. Fachsprachliche Anforderungen dominieren schließlich in der beruflichen Ausbildung bzw. im Studium. Dieses Modell kann zugrunde liegen, wenn folgende Aussagen zur schulischen Sprachbildung geäußert werden: „Erst müssen

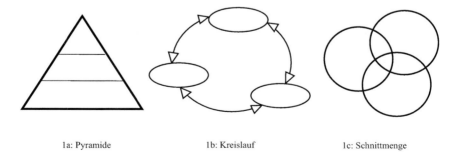

1a: Pyramide   1b: Kreislauf   1c: Schnittmenge

Abb. 7.1 Drei Modelle zum Zusammenhang von Alltags-, Bildungs- und Fachsprache (Lange und Lengyel 2008)

die Kinder sich auf Deutsch verständigen können, bevor sie Bildungssprache lernen" oder „Das Problem mit Textaufgaben ist, dass die Schüler viele alltägliche Begriffe gar nicht verstehen."

Im zweiten Modell sind Bildungssprache, Alltags- und Fachsprache Bestandteile eines Kreislaufs (Abb. 7.1b). Alle Sprachregister stehen wertungsfrei miteinander in Beziehung. Dadurch ergibt sich eine flexible zeitliche Abfolge beim Erwerb der Register. Die Register werden immer wieder durchlaufen, auch in unterschiedlicher Richtung. Dieses Modell kann zugrunde liegen, wenn als Ziele der schulischen Sprachbildung formuliert werden: „Ich setze bei den lebensweltlichen Erfahrungen der Kinder an, um fachliche Themen zu vermitteln" oder „Ich unterstütze meine Schüler darin, angemessen in einer Präsentation zu formulieren."

Das dritte Modell ist das einer Schnittmenge (Abb. 7.1c). In diesem Modell sind Bildungs-, Alltags- und Fachsprache eigenständige Sprachregister, die sich zum Teil überlappen. Dieses Modell wertet die einzelnen Register nicht, sondern legt den Fokus auf Unterschiede und Gemeinsamkeiten zwischen den Registern. Schule kann hier als Institution, als sozialer Ort, verstanden werden, in dem alle Sprachregister Anwendung finden (= Schnittmenge). Dieses Modell kann zugrunde liegen, wenn die Anteile und die Verwendung von Sprachregistern im Unterricht thematisiert werden: „Was genau meinst du mit xy?" oder „Solche Ausdrücke haben hier im Unterricht nichts zu suchen. Die gehören in die Pause!"

In dieser vereinfachten Form erlauben die drei Modelle eine erste Verortung von Sprachbildungskonzepten. Sie können helfen, die eigenen Vorstellungen zu überdenken, ob und wie ich als Lehrkraft allen Schülerinnen und Schülern in meinem Unterricht einen Zugang zu Bildungssprache eröffnen kann. Die Frage an jedes Modell ist dann: Wo liegen die Möglichkeiten, die Schülerinnen und Schüler auf ihrem sprachlichen Lernweg von Alltagssprache zur Bildungssprache gezielt zu unterstützen? Dazu ist es hilfreich, in den drei Modellen nicht das Trennende zwischen den Registern zu sehen, sondern die Berührungsstellen, die Schnittflächen und die Verbindungen. Ein Gesamtkonzept, das eben solche Schnittstellen beim Aufbau bildungssprachlicher Fähigkeiten fokussiert, ist das Konzept der Durchgängigen Sprachbildung.

7.2 Durchgängige Sprachbildung

Das Konzept der Durchgängigen Sprachbildung wurde im Rahmen des Modellprogramms Förderung von Kindern und Jugendlichen mit Migrationshintergrund FörMig entwickelt (Gogolin et al. 2011a). Es geht in diesem Konzept um Sprachbildung in einem umfassenden Verständnis. Deswegen wird in diesem Konzept auch der Begriff „Sprachbildung" verwendet in Abgrenzung zu „Sprachförderung". Während eine Förderung in der Regel zu einem Zeitpunkt als abgeschlossen gilt, weil ein bestimmtes Ziel erreicht wurde, ist Bildung ein langfristiger Prozess. Sprach*bildung* ist nicht an Alters- oder Klassenstufen gebunden, nicht an Schulformen oder an einzelne Domänen, denn Sprachbildung findet überall statt: in der Familie, in der Schule, außerhalb der Schule, am Nachmittag und am Abend. Die Vermittlung des Registers Bildungssprache ist Aufgabe der Schule. So ergibt sich als Forderung bei der Umsetzung einer Sprachbildung, die allen Kindern und Jugendlichen einen Zugang zum Register Bildungssprache ermöglicht: Sie muss durchgängig sein, damit sie alle Lebens- und Sprachbereiche des Kindes und des Jugendlichen erfasst, wertschätzt und nutzt.

Im Modellprogramm FörMig wurden mehrere Dimensionen der Durchgängigkeit berücksichtigt, weiterentwickelt und inhaltlich gefüllt. Es handelt sich um die Dimensionen Bildungsbiographie, Themenbereiche und Mehrsprachigkeit (Gogolin et al. 2011a, S. 55–59; Lange und Gogolin 2010). Diese Dimensionen werden im Folgenden beschrieben und mit Beispielen zum Übergang von der konzeptionellen Mündlichkeit zur konzeptionellen Schriftlichkeit illustriert.

7.2.1 Erste Dimension: Bildungsbiographie

Die sprachliche Bildung von Kindern ist ein Kontinuum, das die einzelnen Kinder schneller oder langsamer, intensiver oder weniger intensiv durchlaufen. Wie sprachliche Bildung vonstatten geht, hängt ab vom Stand der kognitiven und sozialen Entwicklung und vom sozialen Hintergrund der Kinder sowie vom Verhältnis der im Elternhaus und in der Schule verwendeten Sprachen. Dieses Kontinuum wird durchschnitten von den institutionellen Grenzen der Bildungsstufen: vom Kindergarten geht es in die Grundschule, dann in die Sekundarstufe und schließlich in den Beruf oder die Hochschule. Die sprachlichen Anforderungen ändern sich von Bildungsstufe zu Bildungsstufe, werden ausgebaut und erweitert, wie sich am folgenden Beispiel des Morgenkreises illustrieren lässt.

Beispiel „Morgenkreis"
Als Morgenkreis wird im Allgemeinen eine ritualisierte (Erzähl)runde zum Tagesbeginn bezeichnet, die vielen Kindern bereits aus dem Kindergarten vertraut ist. Der Morgenkreis findet täglich oder am Wochenanfang statt und kann Elemente enthalten wie Überprüfung der anwesenden Kinder; Runden, in denen die Kinder von ihrem Wochenende erzählen; Verabredungen, die die ganze Gruppe betreffen;

Planungen für den Tag oder die Woche. Ein weiteres Element ist das Zeigen von persönlichen Gegenständen, zu denen das Kind erzählt (Zeigerunde).[1] Wie dieser Morgenkreis in der Grundschule als Hinführung zur Bildungssprache genutzt werden kann, zeigt folgendes Beispiel aus einer dritten Klasse, in der zwei Lehrerinnen im Team unterrichten.[2]

Die Kinder sitzen im Kreis auf Bänken vor der Tafel. Eine der beiden Lehrerinnen (L2) fragt, wer an diesem Tag das Morgenkreisamt hat. Ein Schüler, der im Folgenden Kendrick heißen soll, meldet sich und übernimmt von der Lehrerin das Klassenbuch und einen Ball. Hier einige Auszüge:

Der Morgenkreis dauert insgesamt zwölf Minuten, in der sich die Redebeiträge fast vollständig auf die Kinder verteilen. Die Beiträge der beiden Lehrerinnen zum Morgenkreis bestehen vor allem in Signalen des aktiven Zuhörens (Lachen, Nicken). Zweimal stellt eine Lehrerin eine Nachfrage zu der Erzählung eines Kindes. Dazu meldet sie sich und wartet, bis Kendrick ihr das Wort erteilt. Erst ganz am Ende des Morgenkreises greift eine der beiden Lehrerinnen ein, indem sie Kendrick darauf hinweist, dass noch ein Element des Morgenkreises fehlt (Auszug D).

Die Kommunikation im Morgenkreis enthält Merkmale einer „Sprache der Nähe": Die Kinder sitzen zusammen, sie können sich und die mitgebrachten Gegenstände ansehen. Gleichzeitig werden hier schultypische Diskurse, die normalerweise von Lehrkräften geführt werden, an die Schüler delegiert: Kendrick fragt ab, wie viele Kinder da sind und wer fehlt. Seine Mitschüler weisen ihn auf die übliche Abfolge der Feststellung zur Anwesenheit hin. Zuerst wird ausgerechnet, wie viele Kinder fehlen. Im Klassenbuch muss Kendrick sich dann mit der entsprechenden Tabelle auseinandersetzen und die Namen der fehlenden Kinder eintragen (Auszug A). Kendrick übernimmt im Folgenden das Aufrufen der Kinder, die Organisation der Redebeiträge und initiiert die Erzählrunden mit einer ersten Frage (Auszug B und C). Kendricks Aufgabe ist die der Moderation und Strukturierung der Beiträge und Gespräche. Die Rolle des Morgenkreisamtes wechselt, so dass alle Kinder diese sprachliche Aufgabe regelmäßig übernehmen müssen.

---

[1] Im nordamerikanischen und australischen Raum bezeichnet „*show and tell*" ein verbreitetes Unterrichtselement im Elementar- und Primarbereich, in dem die Schülerinnen und Schüler das Präsentieren vor Gruppen („*public speaking*") einüben können.

[2] Das Transkript stammt aus dem Projekt „Qualitätsmerkmale erfolgreicher Sprachbildung und Sprachförderung (QueSS)", vgl. Fürstenau/Lange (im Druck). Im Rahmen dieses Projektes wird Unterricht erfolgreicher Lehrerinnen und Lehrer gefilmt und daraufhin untersucht, wie diese Lehrkräfte Sprachbildung in ihrem alltäglichen Unterricht umsetzen. – Erläuterungen zum Transkript: L2 = Lehrerin; S? = Schüler/in der Aufnahme nicht zu sehen; Ss = mehrere Schüler(innen) sprechen gleichzeitig; [?] = Tonhöhe steigt am Satzende; () = vermuteter Wortlaut.

7 Von ‚Schülerisch' zu Bildungssprache

A	*Begrüßung durch Kendrick, der damit den Morgenkreis übernimmt. Alle Kinder und L antworten mit einem „Guten Morgen".* Kendrick: wer möchte anfangen zu zählen [?] *Kendrick nimmt einen Jungen dran, der sich meldet. Dieser beginnt mit „eins". Alle Kinder zählen durch.* Kendrick: äh welches Kind fehlt [?] S?: falsch Ss?: wie viele Kinder Kendrick: oh wie viele Kinder fehlen [?] *Nachdem die Kinder ausgerechnet haben, wie viele Kinder fehlen, trägt Kendrick die fehlenden Kinder ins Klassenbuch ein. Dabei muss er in ziemlich kleinen Spalten und Zeilen Namen und Datum finden. Mit dem Finger fährt er die Zeilen nach, um die fehlenden Kinder einzutragen. Die Kinder helfen ihm, indem sie ihm die Namen der fehlenden Kinder nennen.*
B	*Kendrick eröffnet die Erzählrunde:* Kendrick: ähm wer möchte anfangen zu erzählen [?] *Kendrick wirft einem Kind, das sich meldet, den Ball zu. Das Mädchen erzählt mit vielen Details von ihrem gestrigen Tag. Ein Schüler (S6) meldet sich am Ende des Beitrags:* S6: äh Frau Ulrich und Frau Reif [= *die beiden Lehrerinnen, IL*] ähm haben gesagt wir sollen immer nur eine wichtige Sache erzählen
C	*Nachdem mehrere Kinder von ihrem gestrigen Tag erzählt haben, eröffnet Kendrick in seiner Funktion als Morgenkreisleiter die Zeigerunde.* Kendrick: wer möchte mit der Zeigerunde anfangen [?] *Ein Schüler (S5) zeigt seine „Rollis" (Inlineskater). Daraufhin erzählt ein anderer Schüler (S6), dass er beim Rollschuhfahren hingefallen sei. S5 reagiert darauf:* S5: du musst Gleichgewicht auch halten S6: ja wie [?] S5: nichts Schweres an der Seite haben so also nichts hinten und vorne… wenn du hinten einen Rucksack ha – Rucksack hast dann musst du hier vorne auch ein haben damit ähm Gleichgewicht ist
D	*Die Zeigerunde ist beendet. Kendrick stellt fest:* Kendrick: ähm ich glaub ich bin fertig L2: du kannst noch erzählen was wir heute machen Kendrick: oh {*Kendrick dreht sich zur Tafel um*} heut beim Tagesplan werden wir nach der freien Lernzeit frühstücken und dann machen wir immer und dann werden wir Geschichtenwerkstatt (ansonsten) ist alles normal und nach der Pause machen wir Projektzeit das ist glaub ich wo wir an (unsere) Plakat arbeiten {*L2 lacht*} das war's (ansonsten) ist alles normal

Dass für die Beiträge im Morgenkreis in dieser Klasse bereits bildungssprachliche Ansprüche (Merkmale einer „Sprache der Distanz") gelten bzw. von den Kindern umgesetzt werden, zeigen die Auszüge B und C: In Auszug B erinnert ein

Schüler die Schülerin daran, dass sie sich auf *eine* wichtige Sache in ihrer Erzählung konzentrieren soll („wir sollen immer nur eine wichtige Sache erzählen"). In Auszug C erklärt ein Schüler auf die Nachfrage des Mitschülers, was unter dem abstrakten Begriff „Gleichgewicht" zu verstehen ist („wenn du hinten einen Rucksack hast musst du hier vorn auch ein haben damit Gleichgewicht ist").

Diese Auszüge aus dem Morgenkreis sind eine Momentaufnahme, in der sich bildungssprachliche Fähigkeiten von Schülerinnen und Schüler einer Klasse zeigen. Den Kindern sind bestimmte Ansprüche schulischer Diskurse vertraut, sie können diese selbständig umsetzen, erinnern sich ohne Eingreifen der Lehrerinnen gegenseitig daran und sind in der Lage, längere Redebeiträge monologisch zu gestalten. Diese Beobachtung ist besonders bedeutsam, da die Kinder dieser Klasse zu der Gruppe gehören, für die schulischer Erfolg eher unwahrscheinlich ist: Fast alle Kinder sprechen eine andere Erstsprache als Deutsch und alle Kinder kommen aus Familien mit einem niedrigen sozioökonomischen Hintergrund. Die Schülerinnen und Schüler wurden offensichtlich kontinuierlich auf ihrem bildungssprachlichen Lernweg durch ihre Lehrerinnen unterstützt.

Dass von Bildungsstufe zu Bildungsstufe immer wieder neue bildungssprachliche Anforderungen gestellt werden, zeigt auch ein Text, in dem sich eine Lehramtsstudentin rückblickend mit der Frage beschäftigt, ob und wie sich die sprachlichen Anforderungen in der Sekundarstufe für sie geändert haben (Lange und Lengyel 2008). Die Studentin beschreibt, wie eine Lehrerin sprachliche Ansprüche schon früh an ihre Schülerinnen und Schüler herangetragen und sie so beim Erwerb des bildungssprachlichen Registers unterstützt hat. Entsprechend sei sie als Schülerin auf die veränderten sprachlichen Anforderungen in den höheren Klassen vorbereitet gewesen:

> Ich erzähle ein Beispiel aus meinem Schulleben; wir hatten eine Mathelehrerin, die hatten wir geliebt und gehasst gleichzeitig, weil sie war sehr anspruchsvoll, was Sprache anging: Wenn wir uns kindisch, alltäglich, umgangssprachlich ausgedrückt hatten, hat sie nie unsere Fragen beantwortet und meinte: „Drück dich richtig aus!" Wenn es sich um Klausurgestaltung handelte, konnte man richtig schlechte Noten bekommen, nur weil man falsch die Aufgabe beschrieben und die Lösung formuliert hat, obwohl die Lösung in Zahlen stimmte. Das alles hat einen richtig wütend gemacht, aber sobald man sich bemüht hat, sich richtig und „gebildet" auszudrücken, bekam man nicht nur eine gute Note und Lob, sondern eigene Befriedigung: „Ich kann mich auch richtig bildungssprachlich ausdrücken!" Und in den höheren Klassen hatte man schon weniger Probleme beim Sich-„richtig"-Ausdrücken, weil wir es schon gelernt hatten. Dafür haben wir Schüler sie geliebt.

Den Nutzen und den Anspruch, sich „richtig auszudrücken", konnte die Studentin in ihrer Schulzeit erst später erkennen. Im Sinne einer Durchgängigen Sprachbildung ist es sinnvoll, diese Ansprüche dann explizit zu machen, wenn sie eingefordert und vorbereitet werden – und das Ziel, das Verfügen über Bildungssprache, zu verdeutlichen.

Zusammenfassend lässt sich zur ersten Dimension Bildungsbiographie festhalten: Schülerinnen und Schüler können darin unterstützt werden, Zugang zum Register Bildungssprache zu erhalten, wenn Lehrkräfte die sprachlichen Anforderungen, die mit der jeweiligen (Schul)Stufe verbunden sind, explizit vermitteln. Sie schaffen für ihre Schülerinnen und Schüler immer wieder Gelegenheiten, sich in schultypischen und bildungssprachlich relevanten Diskursen mündlich und schriftlich einzufinden und diese einzuüben. Berücksichtigt werden muss, dass Entwicklungsprozesse der sprachlichen Bildung individuell verlaufen und nicht immer entsprechend der institutionellen bildungsbiografischen Übergänge. Die Gestaltung der sprachlichen Bildung ist eine bewusst zu bearbeitende professionelle Aufgabe aller Lehrkräfte.

7.2.2 Zweite Dimension: Themenbereiche

Bildungssprache spielt auf allen Stufen in den Einrichtungen des Bildungssystems eine Rolle. Sie vermittelt zwischen Fachsprache und Alltagssprache – und zwar in beide Richtungen (vgl. Abb. 1b Kreislauf): Sie führt hin zur Erfassung der jeweiligen fachlichen Inhalte. Sie ermöglicht die persönliche Aneignung der fachlichen Inhalte und sie dient der erwarteten öffentlichen Präsentation dieser Inhalte in Referaten und Vorträgen, in Prüfungen und Tests, im Gespräch und in Texten. Diese fachlichen Inhalte sind je nach Altersstufe und Institution unterschiedlich thematisch gebündelt: Es gibt ‚Bildungsbereiche' im Kindergarten, Themen des ‚Sachunterrichts' in der Grundschule und in den weiterführenden Schulen ‚Unterrichtsfächer'. Und schließlich gibt es ‚Fachrichtungen' in der beruflichen Bildung und ‚Studienfächer' an der Hochschule. Es gibt fachspezifische Textsorten und Stilnormen, Fachbegriffe und Besonderheiten im Satzbau. Allen Themen gemeinsam ist: Sprachliches und fachliches Lernen sind eng miteinander verzahnt. Der thematische Kontext verlangt einen speziellen Sprachgebrauch und der spezielle Sprachgebrauch formt den Kontext.

Wie eng Sprache und fachliches Lernen zusammenhängen, zeigt Tanja Tajmel in einem Gedankenexperiment. Hierbei soll man sich in die Rolle einer Schülerin oder eines Schülers versetzen, die ihre Beobachtungen bei der Vorführung eines Demonstrationsexperimentes im Physikunterricht so detailliert wie möglich mitteilen sollen – jedoch nicht in ihrer besten, sondern in der zweitbesten Sprache. Tanja Tajmel führt das Gedankenexperiment mit folgenden Überlegungen fort: „Wären Sie in einer Prüfungssituation und könnten die Sprache wählen, dann würden Sie vermutlich Ihre beste Sprache wählen [...]. Hätten Sie diese Wahlmöglichkeit nicht, würden Sie vermutlich dankbar für kleine Hilfestellungen, z. B. in Form von Vokabeln sein. Ihre Aufmerksamkeit könnte dann in viel stärkerem Ausmaß der Beobachtung gelten und würde nicht vordergründig davon beansprucht, die richtigen Worte zu finden. [...] Der Rückschluss, dass all jene, die sich schneller melden, auch schneller den Inhalt begriffen hätten, und daher besser in Physik seien, würde Ihnen ungerecht und unrichtig erscheinen. Denn Sie müssten in einer Fremdsprache antworten und hätten daher schlechtere Ausgangsbedingungen." (Tajmel 2009, S. 143).

Dieses Gedankenexperiment lässt sich nicht nur auf Situationen beziehen, in denen es darum geht, in der Zweitsprache zu formulieren, sondern auch auf Situationen, in denen ein anderes Sprachregister als ‚Schülerisch' gefordert wird. Sprache und Sprachbildung sind Teil allen Unterrichts, quer durch die Fächer und Lernbereiche – das ist ein Merkmal einer Durchgängigen Sprachbildung in dieser Dimension. Die Umsetzung bedeutet für Lehrkräfte, Sprache sowohl auf der Mikro- als auch auf der Makroebene von Unterricht zu berücksichtigen (zur Mikroebene der Unterrichtsinteraktion vgl. den Beitrag von Drorit Lengyel in diesem Band).

Die Australierin Pauline Gibbons beschäftigt sich seit langem mit der Frage, wie sprachliches und inhaltliches Lernen im Unterricht verbunden und unterstützt werden kann. Sie hat einen Planungsrahmen für den Unterricht entwickelt (= Makroebene). Gibbons formuliert als Leitfragen für die Planung (deutsche Adaption des Planungsrahmens bei Tajmel 2009, S. 150):

Welches *Thema* wird behandelt?
Welche *Aktivitäten* sollen die Schülerinnen und Schüler zeigen?
Welche *Sprachfunktionen* erfordern diese Aktivitäten?
Welche *Sprachstrukturen* sind dafür notwendig?
Welches *Vokabular* wird für den gewählten Themenbereich benötigt?

Dieser Planungsrahmen kann auch genutzt werden, um Unterricht zu beschreiben und den Blick auf das *Wie* der Umsetzung zu richten. Anhand der Leitfragen wird hier der Biologieunterricht in einer sechsten Klasse vorgestellt[3]. Das Beispiel zeigt, wie im Fachunterricht sprachliches Lernen in der Stundenanlage integriert wird.

Es handelt sich um die Einführungsstunde in das Thema Verhaltensbiologie (= *Thema*). Die Schülerinnen und Schüler sehen einen kurzen Videoausschnitt, in dem ein Schimpanse gezeigt wird. Sie sollen das Verhalten des Schimpansen beobachten. Mit Hilfe einer schriftlichen Beispielbeschreibung zu eben diesem Filmausschnitt

---

[3] Das Transkript stammt aus dem Projekt „Qualitätsmerkmale erfolgreicher Sprachbildung und Sprachförderung (QueSS)", vgl. Fürstenau/Lange (im Druck).

sollen sich die Kinder Regeln für eine „gelungene" Beschreibung erarbeiten (= *Aktivität*). Um zu diesen Regeln zu kommen, müssen die Schülerinnen und Schüler Notizen machen, eine Beispielbeschreibung bewerten, ihre Einschätzungen vergleichen und begründen, Vorschläge zu Regeln für eine gelungene Beschreibung formulieren, und auch diese wiederum diskutieren, begründen und aushandeln (= *für Aktivität erforderliche Sprachfunktionen*). Notwendige *Sprachstrukturen* für diese vielfältigen Sprachfunktionen sind u. a. bei der Formulierung der Regeln instruktive Hauptsätze sowie Begründungssätze, anhand derer die Regeln im Plenum diskutiert werden, z. B. ob die Beschreibung des Aussehens auch zu einer Verhaltensbeschreibung gehört oder warum Vermutungen nichts in einer sachlichen Beschreibung zu suchen haben. Auch das dazu erforderliche *Vokabular* ist vielfältig, z. B. werden die Begriffe „Gestik" und „Mimik" häufig gebraucht und es geht um Fragen, wie die, ob „Respekt" eine Verhaltensweise ist.

Anhand des im Unterricht eingesetzten Arbeitsblattes lässt sich zeigen, wie die Schülerinnen und Schüler von einer „schülerischen" Beschreibung zu einer eigenen „gelungenen", d. h. bildungssprachlich angemessenen Beschreibung geführt werden:

Die Schülerinnen und Schüler haben den Filmausschnitt mit dem Schimpansen mehrmals gesehen und ihre Beobachtungen auf kleinen Zetteln notiert. Nun bekommen sie das Arbeitsblatt. Oben steht eine *Definition* von „Verhalten". Ein Schüler liest die Definition laut vor. Den Schülerinnen und Schülern unklare und unbekannte Begriffe werden im Klassengespräch geklärt. Auf dem Arbeitsblatt folgt ein kurzer *Beispieltext* zu der Filmsequenz mit dem Schimpansen. Die Schülerinnen und Schüler sollen sich die Beispielbeschreibung durchlesen. Der Lehrer weist darauf hin, dass dies ein „echtes" Beispiel eines Schülers aus einem früheren Unterricht sei. Die Schülerinnen und Schüler sollen in Einzelarbeit Abschnitte kennzeichnen, die sie für gelungen halten und Abschnitte, die sie nicht für gelungen halten.

Im Anschluss tauschen sie ihre Ergebnisse in Partnerarbeit aus und formulieren gemeinsam *Vorschläge für Regeln* zu einer gelungenen Beschreibung. Diese auf ‚Schülerisch' formulierten Regeln werden nun als „Regelvorschläge" von der ganzen Klasse an der Tafel zusammengetragen. Der Lehrer nutzt die *Darstellungsform eines Clusters* mit dem Clusterkern „gelungene Beschreibung" und weist darauf hin, dass jetzt alles gesagt werden dürfe, denn das Gute an Vorschlägen sei, dass es kein richtig und falsch gebe. Diese Regelvorschläge werden im Anschluss diskutiert, z. B. ob die Beschreibung des Aussehens in eine Verhaltensbeschreibung gehört oder nicht und priorisiert. Strittige Vorschläge werden vom Lehrer an der Tafel eingeklammert, inhaltliche Verbindungen gekennzeichnet, Ergänzungen stichwortartig eingefügt.

Der Lehrer erklärt die Hausaufgabe. Die Schülerinnen und Schüler sollen auf Grundlage des Tafelbildes die gemeinsam vereinbarten Regeln ausformulieren. Der

Lehrer weist darauf hin, dass die Regeln (er nennt sie „unsere Regeln") in ganzen Sätzen formuliert werden sollen und folgendermaßen beginnen: „man muss", „du musst" oder „man soll".

Mit diesem Sprachmaterial und Sprachgerüst können die Schülerinnen und Schüler nun am Stundenende arbeiten: Sie haben die Sprachstruktur zur Formulierung von Regeln. Und sie haben die notwendigen Begriffe für den Inhalt (Stichworte Tafelbild). Sie müssen sich keine Gedanken mehr zum Richtig oder Falsch der Inhalte machen.

Die zweite Seite des Arbeitsblattes zeigt, wie es weitergeht und dass Sprache und Inhalte weiter verzahnt werden. Die nächste Aufgabe lautet: „Beschreibe nun selbst das Verhalten des Schimpansen in der Filmszene, die du mehrfach gesehen hast. Nutze deine Notizen und beachte die [eben] formulierten Regeln!" Und auch die Überschrift für die Rückmeldungen findet sich hier: „Was mir an dieser Beschreibung gefällt bzw. was du besser machen könntest".

Wie unterstützt der Lehrer seine Schülerinnen und Schüler dabei, von ‚Schülerisch' zum Register Bildungssprache zu kommen? Pauline Gibbons (2006) skizziert ein zentrales Organisationsprinzip eines Unterrichts, in dem Unterrichtsaktivitäten hinsichtlich der Sprache in eine Abfolge gebracht werden können. Gibbons bezeichnet die Abfolge von gesprochener zu geschriebener Sprache mit dem Begriff „*mode continuum*". Die Lehrkraft führt die Schülerinnen und Schüler von stark kontextabhängigen Aktivitäten hin zu kaum kontextabhängigen Aktivitäten. Diese Abfolge zeigt sich in der Biologiestunde folgendermaßen:

1. Phase: Kontextgebundene Sprache, eher alltägliche Sprache, Sprache der Nähe. Die Schüler setzen sich mit einem Beispieltext eines Schülers auseinander. Die Schülerinnen und Schüler sollen zunächst nur ihre eigenen Einschätzungen zu Hilfe nehmen, um eine erste Bewertung des Textes durchzuführen und auf dieser Grundlage im Team Regeln formulieren.
2. Phase: Die sprachlichen Ressourcen und Ergebnisse der Kinder werden schrittweise durch Unterstützung des Lehrers auf den fachspezifischen Diskurs hin erweitert.

Mit dem Formulieren der Regeln geht es nun nicht mehr allein um das Filmbeispiel des Schimpansen, sondern um die Formulierung von Regeln gelungener Verhaltensbeschreibung allgemein. Der Lehrer ist Zuhörer, notiert die Vorschläge an der Tafel und erkennt so die Sachkenntnis der Kinder bei ihren Regelvorschlägen an. Er wertet nicht nach „richtig" oder „falsch", sondern stellt Nachfragen und unterstützt das Zustandekommen von gemeinsam ausgehandelten Regeln für eine gelungene Beschreibung.

3. Phase: Verfassen eigener Texte.
Die Schülerinnen und Schüler verwenden das erarbeitete Material, um angemessene Regeln zu formulieren.
Im nächsten Schritt (Verfassen einer Verhaltensbeschreibung) sind eben diese Regeln wiederum Grundlage für einen fachlich und sprachlich angemessenen eigenen Text. Wenn der Lehrer oder die Schülerinnen und Schüler untereinander Rückmeldungen zu diesen Beschreibungen geben, können sie auf das gemeinsam erarbeitete Wissen zurückgreifen, in dem Sprache und Inhalt verbunden sind.

Ich fasse die zweite Dimension Durchgängiger Sprachbildung ‚Themenbereiche' zusammen: Schülerinnen und Schüler können darin unterstützt werden, Zugang zum Register Bildungssprache zu erhalten, wenn die sprachlichen Anforderungen, die mit den einzelnen Fächern oder Fächergruppen einhergehen, explizit vermittelt werden. Sprachliches und fachliches Lernen muss miteinander verbunden werden – gerade und auch, wenn Bildungssprache für die Schülerinnen und Schüler Zweitsprache ist. Dazu ist eine bewusste Arbeit mit den sprachlichen Dimensionen jeden Unterrichts erforderlich. In diesem Sinne ist die Vermittlung von Bildungssprache eine fächerübergreifende Aufgabe aller Lehrkräfte und erfordert den Einsatz von spezifischen methodischen und didaktischen Instrumenten in der Unterrichtsplanung und -gestaltung (Gogolin et al. 2011b).

7.2.3 Dritte Dimension: Mehrsprachigkeit

Die dritte Dimension im Konzept einer Durchgängigen Sprachbildung ist Mehrsprachigkeit: „Auch Sprecher und Sprecherinnen, die grundsätzlich einsprachig sozialisiert sind, begegnen der Vielsprachigkeit in ihrer Lebenswelt. Auch sie kommen nicht umhin, Einstellungen zu anderen Sprachen und Gewohnheiten des Umgangs damit zu entwickeln" (Gogolin et al. 2011a, S. 36). Dies trifft auch auf die Arbeitswelt einsprachiger Lehrerinnen und Lehrer zu. Im Unterrichtsalltag ist eine Form des Umgangs mit Vielsprachigkeit die Berücksichtigung der Tatsache, dass viele Kinder und Jugendliche Deutsch als Zweitsprache erworben haben. Die Lehrerin einer FörMig-Schule beschreibt ihren Einstieg im Umgang mit Deutsch als Zweitsprache (DaZ) so:

> Sprachförderung hat für mich angefangen im Referendariat mit der ersten Stunde an dieser Schule. Das erste, was ich hier gehört habe war: ‚Du musst an DaZ denken. In allen Fächern.' Und da habe ich so gedacht: ‚DaZ. Okay.' Da habe ich meine Mentorin gefragt, was denn eigentlich DaZ ist. Und sie sagte: ‚Deutsch als Zweitsprache.' Und

dann hat sie gesagt, ich könnte einfach damit anfangen, wirklich immer die Artikel dazu zu benutzen. Und darauf hab ich dann erstmal vermehrt geachtet, dass ich auch wirklich Artikel benutze. Dann hab ich mir auch ganz viele Physikstunden hier angeguckt, viel hospitiert und habe gesehen, dass da ganz viel Sprachförderung gemacht wird. Dass da immer drauf geachtet wird, dass der Satz richtig gesprochen wird. Zwar nicht zu viel, weil dann die Schüler ja auch die Lust verlieren, aber schon, dass darauf geachtet wird, dass die Sätze in der richtigen Struktur gesprochen werden. Also, so fing Sprachförderung bei mir an, dass ich mir überlegt habe: ‚Wie drücke ich mich eigentlich richtig aus in einem Fach?' (Hawighorst 2009, S. 24)

Die Lehrerin verbindet den Beginn ihrer Sprachförderung mit der bewussten Wahrnehmung ihrer eigenen Verwendung von Sprache im Fach: „Wie drücke ich mich eigentlich richtig aus in einem Fach?" Es geht ihr nicht nur um die Verwendung der Artikel, sondern auch um die Struktur der Sprache. Im weiteren Verlauf beschreibt sie, wie sie Textmaterial so gestaltet, dass ihre Schülerinnen und Schüler einen sprachlich-inhaltlichen Zugang finden. In ihrer jetzigen Klasse habe sie bei der Übernahme von Anfang an darauf geachtet, Begriffe und Vokabeln ständig zu klären. Sie nimmt dann noch einmal Bezug auf den Hinweis „Du musst immer in DaZ denken" und resümiert: „Und das hört halt nie auf. Es ist nichts, was irgendwann abgeschlossen ist" (Hawighorst 2009, S. 25).

Es geht in dieser Dimension Mehrsprachigkeit darum, mit der Vielsprachigkeit der Schülerinnen und Schüler im Unterricht konstruktiv umzugehen. Es geht darum, traditionelle Unterscheidungen wie z. B. „Zweitsprache", „Fremdsprachen", „Herkunftssprachen", „Muttersprache" in eine Mehrsprachendidaktik zu überführen. Die traditionelle Einsprachigkeit des Unterrichts kann und sollte durchbrochen werden. Im Alltag ist diese Dimension – im Gegensatz zu den beiden anderen Dimensionen Durchgängiger Sprachbildung – offenbar am schwierigsten zu realisieren. Noch beschränken sich Beispiele für eine Mehrsprachendidaktik auf besondere Bedingungen, wie z. B. dem bilingualen Sachfachunterricht oder auf Fachlehrkräfte mit einer DaZ-Ausbildung sowie Lehrkräfte, die selber mehrsprachig sind oder einen Migrationshintergrund haben (vgl. dazu den Beitrag von Katrin Späte in diesem Band).

Bei allen Überlegungen, wie sich die Dimension der Mehrsprachigkeit für die Sprachbildung nutzen lässt, muss folgendes berücksichtigt werden: Die Tatsache, dass eine Schülerin oder ein Schüler eine oder weitere Sprachen neben Deutsch spricht, garantiert nicht, dass im Rahmen von Unterricht beliebig auf die Herkunftssprache zurückgegriffen werden kann. Dazu sind der Gebrauch von Herkunftssprachen und der soziale Hintergrund in den Familien zu heterogen. Von Schülerinnen und Schülern, die nicht die Möglichkeit hatten, ein bildungssprachliches Register in ihrer Herkunftssprache auszubauen, kann z. B. nicht erwartet werden, schriftsprachliche Texte in ihrer Herkunftssprache zu verfassen oder Fachvokabeln zu übersetzen.

Für die Berücksichtigung von Mehrsprachigkeit beim Erwerb bildungssprachlicher Kompetenzen finden sich in den Schulen des Modellprogramms FörMig und im Projekt QueSS folgende Ansätze:

- *Schulbibliotheken*, die Bücher und Lexika in den Herkunftssprachen der Schülerinnen und Schüler anbieten.
- Es gibt – vor allem für Seiteneinsteiger, also Kinder und Jugendliche, die im Herkunftsland die Schule besucht haben – *mehrsprachige Fachglossare*, die die Schüler selber führen.
- Weitere Beispiele zeigen vor allem im Vorschul- und Primarbereich, dass über eine Zusammenarbeit mit den Eltern Mehrsprachigkeit einen Platz im Unterricht finden kann: FLY bedeutet „*Family Literacy*" (vgl. z. B. Elfert und Rabkin 2009). Es geht darum, Schriftsprachkompetenz (und damit auch das Register Bildungssprache) generationenübergreifend in den Familien zu stärken und Lesen und Schreiben in der Familie mit der Sprachbildung in Kita und Schule zu verbinden: Eltern von Vorschulkindern und Erstklasskindern kommen regelmäßig für zwei Schulstunden in die (Vor)Schule und bearbeiten gemeinsam ein Thema. In diesem Zuge sind im Hamburger Projekt mehrsprachige Bücher in 22 Sprachen entstanden: Eltern schreiben zu Familienfotos kurze Texte. Diese Texte werden in alle Sprachen übersetzt, die in der Familie gesprochen werden (Rabkin o.J.).
- *Mehrsprachige Bilderbuchkinos*, in denen Eltern gemeinsam mit Erzieherinnen und Lehrkräften den Kindern ein Bilderbuch in mehreren Sprachen vorlesen.

Eine Zusammenarbeit mit so genannten außerschulischen Partnern kann ebenfalls gewinnbringend sein, wenn es darum geht, sprachliches Selbstbewusstsein zu stärken und das alltägliche Sprachregister zu erweitern. Eine FörMig-Schule in Berlin hat z. B. mit einem freien Träger kooperiert, der Jugendliche der 9. und 10. Klasse zu Stadtteilführern qualifiziert (Gogolin et al. 2011a, S. 222). Wenn diese Stadtteilführer auswärtige Schülergruppen durch ihren Stadtteil führen, haben sie ein breites und vielfältiges Repertoire an bildungssprachlichen Fähigkeiten und Fertigkeiten erworben: Sie haben in Teams im Stadtteil mit Menschen gesprochen, Informationen eingeholt und ausgewertet, sich über relevante Inhalte geeinigt, diese zusammengefasst, für die Führung aufbereitet und müssen diese Informationen schließlich ausdrucksstark und verständlich präsentieren.

Ich fasse die dritte Dimension Mehrsprachigkeit zusammen: Schülerinnen und Schüler können darin unterstützt werden, Zugang zum Register Bildungssprache zu erhalten, wenn die Sicht auf Sprachbildung über die Schule hinaus geweitet wird und nicht nur auf die Zielsprache Deutsch beschränkt bleibt. Es geht um eine Stärkung des sprachlichen Selbstbewusstseins, um einen wertschätzenden Umgang mit lebensweltlicher und alltäglicher Mehrsprachigkeit, um die Ausweitung und Differenzierung des alltäglichen Sprachregisters und um das Bewusstwerden, wann welches Register erwartet wird. Dazu ist eine Zusammenarbeit von Schule und Lehrkräften mit Menschen und Einrichtungen außerhalb der Schule notwendig. In diesem Sinne ist die Vermittlung von Bildungssprache eine gesellschaftliche Aufgabe.

7.3 Zusammenfassung

Bildungssprache bezeichnet eine spezifische Art, Sprache zu verwenden. Die Befähigung, Bildungssprache verstehen und verwenden zu können, ist entscheidend für schulischen Erfolg. Mit diesem Fokus sollten Lehrkräfte Bedeutung und Merkmale des Sprachregisters Bildungssprache kennen, mögliche Modelle zum Zusammenhang von Alltags-, Bildungs- und Fachsprache reflektieren und ihr Handeln im Unterricht auf den Erwerb und Ausbau von Bildungssprache hin orientieren. Das Konzept der Durchgängige Sprachbildung eröffnet unabhängig von der sozialen oder sprachlichen Herkunft allen Kindern und Jugendlichen einen Zugang zum Register Bildungssprache. Durchgängige Sprachbildung lässt sich dabei in drei Dimensionen erfassen: Bildungsbiografie, Themenbereiche und Mehrsprachigkeit. Diese Dimensionen sollten entsprechend auch fester Bestandteil der Lehrerausbildung sein. Ebenso gilt es, die bereits im Beruf tätigen Lehrkräfte für die Anforderungen bildungssprachlichen Lehrens und Lernens in sprachlich-kulturell heterogenen Kontexten weiter zu sensibilisieren und zu qualifizieren und dabei auf vorhandene Erfahrungen und gute Praxis aufzubauen (vgl. Gogolin et al. 2011a, 2011b).

Lehrkräfte, die ihren Unterricht mit dem Konzept der Durchgängigen Sprachbildung gestalten, setzen bildungssprachliche Fähigkeiten bei Kindern und Jugendlichen nicht voraus. Sie machen die sprachlichen Anforderungen der Schule explizit und üben diese mit den Schülerinnen und Schülern ein – in jeder Schulstufe, in jedem Fach. Sie berücksichtigen dabei die Bedingungen von Mehrsprachigkeit und nutzen die Kooperation mit Eltern und außerschulischen Einrichtungen. Die Lehrkräfte unterstützen ihre Schülerinnen und Schüler bewusst bei den Übergängen von einer Sprache der Nähe (konzeptionelle Mündlichkeit) zu einer Sprache der Distanz (konzeptionelle Schriftlichkeit) – damit aus ‚Schülerisch' an den richtigen Stellen und zu den angemessenen Zeiten Bildungssprache wird.

Literatur

Dehn, M. (2011). Elementare Schriftkultur und Bildungssprache. In S. Fürstenau, M. Gomolla (Hrsg.) *Migration und schulischer Wandel: Mehrsprachigkeit*. (S. 129–151). Wiesbaden.

Eckhardt, A.G. (2008). *Sprache als Barriere für den schulischen Erfolg. Potentielle Schwierigkeiten beim Erwerb schulbezogener Sprache für Kinder mit Migrationshintergrund*. Münster und New York.

Elfert, M., Rabkin, G. (2009). Family Literacy. In S. Fürstenau, M. Gomolla (Hrsg.) *Migration und schulischer Wandel: Elternbeteiligung*. (S. 107–120). Wiesbaden.

Fürstenau, S., Lange, I. Bildungssprachförderliches Lehrerhandeln. Eine videobasierte Unterrichtsstudie. In I. Gogolin, I. Lange, U. Michel, H.H. Reich (Hrsg.) *Herausforderung Bildungssprache*. Münster und New York. Im Druck

Gibbons, P. (2006). Unterrichtsgespräche und das Erlernen neuer Register in der Zweitsprache. In P. Mecheril, T. Quehl (Hrsg.) *Die Macht der Sprachen. Englische Perspektiven auf die mehrsprachige Schule*. Münster.

Gogolin, I., Lange, I. (2011). Bildungssprache und Durchgängige Sprachbildung. In S. Fürstenau, M. Gomolla (Hrsg.) *Migration und schulischer Wandel: Mehrsprachigkeit*. (S. 107–127). Wiesbaden.

Gogolin, I., Dirim, I., Klinger, T., Lange, I., Lengyel, D., Michel, U., Neumann, U., Reich, H.H., Roth, H.J., Schwippert, K. (2011a). *Förderung von Kindern und Jugendlichen mit Migrationshintergrund FörMig. Bilanz und Perspektiven eines Modellprogramms*. FörMig Edition, Bd. 7 New York.

Gogolin, I., Lange, I., Hawighorst, B., Bainski, C., Rutten, S., Saalmann, W., FörMig-AG Durchgängige Sprachbildung (2011b). *Durchgängige Sprachbildung. Qualitätsmerkmale für den Unterricht*. Münster und New York.

Grießbach, D. (2008). Interviews mit Lehrkräften der Modellschulen der FörMig-AG Durchgängige Sprachbildung. Teilweise unveröffentlichtes Filmmaterial.

Hawighorst, B. (2009). *Durchgängige Sprachbildung an der Gesamtschule Kirchdorf. Ein Portrait*. http://www.blk-foermig.uni-hamburg.de/web/de/all/modell/GSK/index.html. Zugegriffen: 01.11.2011.

Koch, P., Oesterreicher, W. (1985). Sprache der Nähe – Sprache der Distanz. Mündlichkeit und Schriftlichkeit im Spannungsfeld von Sprachtheorie und Sprachgeschichte. *Romanistisches Jahrbuch, 36*, 15–43.

Lange, I., Gogolin, I. (2010). *Durchgängige Sprachbildung. Eine Handreichung. Unter Mitarbeit von Dorothea Grießbach*. Münster und New York.

Lange, I., Lengyel, D. (2008). Ergebnisse und Texte Studierender im Rahmen des Seminars „Bildungssprache in der Sekundarstufe: Analyse, Förderung und (Selbst)reflexion". Unveröffentlichtes Material. Universität Hamburg. Wintersemester 2007/2008.

Rabkin, G. (o.J.). *15 multilinguale Minibücher: Diagui, Kaan, Maunel, Maya, Petar, Nayra und Ibrahim, Jessica, Ye Yao, Tenzin, Mika, Rafail, Govindan, Sawsan, Maxim, Muhammed Emin und ein Begleitheft „Eltern schreiben Geschichten zu Familienfotos"*. Hamburg.

SeTT und die Wirbelstrombremse (2007). Anfrage in physikerboard.de vom 2.12.2007. In: physikerboard.de. Physik online verstehen. Click for knowledge GmbH (Hrsg.). www.physikerboard.de/topic,10146,-wirbelstrombremse.html. Zugegriffen: 01.11.2011.

Tajmel, T. (2009). Ein Beispiel: Physikunterricht. In S. Fürstenau, M. Gomolla (Hrsg.) *Migration und schulischer Wandel: Unterricht*. (S. 139–155). Wiesbaden.

8 Unterrichtsinteraktion in sprachlich heterogenen Klassen

Drorit Lengyel

Sprachförderung und sprachliche Bildung in der Schule sind zentrale Themen des öffentlichen und fachwissenschaftlichen Diskurses im Kontext von Migration und Bildung. Fragen der Gestaltung von Lehrer-Schüler-Interaktion in sprachlich heterogenen Gruppen und damit verbundene Möglichkeiten des sprachlichen und fachlichen Lernens wird in linguistischer, sprachpädagogischer und erziehungswissenschaftlicher Forschung vor allem im angelsächsischen Raum nachgegangen (vgl. Mercer 1995; Gibbons 2002). Der vorliegende Beitrag widmet sich eben dieser Mikroebene von Unterricht – der sprachlichen Interaktion und der Wissenskonstruktion im Unterricht. Zu Beginn führe ich in die übergeordnete Thematik der sprachlichen Bildung ein, so wie sie im Modellprogramm „Förderung von Kindern und Jugendlichen mit Migrationshintergrund" FörMig (Laufzeit 2004–2009) entwickelt wurde. In Abschn. 8.2 stelle ich unterschiedliche Formen der Interaktion im Klassenzimmer und einige Untersuchungsergebnisse hierzu vor. Im Anschluss daran erfolgt die analytische Rekonstruktion der Interaktion anhand dreier Unterrichtsauszüge. Dabei gehe ich auch der Frage nach, welche Interaktionsformen in Gruppen, die sich durch unterschiedliche sprachliche Vorerfahrungen, Kenntnisse und Hintergründe auszeichnen, für den Aufbau fachlichen und sprachlichen Wissens förderlich erscheinen.

8.1 Sprachliche Bildung

Die Rolle der Sprache der Schule erhält seit den Ergebnissen internationaler Vergleichsstudien wie PISA und IGLU eine hohe Aufmerksamkeit in der erziehungswissenschaftlichen Forschung und der pädagogischen Praxis. Im Modellprogramm

---

Drorit Lengyel ✉
Universität Hamburg, Hamburg, Deutschland

FörMig ist die besondere Sprache der Schule, die als Werkzeug des Lernens von abstrakten und komplexen Inhalten erforderlich ist, ausführlich diskutiert, theoretisch genauer bestimmt (vgl. Gogolin und Lange 2011; Lengyel 2010) und als „Bildungssprache" bezeichnet worden (vgl. Lange in diesem Band). In Anlehnung an Habermas (1977) wird sie als dasjenige sprachliche Register aufgefasst, mit dessen Hilfe man sich mit den Mitteln der Schulbildung ein Orientierungswissen verschaffen kann: „Bildungssprache' ist eine Art Sprache zu verwenden, die durch die Ziele und Traditionen der Bildungseinrichtungen geprägt ist. Sie dient der Vermittlung fachlicher Kenntnisse und Fähigkeiten und zugleich der Einübung anerkannter Formen der beruflichen und staatsbürgerlichen Kommunikation" (Reich 2008). In ihrer sprachlichen Dimension nähert sich Bildungssprache an die Sprache der Distanz an, in Anlehnung an Koch und Oesterreicher (1985) sind ihre Merkmale demzufolge: Öffentlichkeit, Fremdheit, Situations- und Handlungsentbindung, physische Distanz, Monologizität und Reflektiertheit. Bildungssprache ist nicht gleichbedeutend mit Fachsprache und ermöglicht Teilhabe an der Gesellschaft. In Zeiten, in denen sprachliche Heterogenität Grundvoraussetzung des pädagogischen und didaktischen Handelns in Institutionen ist, geht es verstärkt darum, den Handlungsspielraum, den Bildungseinrichtungen haben, zu nutzen, um Bildungssprache aufzubauen und die Abhängigkeit des Schulerfolgs von Zufällen der Herkunft zu verringern (vgl. zsf. Gogolin et al. 2003).

Im Rahmen des Modellprogramms FörMig wurde das Konzept der „Durchgängigen Sprachbildung" entwickelt. Übergeordnetes Ziel ist es, die bisherige Tradition der impliziten Vermittlung von Bildungssprache zu durchbrechen und den kumulativen Aufbau bildungssprachlicher Fähigkeiten in der Schule zu befördern. Insbesondere durch Vernetzung der Aktivitäten und Kooperation der an sprachlicher Bildung beteiligten Akteure soll dies erreicht werden. Im Unterricht sollen beispielsweise Verbindungen zwischen den Lernbereichen (der Grundschule) bzw. den Fächern (der Sekundarstufe) hergestellt werden, denn das bildungssprachliche Lernen ist keine bloße Sprachlernaufgabe, sondern an Gelegenheiten des fachlichen Lernens gebunden. Dies bedeutet die Vermittlung bildungssprachlicher Fähigkeiten mit den individuellen (sprachlichen) Lernvoraussetzungen und den curricularen Lernanforderungen abzustimmen und Sprache dann zum Gegenstand der Förderung zu machen, wenn sie im Bildungsprozess gefordert wird (vgl. Lange und Gogolin 2010). Um dies zu erreichen, wurden im Programm mehrere Qualitätsmerkmale entwickelt, die Ansprüche an fächerübergreifendes und kooperatives Handeln von Lehrkräften darstellen, um das Ziel „Sprachliche Bildung in jedem Unterricht" zu erreichen (vgl. Gogolin et al. 2010). Für die Lehrer-Schüler-Interaktion im Unterricht sind zwei Qualitätsmerkmale relevant:

- Die Lehrkräfte stellen allgemein- und bildungssprachliche Mittel bereit und modellieren diese.
- Die Schülerinnen und Schüler erhalten viele Gelegenheiten, allgemein- und bildungssprachliche Fähigkeiten zu erwerben, aktiv einzusetzen und zu entwickeln.

Beide rücken die Gestaltung der Interaktion im Klassenzimmer und die Akzentuierung der konzeptionellen Mündlichkeit als Übergang zur Schriftlichkeit in den Blickpunkt. Gleichzeitig wird die Bedeutung der Lehrkraft nicht nur beim (kognitiven) Wissenserwerb der Schülerinnen und Schüler betont, sondern auch bei der Aneignung und Beherrschung von Bildungssprache.

8.2 Interaktion im Klassenraum

Interaktion ist ein Oberbegriff, der sich auf menschliches Handeln bezieht und es nicht isoliert, sondern immer als ein Miteinander-Handeln betrachtet. Der Begriff kann sozialwissenschaftlich, psychologisch und auch linguistisch abgeleitet werden. Für den vorliegenden Beitrag ist die psychologisch-linguistische Ableitung bedeutsam, wobei sozialwissenschaftliche Aspekte einfließen. Interaktion wird von Kommunikation vor allem dadurch abgegrenzt, dass letztere das sprachliche Handeln im engeren Sinne meint. Für die Analyse von Unterricht erscheint die Verwendung des Begriffs Interaktion aufgrund seiner Breite angemessen. Denn Unterricht ist ein komplexes Geschehen und es erfordert einen mehrperspektivischen Zugriff, um pädagogische Prozesse und unterrichtliche Wirkungszusammenhänge erforschen und reflektieren zu können. So können neben dem sprachlichen Handeln der Lehrkraft und der Schülerinnen und Schüler auch die sozialen und institutionellen Kontextbedingungen und Konstellationen, in denen die Beteiligten ihre (sprachlichen) Handlungen ausführen, z. B. die Zusammensetzung der Gruppe, die Lernatmosphäre, räumliche Gegebenheiten usw., berücksichtigt werden. Dies erscheint vor dem Hintergrund, allgemeine Einsichten in Lehr-Lernprozesse zu erlangen und Fragen wie „Was kann Lehrerverhalten im Unterricht bewirken?" oder „Welche Rolle spielt das Lehrerhandeln in der Interaktion?" nachzugehen, besonders wichtig. Da es in diesem Beitrag um (bildungs-)sprachliche Lernprozesse in sprachlich heterogenen Gruppen geht, steht hier im Vordergrund, welche Interaktionsformen besonders geeignet für sprachliches Lernen in jedem Unterricht erscheinen.

8.2.1 Formen der Interaktion

Becker-Mrotzek und Vogt (2002, S. 160ff.) haben die Interaktion im Klassenzimmer und darin vor allem den Sprecherwechsel und die Rederechtverteilung aus linguistischer (funktional-pragmatischer) Perspektive untersucht. Sie sprechen von „kommunikativen Ordnungen" im Klassenzimmer und bezeichnen diese als ritualisierte Formen der Interaktion, um Schülerinnen und Schüler im Hinblick auf den jeweiligen Zweck – i. d. R. die Vermittlung kognitiven Wissens – zu konzentrieren. In der lehrerzentrierten kommunikativen Ordnung wird die Verteilung des Rederechts von der Lehrkraft organisiert, um sicherzustellen, dass es nur einen Interaktionsprozess gibt und die Aufmerksamkeit der Beteiligten hierauf gerichtet ist. Das Schema gestaltet sich wie folgt: Die Lehrkraft erteilt das Rederecht an einen Schüler bzw. eine Schülerin, diese/r leistet einen Beitrag, woraufhin das Rederecht erneut an die Lehrkraft übergeht. Diese Form der *turn*organisation und -zuteilung lernen Kinder bereits in der Kita z. B. im Morgenkreis, spätestens aber in der Grundschule, wenn die Klassengespräche von der Lehrkraft kontrolliert und gesteuert werden.

Ein weiteres Muster ist die schülerzentrierte kommunikative Ordnung, die dadurch gekennzeichnet ist, dass die Lehrkraft auf organisierende Tätigkeiten des Sprecherwechsels verzichtet und lediglich strukturierend eingreift. Becker-Mrotzek und Vogt (2002) nennen als weitere Form die verfahrensgeregelte kommunikative Ordnung, bei der zu Beginn einer Unterrichtsphase eine für alle geltende Vereinbarung der Rederechterteilung getroffen wird. Ein häufig angewendetes Verfahren sieht wie folgt aus: Zunächst erteilt die Lehrkraft einem Schüler das Rederecht, alle weiteren *turn*zuteilungen erfolgen durch die Schülerinnen und Schüler selbst. Jeder Schüler, der sich mit einem Beitrag einbringt, übergibt das Rederecht an den nächsten Schüler, der Redebereitschaft signalisiert. Die Lehreraktivitäten beschränken sich hier auf bestätigende Hörersignale.

Untersuchungen zu Unterrichtsprozessen und der Lehrer-Schüler-Interaktion zeigen, dass das Muster Frage-Antwort-Evaluation und der Lehrervortrag die dominierenden Interaktionsformen im Unterricht sind (Edwards & Mercer 1987; Mercer 1995), hierbei handelt es sich also um lehrerzentrierte kommunikative Ordnungen. Edwards und Mercer (1987) fassen ihre Erkenntnisse in der sog. „2/3 Regel" zusammen: 2/3 der Unterrichtszeit spricht jemand; 2/3 dieses Sprechens erfolgt durch die Lehrkraft; 2/3 davon bestehen aus Lehrervortrag und Fragen stellen. Edmondson (1995) hat für den Unterricht Deutsch als Fremdsprache festgestellt, dass 50 Prozent aller Lehreräußerungen eine lenkende Funktion haben und freie Schüleräußerungen oder Schülerfragen selten auftreten. Diese Formen der Unterrichtsinteraktion gehen einher mit lehrerzentrierten Unterrichtsformen.

Mercer (1995, S. 25ff.) beschreibt Strategien und Techniken, die Lehrkräfte im Unterricht, der der lehrerzentrierten kommunikativen Ordnung folgt, regelmäßig anwenden:

a) Wissensabfrage (elicit relevant knowledge from students) durch direkte oder indirekte Fragen. Dies geschieht in der Regel durch die pädagogische Frage: Die Lehrkraft stellt eine Frage, deren Antwort sie kennt.
b) Evaluation und Feedback (respond to things that students say) durch Bestätigung oder Ablehnung, Erweiterung oder Reformulierung der Äußerung zur besseren inhaltlichen und sprachlichen Verständlichkeit.
c) Erläuterung gemeinsamer Erfahrungen (describe shared classroom expieriences) mit dem Ziel, die Bedeutung dieser Erfahrungen herauszustellen. Dies geschieht z. B. durch Zusammenfassungen zu Beginn einer Unterrichtsphase (Letzte Woche haben wir gelernt, ...).

Diese Strategien und Techniken sind laut Mercer (1995) weder gut noch schlecht, richtig oder falsch. Es hängt immer vom Kontext, der Intention und der Art und Weise der Ausführung ab, ob sie lernförderlich sind oder nicht. Die Abfrage und das Zusammentragen von erlangtem Wissen haben ihren Platz im Unterricht, wobei Lehrkräfte immer eine geeignete Balance finden müssen, um Schülerinnen und Schülern Raum für kommunikative Exploration und Diskussion zu geben. Krumm (2001) fasst einige Ursachen für die feste Etablierung des Frage-Antwort-Evaluationsmusters und des Lehrervortrags zusammen:

- die Amtsautorität der Lehrkraft: Sie vergibt Noten, belohnt, bestraft und sorgt dafür, dass die institutionellen Regeln eingehalten werden;
- die Sachautorität der Lehrkraft: Sie kennt und beherrscht „den Stoff";
- die Rahmenbedingungen: Sitzordnung, Klassenraumgestaltung, Zeitbudgets, Vorstrukturierung durch Curricula und Lehrwerke;
- die Lernerwartung: verinnerlichte Lernmodelle der Lernenden, d. h. subjektive Theorien, wie erfolgreiches Lernen funktionieren kann (vgl. Krumm 2001, S. 1147).

„[O]ne danger of relying heavily and continuously on these traditional formal question-and-answer reviews for guiding the construction of knowledge is that students get little opportunity to make coherent, independent sense of what they are being taught. (…) They also need to develop and practice their own ways of using language as a social mode of thinking, by using it to reason, argue and explain." (Mercer 1995, S. 38). Besonders in sprachlich heterogenen Gruppen fehlen in einem Unterricht, in dem die Interaktion überwiegend nach diesem Muster und mit o. g. Techniken gestaltet wird, Gelegenheiten, Inhalte in zusammenhängende Äußerungen zu ‚verpacken', sich an einer präzisen sprachlichen Darstellung zu versuchen und dabei sprachliche Mittel – auch neue – zu erproben, die es ermöglichen, eine gedankliche Vorstellung des Sachverhalts zu erzeugen. Wenn es also darum geht, das Register Bildungssprache als Werkzeug des Lernens aufzubauen, müssen entsprechende Anwendungsmöglichkeiten im (Fach-)Unterricht geschaffen werden. Wie kann fachliches und sprachliches Wissen gemeinsam in der Lehrer-Schüler-Interaktion konstruiert werden und welche Formen der Unterrichtsinteraktion erscheinen für dieses Anliegen förderlich?

8.2.2 Gemeinsame Wissens- und Bedeutungskonstruktion in sprachlich heterogenen Lernkontexten

Gemeinsame Wissens- *und* Bedeutungskonstruktion in sprachlich heterogenen Lernkontexten stellt die Interaktion im Klassenraum ins Zentrum und orientiert sich vor allem an der soziokulturellen Lerntheorie (sociocultural approach, vgl. Vygotskij 1934, 2002; Mercer 1995, 2009; Pritchard und Woollard 2010). In Deutschland wurde im Kontext sprachlicher Bildung vorrangig ein Konzept aus dieser Theorie diskutiert – das sogenannte *Scaffolding* (Gerüstbau; zur Herkunft des Begriffs vgl. Wood et al. 1976), das sich nicht explizit auf sprachliches Lernen bezieht, auf dieses aber ebenso wie auf anderes Lernen bezogen werden kann (vgl. Lange und Gogolin 2010; Kniffka und Siebert-Ott 2007; Kniffka und Neuner 2008; Lengyel 2009, 2010; Fürstenau 2009; Roth 2007). Das Konzept bezeichnet die Unterstützung des Lernprozesses durch geeignete Hilfestellungen. Sobald der Lernende fähig ist, eine bestimmte Aufgabe eigenständig zu bearbeiten, entfernt man dieses Gerüst. Das Konzept betont die Konstruktionsleistungen von Lernenden und gleichzeitig die Verantwortung der Pädagog(inn)en passende Lerngerüste im sozialen Austausch bereit zu stellen (vgl. Lange in diesem Band).

Das Scaffolding fußt auf Erkenntnissen des russischen Psychologen Lew S. Vygotskij, der sich besonders mit dem sozialen Austausch im Konstruktionsprozess befasst hat. Für ihn ist die kognitive Entwicklung ein sozialer und kommunikativer Prozess, d. h. Wissen und Verstehen werden, vermittelt durch Sprache, sozial – also in der Interaktion – konstruiert. Vygotskij (2002) beobachtete in seinen Untersuchungen zur kognitiven und sprachlichen Entwicklung einen allgemeinen

Entwicklungsprozess vom Äußeren zum Inneren, vom Einzelnen zum Allgemeinen, von der Fremd- zur Selbstregulation. Beispielsweise eignet sich das Kind im Spracherwerb die äußere Struktur „Gegenstand – Wort" an, bevor es über die innere Beziehung „Zeichen – Bedeutung" verfügt. Dieser Entwicklungsprozess erfolgt vermittelt durch den sozialen Austausch: Wissen wird gemeinsam konstruiert und somit interpsychisch verfügbar gemacht, bevor es verinnerlicht und damit intrapsychisch verarbeitet werden kann. Dies geschieht vor allem über die Aushandlung von Bedeutungen, die nach Vygotskij den Kern darstellen, in dem sich Sprechen und Denken treffen (Vygotskij 2002, S. 49–52).

Sprache ist aus dieser Perspektive also ein kognitives Werkzeug, ein Werkzeug des Lernens, was sich insbesondere in höheren geistigen Tätigkeiten wie Planung, Evaluation und Reflektion zeigt. Gleichzeitig ist Sprache ein kulturelles Werkzeug: Sie dient dazu, Erfahrungen über die Generationen hinweg in kulturelles Wissen und Verstehen zu transformieren. In diesem Sinne ist der Lehr-Lern-Prozess ein Interaktionsprozess, in dem eine Person einer anderen dabei hilft, Wissen und Verstehen zu entwickeln. Lehren und Lernen werden hier als zusammengehörig, als ein gemeinsamer Prozess betrachtet. „One of the opportunities school can offer pupils is the chance to involve other people in their thoughts – to use conversations to develop their own thoughts" (Mercer 1995, S. 4).

Ein weiterer Bezugspunkt für das Scaffolding und die gemeinsame Wissens- und Bedeutungskonstruktion stellt auch die (Zweit-)Spracherwerbsforschung in ihrer interaktionistischen Ausprägung dar. Deren Erkenntnisse sind auch für institutionelle (sprachliche) Lernprozesse in sprachlich heterogenen Gruppen von Interesse. So zeigen sich in frühen Eltern-Kind-Kommunikationen charakteristische Verhaltensweisen der Erwachsenen, die Papoušek (1994, S. 31) als „intuitive elterliche Didaktik" bezeichnet, um zum Ausdruck zu bringen, dass diese Verhaltensweisen optimale Voraussetzungen für die Förderung der frühkindlichen Entwicklung schaffen. Besonders Bruner (1987, S. 58ff.) hat auf die Anpassungsleistungen von Bezugspersonen in frühen Interaktionen aufmerksam gemacht: Die Bezugspersonen lenken mit sprachlichen Äußerungen die Aufmerksamkeit des Kindes auf einen Gegenstand und die darauf bezogenen Handlungen. Der gemeinsame Gegenstandsbezug wird durch ‚Rahmungen' und Wiederholungen unterstützt; so entstehen Interaktionsrituale, „Formate" nach Bruner (1987), die dem Kind ermöglichen, sich zu orientieren, eine Erwartungshaltung aufzubauen und die einzelnen Handlungen sprachlichen Äußerungen zuzuordnen. Die Bezugspersonen passen ihre sprachlichen Beiträge dabei an den Entwicklungsstand und die Aufnahmefähigkeit des Kindes an. In solchen Interaktionen werden in einem spezifischen Kontext Bedeutungen ausgehandelt und Verbindungen hergestellt zwischen eigenständig ausgeführten (sprachlichen) Tätigkeiten des Kindes und solchen, die in erreichbarer Nähe liegen, aber noch nicht voll ausgebildet sind („zugängliche Übergänge", Vygotskij 2002, S. 329).

Für den Zweitspracherwerb wird die Relevanz der Interaktion in einer Reihe von Studien bestätigt (vgl. zsf. Mitchell und Myles 2004; Lantolf und Appel 1994). So ließ beispielsweise Mackey (1999) in einer Studie zum Erwerb von Fragewörtern erwachsene Lerner eine Reihe von Lückentests bearbeiten. Einige Studienteilnehmer durften sich mit muttersprachlichen Interaktionspartnern über die Aufgaben austauschen, während andere die Aufgaben ohne Aushandlungen lösen sollten. Es wurden Pre- und Posttests erhoben. Die Resultate zeigten bei den Lernern, die an Aushandlungen teilgenommen hatten, bezogen auf die Formulierung von Fragen und die Verwendung von Fragewörtern, eine Entwicklung in statistisch signifikanter Weise. In der Vergleichsgruppe hingegen war keine signifikante Progression zu verzeichnen. Die Studie belegt, dass „taking part in interaction can facilitate second language development" (Mackey 1999, S. 565). McCafferty et al. (2001) führten eine Studie mit zwei Lerngruppen zum Zusammenhang von Wortschatzerwerb in der Zweitsprache und Sprachlerngelegenheiten durch. Gruppe 1 erhielt eine Liste mit unbekannten Tiernamen und der Anweisung, einen Aufsatz zum Thema Zoo zu schreiben und diese Begriffe einzubauen. In Gruppe 2 sollten Interviews mit anderen Lernern geführt werden. Dabei sollten Verbindungen zu eigenen Sprachlernerfahrungen hergestellt und die Bedeutung unbekannter Begriffe erfragt werden. In einem Post-Test zeigte sich, dass die Mitglieder der Gruppe 2, die in Interaktion involviert waren und Bezüge zu eigenen Erfahrungen herstellen konnten, über die vorher unbekannten Begriffe verfügten, während dies bei Gruppe 1 nicht der Fall war. Interaktion und Aushandeln von Bedeutungen unter Hinzuziehung eigener (Sprachlern-)Erfahrungen bieten anscheinend – zumindest aus linguistischer und lerntheoretischer Sicht – gute Bedingungen, um den (Zweit-)Spracherwerb zu fördern. Wie können diese Erkenntnisse nun für die Unterrichtsinteraktion in sprachlich heterogenen Gruppen und für bildungssprachliches und fachliches Lernen genutzt werden?

8.2.3 Interaktion und das Register Bildungssprache im Unterricht

Die australische Sprachpädagogin Pauline Gibbons hat einen Ansatz des Scaffolding (2002, 2006, 2009) eigens für Lernsituationen mit einer sprachlich heterogenen Schülerschaft entwickelt, in denen gleichzeitig die Unterrichtssprache als neue Sprache zu lernen ist und von Schülerinnen und Schülern erwartet wird, dass sie im Medium dieser Sprache fachliche Inhalte lernen. Der Ansatz basiert auf ethnografischen Forschungen in Regelklassen, in denen Gibbons beobachtete, wie Lehrkräfte Unterricht gestalten, um sprachliches und fachliches Lernen zu verknüpfen und Zweitsprachlernende darin zu unterstützen.

Gibbons schlägt auf dieser Basis vor, dass Unterrichtsaktivitäten in eine Abfolge gebracht werden, die es ermöglicht, bildungssprachliches und inhaltliches Lernen miteinander zu verbinden. Insbesondere durch Veränderungen der traditionellen Formen der Unterrichtsinteraktion (s. Abschn. 2.1) sollen für die Lernenden Gelegenheiten geschaffen werden, Bildungssprache aktiv zu erproben und so auszubilden. Mit Unterstützung der Lehrkraft (und der Mitschüler/-innen) wird ein sprachliches Lerngerüst gebaut, das es den Lernenden ermöglichen soll, sprachlich bewusst zu handeln, die für das jeweilige Thema erforderlichen Redemittel anzuwenden und zu verinnerlichen. Nach dem Konzept von Gibbons wird der Unterricht systematisch in Phasen unterteilt, die auf die Registertheorie von Halliday (1994) zurückgeführt werden: Halliday beschreibt die Grammatik im mündlichen bzw. schriftlichen Diskurs im Hinblick auf drei Kontextvariablen: das Thema (field), die Beziehung der Interaktanten zueinander (tenor) und den phonischen bzw. graphischen Kommunikationskanal (mode). Sprachliche Beiträge können nun vor dem Hintergrund der drei Variablen auf einem *mode continuum* positioniert werden, also auf einem Kontinuum von der mündlichen, eher kontextabhängigen zur schriftlichen, eher kontextunabhängigen, situationsentbundenen Sprache.

Gibbons' Unterrichtsphasen bilden das von Halliday beschriebene *mode continuum* ab (Gibbons 2002, S. 128ff.; 2006, S. 275ff.): In der ersten Phase (building the field) steht die Vermittlung bzw. Exploration fachlicher Inhalte im Vordergrund z. B. in Form von Kleingruppenarbeiten. Es können alle denkbaren Kommunikationsmittel verwendet werden. In der zweiten Phase (modeling the genre) wird von der Lehrkraft in das geforderte Register eingeführt. Dies geschieht, indem sie den Schülerinnen und Schülern den spezifischen Zweck, der mit dem Register verbunden ist, erläutert. Die dritte Phase der Ko-Konstruktion (joint construction) kann als Herzstück der Unterrichtsinteraktion angesehen werden. Die inhaltlichen und sprachlichen Aspekte des Unterrichtsthemas werden von der Lehrkraft und den Schülerinnen und Schülern zusammengebracht. Die Lernenden werden von der Lehrkraft sprachlich bei der Formulierung ihrer Beiträge begleitet und in einen Prozess geführt, in dem sie das bildungssprachliche Register erproben können. Die Lehrkraft tritt mit Einzelnen in Interaktion und klärt Bedeutungen, fragt nach und formuliert das Gesagte noch einmal um. In der letzten Phase (independent writing) schreiben die Schülerinnen und Schüler selbständig Texte, z. B. Lerntagebucheinträge, Textstücke für Wandplakate o. ä. Hier geht es also um die Verwendung dekontextualisierter Sprache, um die Verschriftlichung des Gelernten unter Nutzung der in Phase 3 erprobten neuen sprachlichen Mittel und Formulierungen. Die Texte liefern Belege für das Aufgreifen der Formulierungen, die in der Lehrer-Schüler-Interaktion entwickelt wurden. Die Komplexität des sprachlichen Handelns der Schülerinnen und Schüler und die ‚bildungssprachliche Nähe' ihrer Äußerungen wird somit schrittweise aufgebaut.

8.3 Analysen von Auszügen aus Unterrichtsinteraktionen

Im Folgenden werde ich drei Unterrichtsauszüge im Hinblick auf die Lehrer-Schüler-Interaktion untersuchen. Im Mittelpunkt steht die Analyse der Interaktionsform(en) und -techniken, der kommunikativen Ordnung bzgl. der *turn*organisation und der Rederechtverteilung (s. Abschn. 2.1) sowie die gemeinsame Wissens- und Bedeutungskonstruktion in der Interaktion (s. Abschn. 2.2). Allen Sequenzen ist gemein, dass sie neben der fachlichen Vermittlung des (nichtsprachlichen) Lerninhalts zur Sprachförderung beitragen wollen.

8.3.1 Klassengespräch im Sachunterricht einer dritten Klasse

Die folgende Sequenz ist einer Untersuchung von Ahrenholz (2010) entnommen. Thema der übergeordneten Unterrichtseinheit ist das Thermometer und seine Funktionsweise. In den vorangegangenen Stunden haben die Schülerinnen und Schüler durch Experimente eigene Erkenntnisse gesammelt: Sie haben eine Flüssigkeit erhitzt und deren Ausdehnung bei Erwärmung und Zusammenziehung bei Abkühlung beobachtet und dabei auch zentrale Begriffe erarbeitet (vgl. Ahrenholz 2010, S. 20). Im Folgenden werden die neu gelernten Ausdrucksmittel, an der Tafel stehend, wiederholt: sich ausdehnen, sich zusammenziehen, sich erwärmen, sich abkühlen.

LE4: *und jetzt # wäre es schön ### wenn ihr mir so zwei Sätze sagen könnt #3# wo diese vier Wörter vor/dabei sind #2# sich ausdehnen oder ### ausdehnen –, sich erwärmen –, #2# wann*[1]
TM2: ach so
LE4: *###man kann, ja bitte probiers*
DJ5: *sich erwärmen*

---

[1] Die Transkription wurde für diesen Beitrag leicht vereinfacht. Pausen #, ##, ### (ab 1 Sekunde gemessen #2# etc.); Sprechersigelen: T für Türkisch, D für Deutsch, M für Mädchen, J für Junge, LE für Lehrerin (Ahrenholz 2010, S. 35).

LE4: *richtig aber jetzt nen satz –, ne –?*
LE4: *was passiert mit der flüssigkeit –, ## oder mit dem stoff ## wenn es sich – so # bitte – [Aufforderungsbewegung mit den Händen]*
TJ3: *#2# des # erwärmt sich und*
LE4: *### ja*
LE4: *und jetzt wer kann mal einen Satz anfangen, wenn ## wenn sich # das wasser ###*
TM2: erwärmt
LE4: *und dann geht's weiter*
DM5: also wenn sich das wasser # ehm erwärmt ### dann #2# ehm ## ehm ### dehnt sich das aus.
LE4: *ja*
LE4: *danke*
(Ahrenholz 2010, S. 30)

In diesem Auszug dominiert die lehrerzentriere kommunikative Ordnung und hierbei das Frage-Antwort-Evaluationsmuster: Die Lehrerin stellt eine Aufgabe (ganze Sätze mit den neuen Verben bilden) und gibt Rückmeldungen auf die Antworten der Schülerinnen und Schüler. Sie organisiert den Sprecherwechsel und hat die meisten und vor allem die längsten Interaktionsanteile: Ihr längster Beitrag hat 27 Wörter, während der längste Schülerbeitrag elf Wörter beträgt. Auf Schülerseite überwiegen Ein-bzw. Zwei-Wort-Antworten. Die längste Wartezeit der Lehrkraft, bevor sie das Rederecht erteilt, beträgt drei Sekunden. Gibbons (2006) geht davon aus, dass Schülerinnen und Schüler, die die Unterrichtssprache als Zweitsprache lernen, von einer längeren Wartezeit profitieren. So sei eine Wartezeit von sieben Sekunden sinnvoll, damit die Lernenden ihre Äußerungen auch sprachlich planen können.

Nimmt man aus einer sozialwissenschaftlichen Perspektive die unterschiedlichen Rollen in der Interaktion in den Blick, zeigt sich, dass diese hierarchisch und asymmetrisch sind. Die Steuerung und Kontrolle der Situation obliegt der Lehrkraft: Sie weist die *turns* zu, sie stellt pädagogische Fragen und sie bewertet oder korrigiert die Antworten der Schüler. Aus Sicht der soziokulturellen Lerntheorie werden hier nicht gemeinsam Wissen und Bedeutungen konstruiert, sondern es wird eine sprachliche Übungssituation losgelöst vom fachlichen Lernen erzeugt, in der den Schülerinnen und Schülern der Sinn der Aufgabe anscheinend verborgen bleibt. Dies zeigt sich darin, dass die Schüler zunächst bemüht sind, die Aufgabe fachlich zu bearbeiten, bevor sie sie dann sprachlich lösen. Bezogen auf das Ziel der sprachlichen Bildung bleibt fraglich, ob diese konstruierte Übungssituation, die mit einer traditionellen Form von Unterrichtsinteraktion und wenigen Gelegenheiten für die Schülerinnen und Schüler zur Formulierung längerer Redebeiträge einhergeht, dem sprachlichen Lernen zuträglich ist.

8.3.2 Interaktion im Technikunterricht in einer sechsten Klasse

Die folgende Sequenz ist einer Unterrichtssituation aus dem Technikunterricht einer sechsten Klasse entnommen und stammt aus einer Schule, die am Modellprogramm FörMig teilgenommen hat. Die Schüler(innen) und ihr Lehrer erarbeiten einige wichtige Fachbegriffe zum Thema Strom, die sie in der darauf folgenden Stunde benötigen, um einen Text zu verfassen. Die selbständige Nutzung von Wörterbüchern ist in diesem Unterricht erlaubt.

L: *Und wir haben noch die Klemme. Melissa, hast du eine Idee?*
SM1: (liest aus dem Wörterbuch vor) In der Klemme sitzen…
L: *Ein interessantes Sprichwort: „in der Klemme sitzen". Schau doch mal, wer noch was sagen möchte.*
SM1: Oder war es: Zwischen die Türe klemmen…
L: *Gutes Beispiel! Man kann sich ja in der Tür klemmen, dann tut das weh.*
SJ1: Man kann auch den Stromkreis einklemmen, damit der Strom nicht mehr weiter fließt.
L: *Den Stromkreis einklemmen.., ja, wie meinst du das?*
SJ1: Also – Stromkreis einklemmen, damit mein ich, damit der Strom nicht mehr weiter fließt. Zum Beispiel: EinenDraht durchschneiden, dann kann der Strom nicht mehr weiter fließen.
SJ2: (liest aus dem Wörterbuch vor) Da steht auch: „die Zeitung unter den Arm klemmen".
10 L: *Geht auch.*
SJ3: Es gibt auch Material. Zum Beispiel die Büroklammer klemmt auch etwas zusammen, zum Beispiel Blätter.
11 L: *Genau, man kann die Zeitung unter den Arm klemmen. Die Büroklammer, mit der kann man Blätter zusammen klemmen.*
SM2: Also bei der Klemme, die hier gemeint ist, wird die Klammer an eine Batterie geklemmt und dann hält die da daran.
(Lange und Gogolin 2010, S. 35)

In diesem Auszug wird die verfahrensgeregelte kommunikative Ordnung angewendet. Der Lehrer leitet diese Prozedur ein, indem er die Schülerin zu Beginn daran erinnert, dass sie nun das Rederecht verteilen darf. Des Weiteren beschränkt er sich auf die Evaluation, Erweiterung oder Zusammenfassung der Schülerbeiträge. Die Nachfrage „Wie meinst du das?" ist besonders interessant, denn sie führt zu einem deutlich längeren Beitrag (mit 26 Wörtern der längste Beitrag der Sequenz) auf Seiten des Schülers, um das zuvor Mitgeteilte zu präzisieren und verständlich zu machen. Da es in der Interaktion weniger um die Elizitation einer bestimmten Wortbedeutung geht, sondern um unterschiedliche Bedeutungen, die Einzelne einbringen, wird die Interaktion weniger vom Lehrer kontrolliert und gelenkt als dies bei der Wissensabfrage der Fall ist. Zudem ist die Rollenverteilung symmetrischer und weniger hierarchisch organisiert als im Ausschnitt in Abschn. 3.1. Dies wird durch die ausgewogenere Verteilung der Redebeiträge (nicht auf jede Schüleräußerung folgt ein *turn* der Lehrkraft) und die Länge der kohärenten und komplexen Beiträge ersichtlich.

Die Kinder erhalten in diesem Beispiel Gelegenheit zur kommunikativen Exploration eines Fachbegriffs, in dem zunächst bewusst an den Alltagsbedeutungen angesetzt wird. So werden verschiedene Bedeutungen gesammelt, wobei sich die Schülerinnen und Schüler aktiv mit ihren eigenen Vorstellungen beteiligen. Die unterschiedlichen Bedeutungen werden dann (durch eine Schülerin) mit der des Fachkontexts kontrastiert. In dieser Interaktionssequenz gelingt es dem Lehrer einen Rahmen zu schaffen, in dem sprachliches und fachliches Lernen stattfinden kann. Die Schülerinnen und Schüler können sich eine neue Bedeutung aneignen, die sie im Technikunterricht benötigen. Es entsteht eine für die Schülerinnen und Schüler sinnhafte sprachliche Lernsituation im fachlichen Kontext.

8.3.3 Ko-Konstruktion im Sachunterricht einer vierten Klasse

Der letzte Auszug, ebenfalls aus einer FörMig-Schule und umfassend in Quehl (2009) dokumentiert, ist einer Unterrichtsstunde entnommen, die im Rahmen einer Unterrichtseinheit zum Thema Erderwärmung stattgefunden hat. In der Stunde standen Versuche zur Sichtbarmachung von Kohlendioxyd im Zentrum. Die Schülerinnen und Schüler haben in Kleingruppen jeweils unterschiedliche Versuche durchgeführt, die alle zu ähnlichen Ergebnissen führten. In der darauf folgenden Forscherkonferenz, in der den Schülerinnen und Schülern zunächst bewusst gemacht wird, wie gesprochen werden muss, „wenn nicht alle den gleichen Versuch gemacht haben und man nichts mehr in den Händen hat", berichtet ein Mitglied aus jeder Gruppe, welchen Versuch diese durchgeführt hat und zu welchen Ergebnissen die Gruppe gekommen ist.[2] Da in dieser Phase der Ko-Konstruktion auf konkrete Gegenstände nicht zurückgegriffen werden kann, kommt es, wie von Gibbons (2006) beschrieben, zu einem Wechsel des *mode*, konkret zu einer mündlich gebrauchten situationsentbundenen Sprache als Brücke zum Schreiben.

A1 A: Wir haben den Luftballonserfindung gemacht... ich weiß nicht, was das heißt...

A2 L: *Den Luftballonversuch.*

A3 A: Den Luftballonversuch. Und wir haben zuerst in den – ähm – Luftballon Backpulver geschüttet und dann haben wir in eine Flasche, eine Mineralflasche – eine Mineralwasserflasche zwei Zentimeter Essig reingeschüttet.

A4 B: Gegossen.

A5 M: Gegossen.

A6 L: *Stopp. Du hast es richtig gesagt, aber versuch sie trotzdem nicht zu unterbrechen. Schütten ist Pulver, gegossen ist [...]*

A7 A: Gegossen. Und danach haben wir den Luftballon – ähm – wie heißt das? Wie heißt das von der Flasche?

A8 L: *Wie heißt das oben bei der Flasche? Wo die Flasche offen ist? [...] Weiß keiner zu helfen? Es ist die Flaschenöffnung.*

A9 A: Wir haben an der Flaschenöffnung den Ballon befestigt und dann haben wir so ein bisschen gewartet. Und zuerst haben wir von dem Ballon die Backpulver reingemacht. Also, als wir den Ballon so bewegten, ist das von selbst reingefallen. [...]

A10 L: *Habt ihr in eurer Gruppe darüber gesprochen, warum das passiert ist? Habt ihr 'ne Vermutung gehabt?*

A11 A: Hm, wir haben ein bisschen ge- gedenkt – nachgedacht, aber wir haben es nicht so ganz gefunden. Aber wir haben ein – ich ähm ich dachte, das wär von dem Essig und dem Backpulver. Weil, wenn Essig und Backpulver zusammenkommen, dann wird so irgendwie Luft draus oder so was.

---

[2] Erläuterung des Versuchs: In eine Flasche oder ein Reagenzglas wird ein bis zwei Zentimeter hoch Essig eingefüllt. Mithilfe eines Trichters wird dann ein gehäufter Teelöffel Natron oder Backpulver in einen Luftballon eingefüllt und dieser anschließend über die Öffnung der Flasche oder des Reagenzglases gestülpt. Der Ballon wird nach oben gehalten, sodass das Pulver in die Flasche fallen kann. Das Natron setzt Kohlenstoffdioxid frei, das den Luftballon füllt, sodass dieser sich aufbläst.

A12 L: *[...] Das ist ja eigentlich schon ein Forschungsergebnis. Wenn Essig und Backpulver zusammenkommen... Was kann man denn für zusammenkommen für ein Fachwort sagen?*
A13 I: Verbinden.
A14 K: Sich verbinden. [...]
(Quehl 2009, S. 199)

Zunächst kann festgestellt werden, dass in dieser Sequenz die lehrerzentrierte kommunikative Ordnung durchbrochen wird, indem die Sachkenntnis der Schülerin anerkannt wird und sich der Lehrer in eine Position begibt, in der er die Schülerin aus dem Hintergrund bei ihrer mündlichen „Berichterstattung" unterstützt. In A.s erster längerer und kohärenter Äußerung (A3) fällt auf, dass sie sich um sprachliche Präzision bemüht. Sie verbessert sich so lange (und das wird ihr zugestanden) bis der Begriff exakt ist. Der Lehrer bietet in dieser Phase die benötigten Begriffe an und klärt Bedeutungen (A6: Schütten ist Pulver). Als er im weiteren Interaktionsverlauf um eine Erklärung bittet (A10), verändert sich auch A.s Sprache: Während sie bis zu diesem Zeitpunkt auf der Handlungsebene verhaftet ist und über den Experimentiervorgang berichtet, äußert sie auf die Frage des Lehrers eine erste Vermutung angemessen im Konjunktiv (A 11: das wär...), bevor ihr dann (A11: weil, wenn...) der Schwenk von den Personen als Handelnden zum Gegenstand als Akteur gelingt. Dies ist ein zentraler Punkt des bildungssprachlichen Registers und für das Sprechen und Schreiben über naturwissenschaftliche Sachverhalte angemessen. Der Lehrer bringt diese Äußerung abschließend in einen größeren Zusammenhang und verallgemeinert damit (A12: das ist ja eigentlich schon ein Forschungsergebnis), führt durch eine Frage an die Mitschüler/-innen einen neuen Begriff ein, der in engem Zusammenhang mit dem bereits Formulierten steht. Damit wird die von der Schülerin eingebrachte Bedeutung (zusammenkommen) in eine Form gebracht, die dem fachlichen Kontext angemessen ist.

Der Lehrer stellt in diesem Interaktionsauszug das Gerüst (scaffold) bereit für A.s Versuche ihre Erkenntnisse sprachlich zu verpacken. Er arbeitet mit ihr (unter Beteiligung der Mitschüler/-innen), um ein Verständnis der durchgeführten Aktivitäten aufzubauen und hilft dabei, die Erfahrungen zu rekonstruieren und gemeinsame Vorstellungen *durch Sprache* zu entwickeln. Mit Unterstützung der Beteiligten bekommt A. die Gelegenheit, über das bereits Gekonnte hinauszugehen und lange Redebeiträge mit ganzen Bedeutungseinheiten, die der geschriebenen Sprache entsprechen, zu erzeugen. Im Auszug wird anhand der Selbstkorrekturen und Umformulierungen (A3, A7, A11) auch deutlich, dass A. ausreichend Zeit für ihre Formulierungsversuche erhält. In dieser Sequenz der Lehrer-Schüler-Interaktion übernimmt A. die Rolle der „Hauptwissenden" (Gibbons 2006, S. 283). Indem der Ort des Wissens vorübergehend zur Schülerin verschoben wird, werden auch die Rollenverteilung und Machtbeziehungen in der Interaktion modifiziert.

Die Analyse macht deutlich, dass es in dieser Interaktionssequenz gelungen ist, eine Brücke herzustellen zwischen den persönlichen und alltäglichen Formen des Erkennens und den bildungssprachlichen Redemitteln der gemeinsamen Wissens- und Bedeutungskonstruktion: Es wird sich dem Austausch von Sachinformation angenähert. Betrachtet man die in Kap. 1 genannten Qualitätskriterien zur durchgängigen Sprachbildung, die sich auf die Lehrer-Schüler-Interaktion beziehen, zeigt sich, dass beide Kriterien hier erfüllt sind: Zum einen stellt die Lehrkraft bildungssprachliche Redemittel bereit und modelliert alltagssprachliche Mittel, zum anderen erhalten die Schülerinnen und Schüler (insbesondere das Bericht erstattende Kind) Gelegenheiten, bildungssprachliche Redemittel in sinnstiftenden Interaktionen zu erproben.

8.4 Zusammenfassung und Ausblick

Den Blick auf Interaktionen im Unterricht zu richten, bedeutet, auf der Mikroebene Unterrichtsprozesse in ihrer sprachlichen Ausgestaltung zu rekonstruieren. Dieses Vorgehen ist hilfreich, um zu erkennen, ob Schülerinnen und Schüler in sprachlich heterogenen Gruppen Lerngelegenheiten für die Wissens- und Bedeutungskonstruktion und somit auch für die Ausbildung des Registers Bildungssprache erhalten. Mit Rückgriff auf die soziokulturelle Lerntheorie, die der Rolle der Interaktion in Lernprozessen nachgeht, liegt der Schluss nahe, dass die Veränderung der lehrerzentrierten kommunikativen Ordnung und des Interaktionsmusters „Frage-Antwort-Evaluation" eine zentrale Notwendigkeit darstellt, um die Konstruktion von Wissen in sprachlich heterogenen Gruppen zu ermöglichen. Gibbons nutzt diese Erkenntnis für ihren Ansatz des sprachlichen Lernens und lenkt den Fokus auf das von der Lehrkraft unterstützte mündliche Berichten als Brücke zur Bildungssprache. Dies scheint eine Form der veränderten Gestaltung der Unterrichtsinteraktion zu sein, die der Wissens- und Bedeutungskonstruktion (in der Zweitsprache) besonders zuträglich sein kann. Die systematische empirische Überprüfung steht im deutschsprachigen Raum allerdings noch aus. Auch die verfahrensgeregelte kommunikative Ordnung erscheint als Schritt in die richtige Richtung, um die Vormachtstellung der traditionellen Interaktionsformen abzulösen und ausgewogenere Interaktionsabläufe zwischen Schülern und der Lehrkraft zu ermöglichen, die auch die Erprobung des bildungssprachlichen Registers ermöglichen.

Soll das sprachliche Lernen stärker als bislang in den Mittelpunkt von Unterrichtsinteraktionen rücken, werden Lehrkräfte vor neue Anforderungen gestellt: Sie müssen das explizite Sprechen über Sprache im Unterricht anstoßen, den Schülerinnen und Schülern Zeit zum Planen und Korrigieren ihrer Äußerungen geben und neue Begriffe bzw. sprachliche Formen anbieten, wenn diese kommunikativ und fachlich erforderlich sind. Letztlich sind sie gefordert Schüleräußerungen zu reformulieren und in größere inhaltliche Zusammenhänge zu bringen und Fragen zu formulieren, die komplexe Schülerbeiträge ermöglichen (z. B. Präzisierungsfragen). Die Verlangsamung der Interaktion und Verlängerung der Wartezeiten ist dabei sicherlich die größte Herausforderung.

Geht es um die soziale Partizipation von Schülerinnen und Schülern im Unterricht, so zeigen die Analysen, dass eine punktuelle Verschiebung von Asymmetrien im Klassenzimmer damit möglich wird, wenn Schülerinnen und Schüler Verantwortung für ihre sprachlichen Beiträge übernehmen und sie erkennen, dass sie „öffentliches Wissen" erzeugen und dazu beitragen, gemeinsam Bedeutungen auszuhandeln und Wissen zu konstruieren.

Literatur

Ahrenholz, B. (2010). Bildungssprache im Sachunterricht in der Grundschule. In B. Ahrenholz (Hrsg.) *Fachunterricht und Deutsch als Zweitsprache*. (S. 15–35). Tübingen.

Becker-Mrotzek, M., Vogt, R. (2001). *Unterrichtskommunikation*. Tübingen.

Bruner, J.S. (1987). *Wie das Kind sprechen lernt*. Bern.

Edmondson, W.J. (1995). Interaktion zwischen Fremdsprachenlehrer und -lerner. In K.R. Bausch, H. Christ, H.J. Krumm (Hrsg.) *Handbuch Fremdsprachenunterricht*, 3. Aufl. (S. 175–80). erw. Aufl.

Edwards, D., Mercer, N. (1987). *Common Knowledge. The development of understanding in the classroom*. London.

Ehlich, K., Rehbein, J. (1986). *Muster und Institution. Untersuchungen zur schulischen Kommunikation*. Tübingen.

Fürstenau, S. (2009). Lernen und Lehren in heterogenen Gruppen. In S. Fürstenau, M. Gomolla (Hrsg.) *Migration und schulischer Wandel: Unterricht*. (S. 61–84). Wiesbaden.

Gibbons, P. (2002). *Scaffolding Language, Scaffolding Learning: Teaching Second Language Learners in the Mainstream Classroom*. Westport.

Gibbons, P. (2006). Unterrichtsgespräche und das Erlernen neuer Register in der Zweitsprache. In P. Mecheril, T. Quehl (Hrsg.) *Die Macht der Sprachen. Englische Perspektiven auf die mehrsprachige Schule*. Münster.

Gibbons, P. (2009). *English learners, academic literacy, and thinking: learning in the challange zone*. Portsmouth.

Gogolin, I., Lange, I. (2011). Bildungssprache und Durchgängige Sprachbildung. In S. Fürstenau, M. Gomolla (Hrsg.) *Migration und schulischer Wandel: Mehrsprachigkeit*. (S. 107–127). Wiesbaden.

Gogolin, I., Neumann, U., Roth, H.J. (2003). *Förderung von Kindern und Jugendlichen mit Migrationshintergrund*. Bonn.

Gogolin, I., Lange, I., Hawighorst, B., Bainski, C., Rutten, S., Saalmann, W., in Zusammenarbeit mit der FörMig-AG Durchgängige Sprachbildung (2011). *Durchgängige Sprachbildung. Qualitätsmerkmale für den Unterricht*. Münster und New York.

Habermas, J. (1977). Umgangssprache, Wissenschaftssprache, Bildungssprache. In Max-Planck-Gesellschaft (Hrsg.) *Jahrbuch der Max-Planck-Gesellschaft 1977*. (S. 36–51). Göttingen.

Halliday, M.A.K. (1994). *An Introduction to Functional Grammar*, 2. Aufl. London.

Kniffka, G.M., Neuer, B.S. (2008). „Wo geht's hier nach ALDI?" Fachsprachen lernen im kulturell heterogenen Klassenzimmer. In A. Budke (Hrsg.) *Interkulturelles Lernen im Geographieunterricht*. (S. 121–135). Potsdam.

Kniffka, G., Siebert-Ott, G. (2007). *Deutsch als Zweitsprache. Lehren und lernen*. Paderborn.

Koch, P., Oesterreicher, W. (1985). *Sprache der Nähe – Sprache der Distanz. Mündlichkeit und Schriftlichkeit im Spannungsfeld von Sprachtheorie und Sprachgeschichte*. Romanistisches Jahrbuch, Bd. 36, S. 15–43.

Krumm, H.J. (2001). Unterrichtsbeobachtung und Unterrichtsanalyse. In G. Helbig (Hrsg.) *Deutsch als Fremdsprache: ein internationales Handbuch*. (S. 1139–1150).

Lange, I., Gogolin, I. (2010). *Durchgängige Sprachbildung. Eine Handreichung*. FörMig Material, Bd. 2 Münster.

Lantolf, J.P., Appel, G. (1994). (Hrsg) *Vygotskian approaches to second language research*. Norwood.

Lengyel, D. (2009). *Zweitspracherwerb in der Kita. Eine integrative Sicht auf die sprachliche und kognitive Entwicklung mehrsprachiger Kinder*. Münster.

Lengyel, D. (2010). Prozessbegleitende Förderung bildungssprachlicher Fähigkeiten. In: Zeitschrift für Erziehungswissenschaft. H. 4., S. 593–608.

Mackey, A. (1999). Input, interaction and second language development: an empirical study of question formation in ESL. *Studies in Second Language Acquisition*, 21, 557–588.

McCafferty, S.G., Roebuck, R.F., Wayland, R.P. (2001). Activity Theory and the incidental learning of second-language vocabulary. *Language Teaching Research*, 10, 289–294.

Mercer, N. (1995). *The guided construction of knowledge. Talk amongst teachers and learners*. Clevedon.

Mercer, N. (2009). Talk and the development of reasoning and understanding. *Human Development*, 51(1), 90–100.

Mitchell, R., Myles, F. (2004). *Second language learning theories*. Oxford.

Papoušek, M. (1994). *Vom ersten Schrei zum ersten Wort: Anfänge der Sprachentwicklung in der vorsprachlichen Kommunikation*. Bern.

Pritchard, A., Woollard, J. (2010). *Psychology for the Classroom: Constructivism and Social Learning*. London.

Quehl, T. (2009). Sprachbildung im Sachunterricht der Grundschule. In D. Lengyel, H.H. Reich, H.J. Roth, M. Döll (Hrsg.) *Von der Sprachdiagnose zur Sprachförderung*. FörMig Edition, Bd. 5 (S. 193–205). Münster.

Reich, H.H. (2008). Materialien zum Workshop „Bildungssprache". Unveröffentlichtes Schulungsmaterial für die FörMig-Weiterqualifizierung „Berater(in) für sprachliche Bildung, Deutsch als Zweitsprache".

Roth, H.-J. (2007). Scaffolding – ein Ansatz zur aufbauenden Sprachförderung. In: Kompetenzzentrum Sprachförderung Köln: Newsletter Februar 2007, S. 33–35. http://www.kompetenzzentrum-sprachfoerderung.de/index.php?id=173. Zugegriffen: 02.01.2011.

Vygotskij, L.S. (2002). *Sprechen und Denken*. Weinheim.

Wood, D., Bruner, J.S., Ross, G. (1976). The role of tutoring in problem solving. *Journal of Child Psychology and Psychiatry, 17*, 89–100.

(Hoch-)Schulischer Lernort Schreibwerkstatt
Tutorielle Schreibbegleitung als Instrument der DaZ-Förderung

Heike Roll

Die Befähigung zum schriftsprachlichen Handeln, zum Ausbau (fach-)sprachlicher Mittel einer ‚Bildungssprache' ist ein fächerübergreifendes Ziel in der Sekundarstufe. Der mittlerweile unstrittige Zusammenhang von Literalität und Schulerfolg erfordert Ansätze in der Sprach- und Fachdidaktik, die (Schrift-)Sprachförderung vorantreiben und Lehramtsstudierende auf die Arbeit mit heterogenen Gruppen vorbereiten. Als sprachförderlich erweisen sich Modelle der Schul- und Unterrichtsentwicklung (vgl. Gogolin und Lange 2011), die einen sprachsensiblen Regelunterricht anstreben, der den spezifischen Unterstützungsbedarf von Schülerinnen und Schülern, die eine andere Familiensprache sprechen und/oder aufgrund geringer Literalität im Elternhaus wenig schriftorientiert sind, integriert. Neue Zeiträume für die Einrichtung von Lehr-Lernumgebungen bietet der „Ganztag": Im Nachmittagsbereich kann eine außerunterrichtliche Schreibförderung stattfinden, die ohne Bewertungsdruck an den individuellen Ressourcen und Interessen der Schüler und Schülerinnen ansetzt. Solche niederschwelligen Sprachbildungsangebote sind Ansatzpunkte für die Kooperation von Schule und Hochschule bereits in einer frühen Phase einer sprachsensiblen Lehrerausbildung. Studierende können didaktische Möglichkeiten bewährter Lernorte wie einer schulischen Schreibwerkstatt ausloten, sich mit zweitsprachlichen Schreibprozessen auseinandersetzen und mit den Anforderungen einer Lernprozessbegleitung vertraut werden, wie sie ein individualisierender Unterricht in sprachlich und kulturell heterogenen Gruppen erfordert.

Der vorliegende Beitrag stellt eine jahrgangsübergreifende Schreibwerkstatt im Ganztagsbereich einer Realschule vor, die eben diese hochschul- und förderdidaktischen Zielsetzungen verbindet. Die Kernidee besteht darin, dass Schülerinnen und Schüler der höheren Klassen jüngere Schüler beim Schreiben von

Heike Roll ✉
Westfälische Wilhelms-Universität Münster, Münster, Deutschland

Texten als „Schreibbegleiter(innen)" unterstützen (in Anlehnung an das Peer-Beratungsmodell von Bräuer 2007). Ausgebildet und angeleitet werden die „Schüler-Schreibbegleiter(innen)" von Studierenden, die einmal pro Woche die Schreibwerkstatt durchführen und dabei den organisatorischen und thematischen Rahmen steuern. Leitend für das Projekt war die Frage, in welcher Weise eine altersheterogene Partner- und Gruppenarbeit einen Handlungsrahmen darstellt, der den Ausbau literaler und diskursiver Qualifikationen der teilnehmenden Schüler als Schreibende und als Beratende fördert. Um das didaktische Konzept der Schreibwerkstatt prozessbegleitend weiterzuentwickeln, wurden im Rahmen einer empirisch basierten Begleitforschung (Schuljahr 2009/2010) Schreibgespräche zu verschiedenen Textversionen audio-visuell aufgezeichnet. Die Transkription einzelner Beratungsdiskurse ermöglicht einen analytischen Zugriff auf die Interaktionsmuster in den Schreibgesprächen. Hier knüpft die Untersuchung an die Befunde einer diskursanalytisch ausgerichteten Unterrichtsforschung an (im Überblick Becker-Mrotzek 2002). Das vorliegende Korpus umfasst auch Daten zu Sprachstand (Profilanalysen, C-Test) und Familiensprachen der beteiligten Schüler.

Im Folgenden werden zunächst Merkmale des zweitsprachlichen Schreibens dargestellt (§ 1), die Ansatzpunkte für die im Anschluss (§ 2) ausgeführte schreibdidaktische Konzeption der Schreibwerkstatt bieten. Im letzten Schritt (§ 3) wird anhand von zwei exemplarisch ausgewählten „Peer-Beratungen" rekonstruiert, wie es den Schreibbegleiterinnen gelingt, in einer kooperativen Textarbeit sprachförderlich zu handeln, und welche Handlungsformen eher hinderlich für eine gelingende Begleitung sind (vgl. auch Roll 2011).

9.1 Schreiben in der Zweitsprache Deutsch: Merkmale und Ansätze zur Förderung

Schreibförderung setzt Kenntnisse über Merkmale und Besonderheiten zweitsprachlichen Schreibens voraus. In welchem Ausmaß Schüler mit Migrationshintergrund in der Sekundarstufe spezifische Schwierigkeiten beim Verfassen von Texten haben können, ist abhängig von den je individuellen, sozialpsychologischen und kommunikativen Bedingungen und Bedürfnissen der einzelnen Lerner. Als wesentliche Faktoren der Aneignung literaler Kompetenzen ermittelten empirische Studien (Knapp 1997; Ott 2000) die Dauer des Schulbesuchs, die Kenntnisse in der Herkunftssprache sowie die Erfahrungen mit Literalität. Seiteneinsteiger, die nach erfolgtem Schriftspracherwerb in der L1 in eine deutsche Schule kommen, verfügen häufig über eine den schulischen Erwartungen angemessene Erzähl-

und Textkompetenz. Dies zeigt, dass Schüler auf in der L1 erworbene sprachübergreifende Fähigkeiten wie Planungsprozesse oder Relevanzsetzungen zugreifen können. Schwierigkeiten haben Schüler mit kürzerer Aufenthaltsdauer häufiger im Bereich der Formulierungen, da ihnen der Wortschatz und syntaktische Mittel zur Realisierung einer Äußerungsabsicht im Deutschen fehlen. Dagegen haben, so der Befund von Knapp (1997), in Deutschland eingeschulte Schüler mit Deutsch als Zweitsprache häufiger Schwierigkeiten bei der globalen Strukturierung von Textarten. Auch Schmölzer-Eibinger (2008) stellt in ihrer Studie fest, dass die von ihr untersuchten Zweitsprachlernenden wenig vertraut sind mit literalen Mustern und schriftsprachlichen Formen im Deutschen. Dies zeigt sich unter anderem daran, dass die Schüler Textrevisionen häufig auf die Textoberfläche beziehen.

Grießhaber unterteilt (auf der breiten Datenbasis der Längsschnittstudie „Deutsch & PC", zuletzt 2010, S. 221f.) Besonderheiten des zweitsprachlichen Schreibens in Bereiche, die durch das Verhältnis von L1 und L2 bestimmt sind. Je nach Kompetenz in der L1 können sprachlich-kulturelle Wissensbestände in die Bewältigung von Schreibaufgaben einfließen: durch das unterschiedliche Verständnis von Aufgabenstellungen, durch unterschiedliches Textartenwissen oder differente Erklärungs- und Begründungsmuster. Hier wird Schreiben als kulturelle Praxis, in die biographisch-familiale Erfahrungen und Weltwissen einfließen, in den Blick genommen. Erfahrungen, die in erstsprachlichen Zusammenhängen gemacht wurden, z. B. Erlebnisse im Herkunftsland oder familiäre Ereignisse, müssen teils in die Zweitsprache und ihr Bezugssystem übersetzt werden. Im schulischen Kontext können diese Erfahrungen in Formen des narrativen oder biographischen Schreibens verarbeitet werden, das zumeist in den unteren Klassen der Sekundarstufe angesiedelt ist. Mit dem Ziel, narrative Kompetenzen bei russischsprachigen Schülern und Schülerinnen zu untersuchen, wurden im Projekt „Latente Missverständnisse" in der neunten Jahrgangsstufe narrative Texte in der L2 Deutsch und zusätzlich in der L1 Russisch erhoben (Merkel und Roll 2006). Der Vergleich der erst- und zweitsprachlichen Texte bei einer Gruppe von Seiteneinsteigern zum Thema „Gewalt unter Schülern" ergab, dass in deutschen Versionen Emotionen, soziale Orientierungen und Bewertungen deutlich weniger differenziert ausgeführt werden konnten. Lücken im emotionalen Wortschatz, insbesondere das Fehlen vorgeformter Wendungen, wie sie in festen Wortverbindungen, Phraseologismen oder Sentenzen auftreten, erschweren die stilistische Gestaltung eigenen Erlebens.

Hier liegen Ansatzpunkte für eine zweitsprachliche Schreibförderung in der Sekundarstufe, die neben der fachsprachlichen Förderung auch das persönlichkeitsbildende Potential des Schreibens im Blick hält. Der Ausbau von emotionalen Ausdrucksqualitäten ist zum einen verbunden mit der Ausdifferenzierung des Wortschatzes, zum anderen aber mit der Transformation von Erfahrung in textuelle, zumeist narrative Muster. Dass insbesondere Formen des kreativen und freien Schreibens ein solcherart ganzheitliches Bildungspotential in einem interkulturell sensiblen Schreibprojekt entfalten können, zeigen die grundlegenden Arbeiten von Pommerin et al. (1996) und Böttcher (1999). Schüler entdecken Schreiben als ein Medium des Denkens, Fühlens und Mitteilens, das an ihre eigenen, teils erstsprachlich gefassten, Erfahrungen anknüpft. Erfolgserlebnisse und Spaß am Schreiben motivieren dazu, erworbene Sockelkompetenzen (Ideenfindung, Strukturierung, Wortschatz, Textartenwissen, Adressatenbezug) auf andere (fach-)unterrichtliche Kontexte zu übertragen. Allerdings brauchen, so formuliert Böttcher, „(kreativ) schreibende Schüler (kreativ) schreibende Lehrer.(…) Kreative Prozesse bei sich selbst zuzulassen, eigene kreative Schreibfertigkeiten zu entwickeln, kreative Methoden auszuprobieren, das Bewusstsein für den eigenen Schreibprozess zu schärfen und Erfahrungen mit dem Schreiben in Gruppen zu machen, dies alles befähigt, Schreibprozesse und -produkte der Kinder besser zu verstehen und kompetent zu begleiten" (1999, S. 35). Hier ist die Lehrerausbildung gefordert, die Schreibkompetenz der Studierenden – kreativ und fachlich – auszubauen. Dies ermöglichen hochschulische Schreibwerkstätten oder Schreib-Lese-Zentren.

Dass emotionale und motivationale Faktoren den Spracherwerb maßgeblich steuern, ist in der jüngeren, mehrdimensional angelegten (Sprachlern-)Motivationsforschung vielfach belegt. Persönlichkeit und Biographie der Lernenden, die Einstellungen und Orientierungen gegenüber der L2 und die Ausgestaltung der Lernumgebung bilden die grundlegenden motivationalen Komponenten (vgl. Dörnyei 2001 zu einer motivationssensiblen Unterrichtspraxis). Aus erziehungswissenschaftlicher Sicht belegen die psychometrisch angelegten Untersuchungen von Jerusalem und Hopf (2002) den Zusammenhang von motivationalen Prozessen, Selbstwirksamkeitserfahrungen und lernerorientierten Verfahren. Einen relevanten Befund stellt die Differenzierung des Selbstkonzeptes nach Jahrgangsstufen dar. So zeigen die von Ballis befragten Schüler der 5. Klassen verschiedener Augsburger Schulformen eine „intrinsische Motivation bezüglich des Schreibens von Texten" (Ballis 2010, S. 129). Schüler und Schülerinnen dieser Jahrgangsstufe interessieren sich in signifikanter Weise für das Verfassen eigener Texte. Bereits nach der 6. Klasse stellt sich eine Abschwächung der Motivation ein. Die 5. Klasse erweist sich somit als ein entwicklungspsychologisches Fenster für die Schreibförderung. Die genannten sprachlich-kognitiven und emotionalen Aspekte haben wir als Ausgangspunkte für die Konzeption der Schreibwerkstatt gewählt.

9.2 Konzept der Schreibwerkstatt

Die Geschwister-Scholl Realschule im Münsteraner Stadtteil Kinderhaus hat eine heterogene Schülerschaft; der Anteil von Schülern mit Migrationshintergrund liegt in den Eingangsklassen bei 60 %. Nach Information der Schulleitung wechseln nach der Erprobungsstufe etwa 10 % der Schüler auf die Hauptschule, nach der 6. Klasse bleiben die Schülerzahlen konstant. Im Rahmen ihres schülerorientierten Angebots unterstützte die Schulleitung die Einrichtung einer jahrgangsübergreifenden Schreibwerkstatt zum Schuljahr 2009/2010, um durch die Kooperation mit dem Sprachenzentrum der Universität Münster den Schulentwicklungsprozess weiter auszubauen.

9.2.1 Schreibdidaktische Konzeption

Schulische Schreibwerkstätten sind bewährte Modelle in Grundschule und Sekundarstufe (u. a. Schröter 1997, Brinkschulte und Grießhaber 2000). Mit dem Ziel, zweitsprachige Schüler möglichst individuell zu fördern, haben wir Schüler der höheren Klassen eingesetzt, die jüngere Schüler beim Schreiben unterstützen. Das Konzept des „Peer-Tutoring", dessen kooperative Prinzipien in der amerikanischen Schreibpädagogik entwickelt wurden, adaptierte maßgeblich Bräuer (2007) für die Schreibförderung an Schule und Hochschule in Deutschland. „Schreibberatung", so die Übertragung in das Deutsche, wird in dem Konzept von Bräuer zumeist extracurricular in schulischen bzw. universitären Schreib-Lese-Zentren oder in Workshops organisiert. Beispielhaft für eine Ausrichtung am Förderbedarf von Schülern mit Deutsch als Zweitsprache ist die Konzeption der Lese- und Schreibberatung an der Schillerschule Esslingen. Dort findet an jedem Schultag eine Beratung durch Lehrkräfte oder studentische Tutoren statt (Aschenbrenner et al. 2009), deren Gegenstand Aufgaben aus dem Regelunterricht sind.

Dagegen findet die hier vorgestellte Schreibwerkstatt unabhängig vom Regelunterricht statt. Angeleitet wird die Werkstatt, die zugleich ein hochschuldidaktischer Lernort ist, von Lehramtsstudentinnen, die zuvor im Rahmen eines universitären Seminars Grundlagen der prozessorientierten Schreibdidaktik sowie der Schreibberatung erworben haben.[1] Folgende Gestaltungselemente der Schreibförderung sind Teil der Tätigkeit der Studierenden:

---

[1] An der Universität Münster werden Seminare zu „Schreibprozessdidaktik – Schreibberatung" in Anbindung an das Schreib-Lese-Zentrum der Germanistik angeboten.

- Sie führen zu Beginn der Schreibwerkstatt eine Schreibbegleiterschulung für ältere Schüler durch (s. Abschn. 9.2.2).
- Sie organisieren und begleiten die Zusammenarbeit zwischen jüngeren und älteren Schülern.
- Sie beraten selbst einzelne Schüler und Schülerinnen beim Schreiben.
- Sie entwerfen – in Absprache mit der für Sprachförderung verantwortlichen Lehrerin der Realschule und der universitären Betreuerin – Schreibanlässe, die zum kreativen und freien Schreiben anregen und die textuelle Verarbeitung persönlicher Erfahrungen ermöglichen.
- Sie organisieren Schreibprojekte an außerschulischen Lernorten, wie z. B. die Zusammenarbeit mit der Münsteraner Seniorenzeitung zum Thema „Familiengeschichte", Schreiben zu Bildern im Museum oder Reportagen über Einrichtungen im Stadtteil.
- Sie organisieren die Veröffentlichung der Texte als Zeitung, Broschüre oder auf einer Webseite und fördern damit adressatenspezifisches Schreiben.

Die Anforderung, eine derart individualisierende und Selbstregulation fördernde Lernumgebung herzustellen, stellt eine komplexe didaktische Herausforderung für die Studierenden dar. Diese Form der Kooperation zwischen Hochschule und Schule bietet den Studierenden die Chance, ein innovatives didaktisches Selbstkonzept zu entwickeln, das Aspekte der Instruktion und der Lernbegleitung individueller Prozesse umfasst (Bastian und Hellrung 2011).

9.2.2 Inhalte, Struktur und Ablauf

a) Schreibbegleiterschulung für ältere Schüler (Klassen 9 und 10)
Schreibbegleitung ist eine Interaktionsform, die nach bestimmten Mustern verlaufen soll, die vermittelt und geübt werden müssen. Zum Schuljahresbeginn führen die studentischen Tutorinnen in Kooperation mit der Sprachförderlehrerin eine zweitägige Schulung mit den je neuen Begleitern durch. Diese orientiert sich an dem von Bräuer (2007) vorgeschlagenen Curriculum zur Schreibberaterausbildung von Schülern und Studierenden. Im Hinblick auf die sprachlich heterogene Zielgruppe des hier vorgestellten Projektes wurde die Schulung kleinschrittig und mit einem Schwerpunkt auf Vermittlung von Textartenwissen und Gesprächsführung angelegt. Das vorliegende Curriculum umfasst vier Themenblöcke: (1) Bewusstmachung und Analyse des eigenen Schreibprozesses, (2) Erarbeitung von Strategien und Methoden der Ideenfindung und Erstellung eines eigenen narrativen Textes z. B. zum

Thema „Fremdheit", (3) Erprobung von kreativen und kriterienorientierten Überarbeitungswerkzeugen anhand von Mustertexten, (4) Erarbeitung der Grundsätze der Textrückmeldung und der non-direktiven Beratung, (5) Klärung des Rollenverständnisses, (6) Durchführung eines Schreibgesprächs über die selbst verfassten Texte mit anschließender Reflexion der Rolle als Berater und Ratsuchender.

Ein zentrales Lernziel der Schreibbegleiterschulung besteht darin, die Schüler für Muster, sprachliche Mittel und kommunikative Strategien einer hörerorientierten Gesprächsführung als „Begleitende" zu sensibilisieren. Als „fremde Stimme" sollen sie Schreibende dabei unterstützen, Distanz zu ihren Textideen sowie zu ihrem Text herzustellen und Ansatzpunkte zur Bearbeitung zu finden, die nicht nur auf der Textoberfläche liegen. So formuliert Bräuer (2006, S. 135):

Der Berater soll...

- ... fragen, anstatt festzustellen.
- ... wahrnehmen, anstatt zu interpretieren.
- ... antizipieren, anstatt vorzuschreiben.
- ... gemeinsame Handlungskonzepte entwickeln, anstatt Rezepte auszugeben.

Diese Handlungsvorgaben stellen hohe Anforderungen an die Gesprächskompetenz der beteiligten Schüler. Um sie für Sprachförderung handhabbar zu machen, lassen sie sich systematisch in Teilfähigkeiten zerlegen. Becker-Mrotzek (2009, S. 74f.) unterscheidet vier Dimensionen einer globalen Gesprächskompetenz, die von den Aktanten in Abhängigkeit von den kommunikativen Erfordernissen der Gesprächssituation zumeist parallel zu realisieren sind: Das Prozessieren des (a) thematischen Wissens, (b) der Identitätsgestaltung, (c) der Handlungsmuster sowie der (d) Unterstützungsverfahren zur Verständnissicherung. Zu fragen ist nun, inwieweit der Diskurstyp „Beratung" für die Peer-Kooperation zu beanspruchen ist. Becker-Mrotzek (2009, S. 76) unterscheidet grob vier Phasen, die bei einem institutionellen Beratungsgespräch zu durchlaufen sind: Die Klärung des Anliegens, die gemeinsame Besprechung des Problems, die Lösungssuche und die Planung konkreter Umsetzungsmaßnahmen. In jeder Phase haben die Beteiligten bestimmte Aufgaben, deren Bearbeitung als abgearbeitet gekennzeichnet werden muss, bevor das Gespräch fortgesetzt wird. Die Aktanten müssen also erkennen, in welcher Phase des Gesprächs sie sich befinden. Beratungen sind in der Regel asymmetrisch, d. h., der Beratende verfügt über ein Wissen, das der Ratsuchende nicht hat. In welcher Weise der Beratende dieses Wissen dem Ratsuchenden zur Verfügung stellt, hängt vom Zweck der Beratung ab. Im Lehr-Lernprozess der Schreibberatung werden, wie oben dargestellt, Formen der non-direktiven Beratung angestrebt (Bräuer

2007). Die Aufgabe, keine fertigen „Rezepte" oder Lösungen weiterzugeben, erfordert jedoch ein durchdachtes Rollenverständnis auf Seiten der beratenden Schüler. Dessen Erarbeitung kann im Rahmen der Schreibbegleiterschulung dadurch unterstützt werden, dass die Schüler sich systematisch mit den Phasen auseinandersetzen, aus denen die Großform Beratung besteht. Sprachförderlich wirkt der Ausbau nondirektiver sprachlicher Mittel wie z. B. Formen der Modalisierung (*du könntest*) oder Verfahren der Verständnissicherung (*aktives Zuhören, Nachfragen oder Reformulieren*).

In einem Portfolio (Bräuer 2007a) werden Textformen und Reflexionen des Schreibprozesses im Rahmen der Schulung gesammelt. Zu ergänzen ist das Portfolio um Texte und Beratungsprotokolle, die die teilnehmenden Schüler im Laufe ihrer Tätigkeit in der Schreibwerkstatt verfassen. Leitlinie ist, dass die Schüler nach 20 Stunden aktiver Mitarbeit in der Schreibwerkstatt ein „Zertifikat" erhalten.

b) Wöchentliche Schreibwerkstatt für jüngere Schüler (Klassen 5 und 6)
Die Schreibwerkstatt findet einmal wöchentlich am Nachmittag mit zwei Stunden statt. Teilnehmende sind Schülerinnen und Schüler der 5. und 6. Klasse (freiwillig oder auf Empfehlung einer Lehrkraft), Schüler und Schülerinnen der 9. und 10. Klasse (als Schreibende und als „Schreibbegleiter") sowie studentische Tutor(innen). Als wesentliche Voraussetzung für eine schreibförderliche Atmosphäre hat sich erwiesen, dass eine feste Gruppe mit regelmäßiger Teilnahme über zumindest ein Schulhalbjahr zusammenarbeitet. Vereinbarte Regeln und Abläufe können so eingehalten werden. Die Computerausstattung der Werkstatt erweist sich als ausgesprochen motivierender Faktor im Schreibprozess: Das Löschen, Ergänzen und Überarbeiten, also die rekursiven Prozesse beim schrittweise individuellen oder kooperativen Schreiben, werden durch den PC erleichtert. Die Recherche im Internet liefert Anregungen und Wissensanreicherung sowie Bild- und Tonmaterial zu bestimmten Themen. Die Arbeit in der Schreibwerkstatt verläuft nach ritualisierten Abläufen:

- Aufwärmphase (Schreibspiele, Fünf-Minuten-Schreiben; Verbindung mit anderen Wahrnehmungsformen wie Musik, Hörtexten oder Bildern)
- Themenwahl: erste handschriftliche Version
- erste Präsentations- und Überarbeitungsphase (1:1 Begleiter(in), Gruppenkonferenz oder Plenum)
- Eingabe in den PC
- zweite Präsentations- und Überarbeitungsphase (1:1 Begleiter(in), Gruppenkonferenz oder Plenum)
- Vorleserunde

Die Veröffentlichung ausgewählter Texte in einer Zeitung erfolgt einmal im Schulhalbjahr, auf der Webseite können einzelne Text auch kurzfristig eingestellt werden.

9.3 Sprachförderliche Potenziale der tutoriellen Schreibbegleitung – Exemplarische Rekonstruktionen von Schreibgesprächen

Im Folgenden möchte ich exemplarisch zwei Transkriptausschnitte untersuchen, die dem vorliegenden Korpus der aufgezeichneten Schreibgespräche entnommen sind. Ziel ist zu rekonstruieren, inwiefern es den beiden Schreibbegleiterinnen gelingt, die in der vorgeschalteten „Schulung" erarbeiteten Schritte einer hörerorientierten Gesprächsführung umzusetzen. Im ersten Beispiel 9.3.1.) bearbeitet eine Zehntklässlerin mit einer Schülerin der fünften Klassen deren Entwurf zur Erzählung *Klassenfahrt* in einer 1:1 Konstellation. Im zweiten Beispiel 9.3.2.) leitet eine Zehntklässlerin die kooperative Textbearbeitung von drei Schülern der fünften Klasse zum Erzähltext *Valentinstag!* an. Die detaillierte Analyse der verwendeten sprachlichen Formen und ihrer kommunikativen Funktionen ist theoretisch begründet in einer diskursanalytisch fundierten Untersuchung von Unterrichtskommunikation (im Überblick Becker-Mrotzek 2002).

9.3.1 „Wir gehen jetzt das durch" – direktive Unterweisung im Schreibgespräch

Das vorliegende Transkript dokumentiert den Einstieg in ein Schreibgespräch, das eine Schülerin der zehnten Klasse mit einer jüngeren Schülerin führt. Betrachtet man, wie unter Abschn. 9.2.2. dargelegt, die Beratung als diskursive Großform, die sich aus verschiedenen Phasen zusammensetzt, so sollte am Anfang des Gesprächs die Klärung des Anliegens erfolgen: Die ratsuchende Schülerin formuliert zunächst ihre Frage oder ihr Problem, worauf der oder die Beratende dann reagieren kann. Im vorliegenden Beispiel steigt die Begleiterin jedoch nicht in die erste Phase einer Anliegensklärung ein, sondern handelt vielmehr schulisch-belehrend.

Beispiel 9.3.1
Teilnehmer-Siglen (Pseudonyme):
SCHB: Schreibbegleiterin; Schülerin der 10. Klasse,
Lara: Verfasserin des Textes „Klassenfahrt"; 5. Klasse
Aufnahme: 12/2010, Transkription: Laura Henrici
Die Äußerungsliste basiert auf einem im Programm Exmeralda nach dem Verfahren HIAT erstellten Transkript.

(1) SCHB: Wir gehen jetzt das • durch.
(2) Lara: • • Jaa
(3) SCHB: • Und ehm besprechen, was, was du damit meinst, oder was Fehler/· • • und ehm ((1 s)) dann werden wir mal sehen, • • was du da alles hast ((1 s)) und ehm…
(4) Lara: Dann muss ich das noch mal schreiben, oder?
(5) SCHB: • • Eh • • ja, • also, • Fehler zumindest korrigieren. Musst ja nicht ganz nochmal schreiben. • Das wär ein bisschen viel bei deiner Geschichte, zwei Seiten?
(6) Lara: • • • Na ja.
(7) SCHB: Na gut zwei/eineinhalb. • Ehm (mal anfangen).
(8) :   Ich wohne in Münster Kinderhaus mit (allen) Geschwistern und meinen Eltern.
   ((1,3 s)) Ehm • aber meine Eltern kommen aus Kosovo.
   SCHB liest Text vor
SCHB: • Wo ist denn Kosovo? Weil es gibt solche, die das nicht wissen.
(10) Lara: • Eeeheeeheeeh weißt du, was Albanien ist?
(11) SCHB: • Hmmhm¯, liegt das in/n Kontinent?
(12) Lara: • • Südeuropa so ungefähr.
(13) SCHB: Gut, dann schreibste da: • Schrägstrich Südeuropa. Mach das mal! ((3 s)) Schräg. Südeuropa. ((3 s)) Ehm • • gut. ((2 s)) Okay, dann les mal weiter! ((2 s)) Ja, les mal weiter!

In der Eröffnungssequenz (s1–s6) legt die Begleiterin das Vorgehen für die gemeinsame Arbeit fest, indem sie vorgibt, dass der Text nun satzweise bearbeitet wird. Damit ist eine kommunikative Ordnung festgelegt, in der für Lara kein Raum bleibt, ein eigenes Anliegen vorzubringen. Die jüngere Schülerin akzeptiert das schulische Muster der Anweisung („jaa"). Sie leitet die für sie folgerichtige Konsequenz, dass erkannte Fehler korrigiert werden müssen, in der Modalität des „müssens" ab: „Dann muss ich das noch mal schreiben, oder?" Die Schreibbegleiterin bestätigt dies und führt den gesetzten Fokus auf eine lokale Fehlerkorrektur weiter „ • • Eh • • ja, • also, • Fehler zumindest korrigieren". Damit setzt sie den prozessorientierten Ansatz, der darauf zielt, einen Erstentwurf makrostrukturell und damit sprachförderlich zu bearbeiten, außer Kraft.

Eine solche direktive Gesprächsführung („Mach das mal!") kann jüngere Schüler schnell demotivieren. Daher ist es für die Qualität der Schreibbegleiterschulung wichtig, die Interaktion der Schüler zu beobachten und zu überprüfen. Die Auswertung von Schreibgesprächen im Rahmen einer Begleitforschung stellt eine wichtige Rückmeldung an die Studierenden dar. Das exemplarisch aufgeführte Beispiel verdeutlicht die didaktische Herausforderung, die Diskrepanz zwischen dem didaktischen (Ideal-)Konzept der Schreibbegleitung und den eingeschliffenen schulischen Wissens- und Handlungsformen der Schüler zu bearbeiten. Die teilnehmende Beobachtung sowie die Auswertung weiterer Schreibgespräche zeigen aber, dass viele Schreibbegleiter – bei entsprechender Rückmeldung – mit großem Einsatz an ihrer Gesprächskompetenz arbeiten.

Methodisch hilfreich ist der Einsatz von didaktisierten authentischen Materialien. Das hier vorgestellte Transkript ließe sich beispielsweise gemeinsam mit Schülern auf alternative Formulierungen hin befragen.

9.3.2 Kooperative Textbearbeitung unter tutorieller Anleitung

Das folgende Beispiel beleuchtet die kooperative Bearbeitung des Erzähltextes „Valentinstag" in einer Kleingruppe. Die Anleitung übernimmt eine Schülerin der zehnten Klasse als Schreibbegleiterin. Hier liegt kein 1:1 Beratungsdiskurs vor, die Schreibbegleiterin ist jedoch aufgefordert, die Aufmerksamkeit der jüngeren Schüler in einem hörerorientierten Modus auf Bruchstellen im Text zu lenken.

Im Folgenden soll in einem ersten Schritt der Erzähltext „Valentinstag" in den Blick genommen werden, um im Sinne einer ressourcenorientierten Analyse den Sprachstand des Verfassers zu bestimmen. Analysen von Lernertexten tragen wesentlich zum Ausbau der schreibdiagnostischen Kompetenzen der Studierenden bei; deshalb wurden im Rahmen der wissenschaftlichen Begleitung exemplarische Analysen am Beispiel von Texten der teilnehmenden Schüler durchgeführt. Schreibanlass für den vorliegenden Erzähltext war der Valentinstag, der als „Tag der Liebenden" für viele Menschen eine besondere Bedeutung hat. Der Schreiber verdichtet – im Modus des „Freien Schreibens" – in einer kurzen Erlebniserzählung eine alltägliche Situation, die er als biographisch qualifiziert („als ich klein war"): Er erzählt von einem Konflikt mit seinen Freunden („Club") „wegen eines Mädchens", der sich in der Spielbude auf einem Hof hinter den Müllcontainern abspielt.

Der Text, der zunächst handschriftlich konzipiert und dann in den PC eingegeben wurde, wird in der graphischen Originalgestaltung wiedergegeben.

Beispiel 9.3.2.1
Erzähltext Erkan
Klasse 5, Familiensprache Türkisch, in Deutschland aufgewachsen

Valentinstag! 16.02.10
> Als ich klein war hatte ich eine Freundin in Dortmund.
> Als es Valentinstag war hat mich mein Cousin abgeholt und wir sind zur unsere Bude gegangen. Unsere Bude war hinter ein Müllcontainer. Dort hatten wir auch Sofas. Ein wenig später war so ein Mädchen von mein Kindergarten gekomen und ich wollt mit sie spielen doch mein Cousin wollte auch mit mir spielen. Dann habe ich aus ihr Club gekündigt obwohl ich der Anführer war. Alle meine Freunde haben mich gehasst und es war alles am Valentinstag passiert. Als ich zu Hause war hat sich mein Cousin sich bei mir entschuldigt und alle waren zufrieden.

Eine erste Einschätzung des Sprachstands des Schülers erlaubt das Verfahren der Profilanalyse (zuletzt Grießhaber 2010). Die Profilanalyse orientiert sich an syntaktischen Wortstellungsmustern, die sukzessive im Verlauf der Sprachaneignung erworben werden. Erkans Sprachprofil bewegt sich auf der Stufe 4 (von insgesamt 6 Stufen). Insgesamt vier Äußerungen mit Nebensatz und Verbendstellung (davon überdehnt der Konnektor „als") zeigen, dass sich die Hypotaxe im Ausbau befindet. Im C-Test, einem standardisierten Lückentest zur Erhebung der globalen Sprachkompetenz, erreichte Erkan im Klassenverband 72 Punkte (von 80). Beide Befunde deuten auf gute Basiskompetenzen des Schülers hin. Betrachtet man jedoch die vorliegende Textversion, so wird deutlich, dass die literale Organisation der eigenen Erfahrung in einem Erzähltext Lücken in der narrativen Struktur, im Bereich des emotionalen Wortschatzes und der stilistischen Gestaltung aufweist.

Das Vorhandensein einer Überschrift markiert ein literales Element, zugleich wirkt das Exklamativ „Valentinstag!" durch die malend nachgeahmte Intonation (vgl. Redder 2010) konzeptionell mündlich. Die somit aufgebaute Erwartungshaltung, dass nämlich eine spannende Geschichte folgt, wird bedingt eingelöst. Es erfolgt eine lineare Strukturierung in Rahmensetzung (Dortmund – Valentinstag – Freundin), Planbruch (doch) und Bewertung (alle waren zufrieden). Eine „Weltausbreitung" (Augst 2010), die den Leser durch erzählerische Mittel wie Detaillierung, Qualifizierung durch Adjektive oder freie Angaben involviert, findet nicht statt. Eingangs nimmt der Verfasser eine individuelle Rahmensetzung vor: Er gibt den für ihn relevanten Punkt, dass er als Kind eine Freundin in Dortmund hatte, im ersten Satz als nicht eingebettete Vorabinformation.

Als ich klein war hatte ich eine Freundin in Dortmund.
Als es Valentinstag war hat mich mein Cousin abgeholt und wir sind zur unsere Bude gegangen. (…)
Ein wenig später war so ein Mädchen von mein Kindergarten gekommen (…)

Im folgenden Ausschnitt der kooperativen Textbearbeitung wird deutlich, dass die unklare Rahmensetzung und die fehlende emotionale Involvierung Knackpunkte für die lesenden Mitschüler darstellen. Die Aufgabe lautete, als Textdetektive „Leerstellen" im Text zu suchen; Textstellen also, „die beim Leser noch Fragen offen lassen und entsprechend ergänzt werden müssen" (Becker-Mrotzek und Böttcher 2006, S. 47). Das Transkript dokumentiert die Phase, in der die Schüler mit der konzentrierten Besprechung der „Leerstellen", die sie im Text gefunden haben, beginnen. Zuvor hatte Erkan seinen Text einmal laut vorgelesen. In der Eröffnungssequenz etabliert die Schreibbegleiterin eine kommunikative Ordnung, indem sie das Rederecht Erkan, dem Schreiber, zuweist (s19). Sie positioniert sich als Moderatorin, die die Gesprächsführung übernimmt, den anderen Schülern aber dadurch Redezeit sichert. Strategisches Arbeiten leitet sie dadurch an, dass sie Erkan zunächst *nur* einen der von ihm gewählten Aspekte auswählen lässt.

Beispiel 9.3.2.2. Valentinstag!
Kooperative Suche nach Leerstellen
Teilnehmer-Siglen (Pseudonyme):

> *SCHB:* Schreibbegleiterin; Schülerin der 10. Klasse, L1 Deutsch, Familiensprache Deutsch
> S1: Erkan, Autor des Textes; 5. Klasse, L1 Türkisch, Familiensprache Türkisch
> S2: Michelle, 5. Klasse, L1 Ewe, Familiensprache Ewe (Herkunftsland Togo)
> S3: Martin, 5. Klasse, L1 Deutsch, Familiensprache Deutsch

Aufnahme: 4/2010, Transkription: Christine Hrncal

> (19) SCHB: ((1 s)) Hmhmˇ, fang wa erstmal nur mit einem an, vielleicht kann er ((unv., 0,5 s)) sagen.
> (20) S1: Eeh da steht ja/ich hab ja geschrieben „unsere Bude war hinter ein Müllcontainer", • also eh • • • das is/dieser Satz hört sich so kurz an und • davor is ja noch ein Satz mit „Bude".
> (21) S1: Vielleicht hört sich das ja auch nicht so gut an.
> (22) SCHB: ((1 s)) Okay, würdest du sagen, dass das jetzt so • so ne Leerstelle

		is? Is das da irgendwie/• • dass es dort schwer is, den Text zu verstehen?
(23)	S1:	Jaa ((1 s)) weil das könnte man ja auch so zusammenschreiben.
(24)	SCHB:	Hmhmˇ, ((2 s)) gut.
(25)	SCHB:	Hast du auch was gefunden?
[Kommentar]:		wendet sich an S2

Erkan (S1) lenkt seinen Bearbeitungsfokus auf den Satz: **Unsere Bude war hinter ein Müllcontainer**. Er stellt fest, dass sich dieser Satz *nicht so gut anhört* (s21) – und merkt an, dass zwischen diesem und dem Satz *davor* ein Zusammenhang besteht (**Als es Valentinstag war hat mich mein Cousin abgeholt und wir sind zur unsere Bude gegangen.**) Diese Beobachtung verweist zum einen auf die Funktion des lauten Verbalisierens für Revisionsprozesse. Klang und Rhythmus können beim Formulieren eine wichtige Hilfe darstellen, weshalb es förderlich ist, das mehrfach laute Vorlesen einzelner Formulierungen in den Revisionsprozess einzubeziehen (vgl. Becker-Mrotzek 2002). Zum anderen zeigt sich hier die Zone der nächsten Entwicklung (Vygotski) im Erwerbsprozess, nämlich die weitere Ausbildung der Hypotaxe, an dieser Stelle des Relativsatzes. Genau dieses förderdiagnostische Moment, das möglicherweise eine von einer Lehrkraft geleitete Schreibberatung auf der Formulierungsebene aufgreifen könnte, kann die Schreibbegleiterin nicht aufgreifen. Dies ist auch nicht ihre Aufgabe. Ihre Aufgabe einer konvergenten Gesprächsführung (*okay*) erfüllt sie mit Erfolg: Sie hält den Fokus auf der Aufgabenstellung, indem sie (a) nachfragt und (b) eine Wissenslücke bei Erkan hinsichtlich der Aufgabe antizipiert. Um diese zu füllen, gibt sie eine reformulierende Worterklärung des Begriffs *Leerstelle* (s22): *Is das da irgendwie/• • dass es dort schwer is, den Text zu verstehen?*

Deutlich wird aus Erkans Antwort (s23), dass er mental seinen Punkt der syntaktischen Komplexität verfolgt: *jaa weil das könnte man ja zusammenschreiben* (s23).

Auch im weiteren Verlauf gibt die Begleiterin Hilfestellung, indem sie den normorientierten Fokus der Schüler (in s26 auf Kasusfehler) auf die Tiefenstruktur lenkt (s27). Eine durchgängig bestätigende Gesprächsführung wird durch konvergente Hörerrückmeldungen (*ja genau, aber; joa; okay, hmhmˇ gut*) hergestellt:

(26)	S2:	Aalso beiii dem Satz bei S1M, ehm da stand ja „unsere Bude war hinter **ein** Müllcontainer", da müsste „ein**en** Müllcontainer" hin.
(27)	SCHB:	Ja • • genau, is n grammatischer Fehler, aber danach suchen wir ja nich wirklich, sondern wir suchen nach diesen **Leer**stellen, also da,

	wo etwas im **Text** fehlt, wo du • • wo du dir denkst, „Was soll das bedeuten? Was soll mir das sagen?", verstehst du?
(28) S1:	hmhmˇ
(29) S2:	hm⁻ • aber da gibt's noch ne Leerstelle zum Beispiel „als ich" • • ehmm „zuhause war, hat sich mein Cousin bei mir entschuldigt", da fehlt zum Beispiel ehmm wie er sich gefühlt hat (oder) was er gesagt hat oder ehm wie er sich gefühlt hat, als er • nach Hause gekommen is.
(30) SCHB:	((1 s)) Joá
(31) S1:	Also ging zu schnell?
(32) SCHB:	((1 s)) Vielleicht ja. ((2 s)) Und du?
	[k]: wendet sich an S2M
(33) S3:	Ehm • • bei dem ersten Satz • • „als ich klein war" eh „hatte ich eine Freundin in Dortmund" eh da find ich, das hat ja gar nichts zu tun mit dem Text überhaupt.
(34) S2:	((1 s)) Eigentlich schon, nur vielleicht n bisschen auffällig erzählt.
(35) S3	((2 s)) Weil es geht ja • • irgendwie um die Bude und um den Club ((1 s)) und gar nich ehm • • um diese Freundin.
(36) S2:	Doch, das steht da noch drin. Aber das steht da nur noch ein Mal drin.
(37) SCHB:	((2 s)) S1, möchtest du vielleicht selber dazu was sagen?
(38) S1:	Ja also ich hab das ja geschrieben • eeh damit die wissen, dass ich eh da **klein** war und wo ich gelebt hab • und dass ich eine Freundin hatte.
(39) S1:	((2 s))Also dass ich eine Freundin dort hatte.
(40) SCHB:	((1 s)) (Okay).
(41) S1:	Weil sonst eh würden die's ja gar nicht verstehen, weiil wenn eh das so anfangen würde „als es Valentinstag war, hat mich mein Cousin abgeholt".
(42) SCHB:	Hmhmˇ ((2 s)) gut.
(43)	Also das müssen/vielleicht sollten wir da dann noch mal gucken, dass du/dass du vielleicht später nochmal was zu der Freundin schreibst, damit das bisschen verständlicher wird, weshalb du das erklärst.
(44) S1:	Ja.
	(…)

Ohne an dieser Stelle auf die im Weiteren vollzogenen Revisionsprozesse näher einzugehen, möchte ich die abschließende Äußerung der Begleiterin in den Blick nehmen. Mit *also* fokussiert sie in (s43) den Relevanzpunkt der Überarbeitung, nämlich die Bezugnahme auf die „Freundin" im Text (*Also das müssen/vielleicht sollten wir da dann noch mal gucken*, s43). Die Reparatur des Modalverbs („sollten" statt „müssen") zeugt von ihrem Bemühen, den Modus der Konvergenz aufrecht zu halten und keinen direktiven Modus zu verfolgen. Sie versucht, Vorschläge und keine Vorschriften zu machen, und bringt mit der *wir*-Deixis ihr Unterstützungsangebot zum Ausdruck. Nach Abschluss der diskursiven Bearbeitung formuliert sie noch einmal schriftlich die möglichen Überarbeitungsschritte.

(1) Du könntest in einem Nebensatz erwähnen, was die Freundin mit deinem Text zu tun hat.
Beispiel: Als ich klein war hatte ich eine Freundin in Dortmund, die ich auch am Valentinstag traf. Doch zunächst hat mich mein Cousin abgeholt...
(2) Erkläre kurz vorher was dieser Club ist.
Was ist das für eine Bude? Beispiel... Wie sind zu unserer Bude gegangen, in der wir uns oft getroffen haben.
(4) Schreibe, warum deine Freunde dich gehasst haben.

Fix (2000, S. 269) kommt in seiner grundlegenden Studie zur Textrevision zu dem Schluss, dass die didaktische Stärke der kooperativen Textbearbeitung in der Schärfung des Problembewusstseins zu suchen ist, während sie als Methode des Ausbaus der Formulierungskompetenz nicht ausreicht. Dieser Befund bestätigt sich bei der Betrachtung der Schüleraktivitäten. Deutlich wird, dass die (schreib-)erfahrene Schülerin durchaus effektive Hilfestellungen geben kann.

9.4 Ausblick

Aufgrund der positiven Rückmeldung der Schüler und Schülerinnen sowie ihrer konstanten Teilnahme wird die Schreibwerkstatt als (hoch-)schulischer Lernort an der Projektschule fest installiert. Sie ist ein wichtiger Baustein im Sprachförderkonzept der Schule, insofern sie Impulse für die Entwicklung einer schulischen Schreibkultur setzt. Sichtbare Produkte und Aktionen wie die Veröffentlichung einer Schülerzeitung, Autorenlesungen, Museumsbesuche, Vorlesestunden im Klassenverband strahlen auf den Schulalltag aus. Auf diese Weise können Pilotprojekte von den Rändern des Schulalltags her auch das schulische Curriculum verändern.

9.5 Anhang: Legende der verwendeten Transkriptionszeichen (nach Rehbein, Schmidt 2004)

`	Gravis; fallender Tonverlauf in der Silbe
´	Akut; steigender Tonverlauf in der Silbe
^	Zirkumflex; steigend-fallender Tonverlauf in der Silbe
•	einfacher Pausenpunkt (Stocken im Redefluss) <0.25 Sek.
• •	doppelter Pausenpunkt, ca. 0.5 Sek.
• • •	dreifacher Pausenpunkt, ca. 0.75 Sek.
((5 s))	numerische Pausenangabe; für längere geschätzte und gemessene Pausen (angegeben in Sek. oder Min.)
…	Ellipsen-Punkte; für abgebrochene Äußerungen
/	Schrägstrich; für Reparaturen
ei**nen**	Betonung

Literatur

Aschenbrenner, K.H., Kunk-Deppermeier, A., Schäfer, J. (2009). Förderung von Kindern und Jugendlichen mit Schwierigkeiten bei der Textproduktion durch Lese- und Schreibberatung. In B. Ahrenholz (Hrsg.) *Empirische Befunde zu Daz-Erwerb und Sprachförderung*. (S. 235–254). Freiburg.

Augst, G. (2010). Zur Ontogenese der Erzählungskompetenz. In T. Pohl, T. Steinhoff (Hrsg.) *Textformen als Lernformen*. Kölner Beiträge zur Sprachdidaktik, Bd. 7 (S. 63–96). Duisburg.

Ballis, A. (2010). *Schriftsprachliche Förderung von Jugendlichen mit Migrationshintergrund*. Baltmannsweiler.

Bastian, J., Hellrung, M. (2011). Schüler beim Lernen beraten. Lernprozessberatung im individualisierten Unterricht. *Pädagogik, 2011*(2), 6–9.

Becker-Mrotzek, M. (2002). Funktional-pragmatische Unterrichtsanalyse. In C. Kammler, W. Knapp (Hrsg.) *Empirische Unterrichtsforschung und Deutschdidaktik*. (S. 58–95). Baltmannsweiler.

Becker-Mrotzek, M. (2009). Mündliche Kommunikationskompetenz. In M. Becker-Mrotzek (Hrsg.) *Mündliche Kommunikation und Gesprächsdidaktik*. (S. 66–83). Baltmannsweiler.

Becker-Mrotzek, M., Böttcher, I. (2006). *Schreibkompetenz entwickeln und beurteilen*. Berlin.

Böttcher, I. (1999). Organisation und Struktur kreativen Schreibunterrichts. In I. Böttcher (Hrsg.) *Kreatives Schreiben*. (S. 33–44). Berlin.

Bräuer, G. (2007). Schüler helfen Schülern. Schreibberatung in der Schule. In Informationen zur Deutschdidaktik. *Zeitschrift für den Deutschunterricht in Wissenschaft und Schule, 1*(31), 55–62.

Bräuer, G. (2007a). Das Portfolio in der Ausbildung von Schüler-Schreibberater/innen als Mittel zur Entwicklung von Wissen und Können in der Textproduktion. In M. Becker-Mrotzek, K. Schindler (Hrsg.) *Texte schreiben*. KöBeS, Bd. 5 (S. 145–168). Duisburg.

Bräuer, G. (Hrsg) (2006). *Schreiben(d) lernen. Ideen und Projekte für die Schule*. Hamburg.

Brinkschulte, M., Grießhaber, W. (2000). Übernahme und Kreativität auf dem Weg zur Konvention. Ausländische SchülerInnen schreiben mit dem Computer in der Zweitsprache Deutsch. http://spzwww.uni-muenster.de/~griesha/eps/wrt/szs/0300/text.html. Zugegriffen: 10.02.2010.

Dörnyei, Z. (2001). *Motivational strategies in the language classroom*. Cambridge.

Ehlich, K. (2005). Sprachaneignung und deren Feststellung bei Kindern mit und ohne Migrationshintergrund. In K. Ehlich (Hrsg.) *Anforderungen an Verfahren der regelmäßigen Sprachstandsfeststellung als Grundlage für die frühe und individuelle Förderung von Kindern mit Migrationshintergrund*. (S. 11–75). Bonn und Berlin.

Fix, M. (2000). *Textrevisionen in der Schule. Prozessorientierte Schreibdidaktik zwischen Instruktion und Selbststeuerung – empirische Untersuchungen*. Baltmannsweiler.

Gogolin, I., Lange, I. (2011). Bildungssprache und durchgängige Sprachbildung. In S. Fürstenau, M. Gomolla (Hrsg.) *Migration und schulischer Wandel: Mehrsprachigkeit*. (S. 69–87). Wiesbaden.

Grießhaber, W. (2010). *Spracherwerbsprozesse in Erst- und Zweitsprache. Eine Einführung*. Duisburg.

Jerusalem, M., Hopf, D. (2002). Selbstwirksamkeit und Motivationsprozesse in Bildungsinstitutionen. *Zeitschrift für Pädagogik, 2002*, 28–53.

Merkel, S., Roll, H. (2006). Migrationssprache Russisch – zur Nutzung russischsprachiger Ressourcen in Lernertexten der 9. Klasse. In A. Abel, M. Stuflesser, M. Putz (Hrsg.) *Mehrsprachigkeit in Europa*. (S. 149–160). Bozen.

Pommerin, G. et al. (1996). *Kreatives Schreiben. Handbuch für den deutschen und interkulturellen Sprachunterricht in den Klassen*. Weinheim und Basel.

Redder, A. (2010). Grammatik und sprachliches Handeln in der Funktionalen Pragmatik – Grundlagen und Vermittlungsziele. In Japanische Gesellschaft für Germanistik (Hrsg.) *Grammatik und sprachliches Handeln*. (S. 9–24). München.

Rehbein, J., Schmidt, T. et al. (2004). *Handbuch für das computergestützte Transkribieren nach HIAT. Arbeiten zur Mehrsprachigkeit Folge B (Nr. 56)*. Sonderforschungsbereich Mehrsprachigkeit: Universität Hamburg.

Roll, H. (2011). Schülerschreibbegleitung zur Unterstützung der Schreibmotivation bei Schüler(innen) mit Deutsch als Zweitsprache. In N. Hahn, T. Roelcke (Hrsg.) *Grenzen überwinden mit Deutsch. 37. Jahrestagung des Fachverbandes Deutsch als Fremdsprache*. Materialien Deutsch als Fremdsprache, Bd. 85 (S. 129–144).

Schmölzer-Eibinger, S. (2008). *Lernen in der Zweitsprache: Grundlagen und Verfahren der Förderung von Textkompetenz in mehrsprachigen Klassen*. Tübingen.

Schröter, E. (1997). Der Beitrag des Schreibwerkzeugs Computer zur Herausbildung von Schreib- und Lesekompetenz jüngerer Kinder. Erfahrungen aus der „Schreibwerkstatt für Kinder" an der Technischen Universität Berlin. *OBST*, 55, 70–89.. Osnabrücker Beiträge zur Sprachtheorie.

Interkulturelle Pädagogik im Pädagogikunterricht

10

Jörn Schützenmeister

10.1 Einleitung

Pädagogikunterricht (PU) soll Jugendlichen ein grundlegendes Verständnis pädagogischer Prozesse sowie Bildung und Erziehung auf einem wissenschaftspropädeutischen Niveau vermitteln. Am stärksten ist das Fach im allgemeinbildenden Bereich unter der Bezeichnung Erziehungswissenschaft in Nordrhein-Westfalen verbreitet, wo die entsprechenden Kurse zu den am meisten angewählten Fachkursen des Wahlbereiches der gymnasialen Oberstufe gehören. Seit der Empfehlung der KMK zur „Interkulturellen Bildung und Erziehung in der Schule" von 1996 ist eine stärkere Hinwendung des PU zu interkulturellen Aspekten erkennbar. So weist der Lehrplan von 1999 interkulturelle Perspektiven aus (vgl. MSWWF 1999, S. 47). 1999 erschien der Sammelband zum interkulturellen Lernen im PU „Dem Fremden auf der Spur" (Holzbrecher 1999a). Es wurden weitere Beiträge und Überlegungen zum interkulturellen Lernen im PU veröffentlicht (vgl. Stiller 1997; Holzbrecher 1999b, 1999c, 2000, 2010; Adick 1999, 2010). Für den Abiturjahrgang 2010 wurde das Thema „Konzepte Interkultureller Bildung und Erziehung" erstmals in den Zentralabiturvorgaben für das Fach Erziehungswissenschaft erwähnt (vgl. Durt 2010, S. 1). Die hier nur knapp skizzierte wachsende Beachtung ‚Interkultureller Pädagogik' (IKP) im PU korrespondiert mit dem Bedeutungsgewinn dieses Arbeitsfeldes in den letzten Jahren und mit der Zunahme von Migration als Folge der Globalisierung. Der vorliegende Beitrag reflektiert den gegenwärtigen fachdidaktischen Entwicklungsstand zur IKP und gibt Impulse für die fachdidaktische Innovation. Der Beitrag bezieht sich auf das Schulfach Erziehungswissenschaft in Nordrhein-Westfalen (NRW).

Jörn Schützenmeister ✉
Westfälische Wilhelms-Universität Münster, Münster, Deutschland

10.2 Impressionen

Nennenswerte Analysen dazu, wie im PU IKP thematisiert wird, finden sich z. B. in Beiträgen von Alfred Holzbrecher (1999b, 2000) und in der Staatsexamensarbeit von Rafael Buschmann (2008). Diesen Analysen zufolge stellt sich die fachdidaktische Entwicklung bezüglich interkultureller Aspekte relativ positiv dar (vgl. Holzbrecher 2000, S. 140; Buschmann 2008, S. 93ff.). Diese Analysen beziehen sich auf Lehrpläne, fachdidaktische Konzepte und auf Schulbücher. Seit dem Auftauchen der IKP in den Zentralabiturvorgaben wurden aber mittlerweile neue Unterrichtsmaterialien entwickelt. Keine wissenschaftliche Antwort kann derzeit auf die Frage gegeben werden, wie IKP im PU tatsächlich von Lehrern und Schülern[1] umgesetzt wird. Es gibt hierzu keine empirisch gesicherten Erkenntnisse. Deswegen kann ein aktuelles Gesamtbild zur fachdidaktischen Situation der IKP im PU zurzeit allenfalls thesenartig skizziert werden.

10.2.1 Interkulturelle Pädagogik im Lehrplan und im Zentralabitur

Der Lehrplan für den PU bildete einen Rahmen, der vielfältig ausgefüllt werden kann. Die kommentierenden Ausführungen des Lehrplanes beschreiben sogar exemplarisch eine interkulturelle Variante des Unterrichtsganges im Fach EW (vgl. MSWWF 1999, S. 48). Seit der Einführung des Zentralabiturs und der Zentralabiturvorgaben in NRW wirkt sich auch das Paradigma der Neuen Steuerung auf den PU aus. Die ‚Philosophie' lautet, dass sich jetzt die Unterrichtsgestaltung stärker am Kriterium der unterrichtlichen Wirksamkeit bzw. am ‚Output' orientieren müsse. Die Zentralabiturvorgaben stellen nun den inhaltlichen Maßstab dar, an dem der ‚Output' resp. die Schülerleistung im Zentralabitur gemessen wird. Sie werden vorab für jeden Abiturjahrgang auf der Homepage des Schulministeriums veröffentlicht (vgl. MSW 2010). Durch sie wird der PU mittlerweile inhaltlich ein ganzes Stück weit festgelegt. Auch das Thema IKP hat so im PU eine gewisse Normierung erfahren. War das Thema früher relativ frei gestaltbar, wird es mit den Zentralabiturvorgaben für das Jahr 2011 relativ stark auf die Konzepte interkultureller Erziehung und Bildung von Wolfgang Nieke und Alfred Holzbrecher festgelegt.

---

[1] Im Weiteren wird für ‚Schülerinnen' und für ‚Schüler' nur der Begriff ‚Schüler' und für ‚Lehrerinnen' und ‚Lehrer' nur das Wort ‚Lehrer' verwendet. Gemeint sind immer beide Geschlechter.

10.2.2 Interkulturelle Pädagogik in den Unterrichtsmaterialien

Einen Eindruck von den gegenwärtigen Vermittlungsmöglichkeiten der IKP im PU bieten Unterrichtsmaterialien, z. B. das Schulbuch „Phoenix" und das „Kursbuch Erziehungswissenschaft", deren Inhalte hier beschrieben werden.

IKP wird im zweibändigen Schulbuch „Phoenix" von Heinz Dorlöchter und Edwin Stiller aus den Jahren 2005 (Bd. 1) und 2006 (Bd. 2) auf ca. 4 % aller Seiten behandelt. Das Unterkapitel „Kulturspezifische Aspekte von Erziehung" ist eines der umfangreichsten Unterkapitel, welche für einen wahldifferenzierten Unterricht vorgesehen sind. Eingeführt wird der Schüler in das Thema mit Texten zum Aufwachsen von Kindern in Kenia, Vietnam und Hamburg, mit Anregungen zum Nachdenken, wie „Alle sind unterschiedlich – alle sind gleich ..." und mit einem Text „Wie man in Deutschland fremd ist". Der Erarbeitungsteil beschreibt Werte und Normen multikultureller Gesellschaften, stellt interkulturelles Lernen am Beispiel der Göttinger Albani-Grundschule dar, geht auf das Beispiel einer Identitätsentwicklung ‚zwischen zwei Kulturen' ein und versucht Verständnis für die Integration Fremder in die Gesellschaft bei gleichzeitiger Anerkennung ihres Andersseins zu wecken. Im Vertiefungsteil wird das Verhältnis zwischen Kultur und Erziehung kurz angesprochen, dann geht es um die kreative Mischung kultureller Elemente in Patchwork-Identitäten und in Kreolisierungsprozessen, dann etwas um interkulturelle Kompetenz. Der Anwendungsteil konfrontiert mit dem ‚Kopftuchstreit', gibt Beispiele für interkulturelles Handeln im Kindergarten und im Altenheim. Den Schlusspunkt bilden sieben Absätze zum Phasenmodell interkulturellen Lernens von Grosch und Leenen.

Das Lehrbuch Phoenix steht erkennbar vor dem Hintergrund der Dialogischen Fachdidaktik Pädagogik. Jene beruft sich insbesondere auf die „Pädagogik der Vielfalt" (vgl. Stiller 1997, 39ff.), was sich auch im Lehrbuch am Paradigma von ‚Gleichheit und Differenz' widerspiegelt. Das Buch zentriert auf die Wahrnehmung und Reflexion von Kulturbegegnung und Kulturkonflikt im Interesse der Subjekt- und Identitätsentwicklung. Im Phoenix stammt eine Reihe von Texten aus Zeitschriften, Journalen und populären Veröffentlichungen (z. B. GEO, Die Zeit, Hamburger Abendblatt). Die theorie- und wissenschaftsorientierten Texte sowie Passagen sind m. E. ein wenig zu kurz.

Das Kursbuch Erziehungswissenschaft von Georg Bubolz und Heribert Fischer aus dem Jahr 2010 widmet der IKP ca. 7 % seiner Seiten. IKP taucht in mehreren Kapiteln auf. Die Einführung in die IKP-Kapitel ist mit Texten gestaltet, die sich gegenseitig stark kontrastieren. So wird ein Auszug aus Jostein Gaarders Buch „Der Geschichtenverkäufer", welcher mit dem Titel überschrieben ist „Wir lebten in einer Einheitskultur ..." kontrastiert durch einen Textauszug aus Hans Magnus Enzensbergers Buch „Aussichten auf den Bürgerkrieg", welcher auf Probleme der multikulturellen Gesellschaft anspielt. An anderer Stelle findet man einen Text zu einer gelungenen deutsch-türkischen Ehe neben einem Text zur ‚problematischen' Integration eines türkischen Migranten in Deutschland. Im ersten IKP-Kapitel folgen Texte zur Nicht-Teilnahme muslimischer Schüler an Klassenausflügen, zur Schwierigkeit der pädagogischen Einflussnahme auf Schüler aus Zuwanderungsfamilien, die in der Schule statt Deutsch die Sprache des Herkunftslandes ihrer Familie sprechen, zum Konzept der toleranzorientierten Bielefelder Gesamtschule und schließlich eine knappe Beschreibung der IKP aus dem Buch „Pädagogisches Grundwissen" von Herbert Gudjons (Ausgabe 2008). Das Hauptkapitel zur IKP wartet mit einem Abdruck von Textpassagen aus 24 Seiten des Buches „Interkulturelle Erziehung und Bildung" von Wolfgang Nieke (2008) auf. Eines der ersten Themen nach Wolfgang Nieke handelt vom Konzeptualisierungsprozess der IKP ausgehend von der ‚Ausländerpädagogik'. Es werden dann die beiden Grundrichtungen Begegnungs- und Konfliktpädagogik dargestellt. Im Zentrum des Hauptkapitels stehen die zehn Ziele interkultureller Erziehung und Bildung von Wolfgang Nieke. Dann geht es um Wolfgang Niekes diskursorientierten Ansatz der Konfliktpädagogik. Es folgen Auszüge zum interkulturellen Lernen aus Veröffentlichungen Alfred Holzbrechers. Das IKP-Hauptkapitel wird mit Textauszügen aus der Seite 134 des Buches „Einführung in die Interkulturelle Erziehungswissenschaft" von Ingrid Gogolin und Marianne Krüger-Potratz (Ausgabe 2006) abgeschlossen.

Im Kursbuch Erziehungswissenschaft kommt in den Thementeilen zur IKP neben der subjektorientierten Perspektive auch die gesellschaftskritische Perspektive etwas zum Tragen. In konzeptioneller Hinsicht werden die IKP-Kapitel des Kursbuches aber maßgeblich von den Zentralabiturvorgaben bestimmt. Vor allem die Beiträge Wolfgang Niekes bilden die wesentliche theoretische Klammer. Im Kursbuch Erziehungswissenschaft sind auf sehr vielen Seiten zum Themengebiet IKP Textauszüge aus Veröffentlichungen von Wolfgang Nieke eins zu eins abgedruckt. Der pädagogische Bezug wird in einigen Aufgaben durch die Kombination der Aufgabenoperatoren wie „Analysieren Sie …", „Erörtern Sie …" und „Beziehen Sie Stellung …." mit der begrifflichen Wendung „ … unter pädagogischer Perspektive" eingefordert (vgl. Bubolz und Fischer 2010, S. 72, 74, 76). Allerdings sind keine Konkretisierungen vorgesehen, auf welche Kategorien der pädagogischen Perspektive die Schüler ihre Antworten hin auslegen sollen.

Als Alternative zu den beiden Schulbüchern gibt es z. B. den Materialband „Grundzüge der Interkulturellen Erziehung und Bildung" von Mariana Durt und Martina Klein und den dazugehörigen Lehrerband von Mariana Durt aus dem Jahr 2010. Auch darin sind die Zentralabiturschwerpunkte, das ‚Nieke-' und das ‚Holzbrecher-Konzept' enthalten, aber einige andere Themen ebenfalls. Die Texte rekurrieren zusammen auf ein breiteres Spektrum von Beiträgen zur IKP, rücken z. B. auch differenzierter Migration ins Blickfeld. Dadurch, dass der Lehrerband fachdidaktische Reflexionen beinhaltet, Vorschläge zum unterrichtlichen Einsatz der Materialien macht und diese begründet, wird die fachdidaktische Auswahl und die intendierte Einbettung der Materialien in den Unterricht transparent. Alles in allem erscheint zurzeit die Entwicklung solcher themenorientierter Materialien aus fachdidaktischer Sicht für die Innovation des PU sehr anregend.

Auffällig an den Kapiteln zur IKP in den Schulbüchern und Unterrichtsmaterialien für den PU ist die Tatsache, dass recht viele der darin abgedruckten Texte zur IKP nicht von den Autoren der Schulbücher und der Materialien selbst verfasst wurden. Es handelt sich bei diesen Texten um Auszüge aus Veröffentlichungen anderer Autoren. Sie sind didaktisch also nicht speziell für den PU transformiert.

10.2.3 Didaktische Konzeptionen

Impulse zur Konzeptionalisierung der interkulturellen Dimension vermitteln dem PU die ‚Dialogische Fachdidaktik Pädagogik' von Edwin Stiller (1997), das didaktische Modell ‚Interkulturellen Lernens' von Alfred Holzbrecher und Beiträge von Christel Adick (1999, 2010) zum Thema ‚Globales Lernen'.

Edwin Stiller will mit seinem Konzept über den PU einen Beitrag zu einer toleranzorientierten und demokratischen Erziehung und Bildung leisten. Leitend ist deshalb ein dialogisches Erziehungsverständnis. Einen Orientierungspunkt seines Konzepts bezeichnet Edwin Stiller mit „Gleichheit und Differenz", das er mit dem Qualifikationsfeld „Interaktion" verbindet. Die wichtigen theoretischen Anknüpfungspunkte bilden die „Pädagogik der Vielfalt" von Annedore Prengel und Beiträge von Ulf Preuss-Lausitz. Das Paradigma „All different – All equal" kennzeichnet zwei grundlegende Rechte jedes Menschen: zum einen das Recht, sich von anderen Menschen zu unterscheiden, eine eigene unverwechselbare Persönlichkeit auszubilden, zum anderen das Recht, universelle Menschenrechte für sich in Anspruch zu nehmen, die für alle Menschen in gleicher Weise gelten. Insofern sollte sich die Begegnung zwischen Menschen von Werten wie Akzeptanz des Fremden und Toleranz leiten lassen. Die Erfahrung von Vertrauen und Bestätigung durch andere Menschen ist eine wichtige Voraussetzung dafür, dass ein Mensch anderen Menschen Vertrauen und Akzeptanz entgegenbringen kann (vgl. Stiller 1997, S. 40). Deswegen knüpft die „Pädagogik der Vielfalt (…) an der dialogischen Pädagogik eines Martin Buber und Janusz Korczak an und stellt das Subjekt in einen intersubjektiven Kontext der Achtung und Verantwortung. Im Kontext interkulturellen Lernens (…) erhält eine Pädagogik der Vielfalt die Perspektiven der Befremdung, der Begegnung, der Biographie und des Konflikts. (…) Die Pädagogik der Vielfalt lenkt den Blick darauf, dass solche Prozesse (…) konstruktiv pädagogisch bearbeitet werden müssen." (Stiller 1997, S. 40) Das Qualifikationsfeld Interaktion in der Fachdidaktik von Edwin Stiller strebt die „Fähigkeit und Bereitschaft zur empathischen Begegnung mit dem Anderen, zur Erweiterung der kommunikativen und kooperativen Kompetenz in erzieherischen Bereichen" (ebd., S. 54) an. Indem Edwin Stiller diese Fähigkeit und Bereitschaft weiter spezifiziert entwirft er einen eigenen Ansatz interkulturellen Lernens (vgl. ebd., S. 56). Zusammen mit dem Qualifikationsfeld Biographie zielt das Qualifikationsfeld Interaktion auf die „selbstreflexive, personenzentrierte (…) Betrachtung von Erziehungspraxis und erziehungswissenschaftlicher Theorie" (ebd., S. 54).

In eine ähnliche Richtung wie Edwin Stillers Überlegungen zum interkulturellen Lernen weist der im Vergleich dazu viel weiter ausgearbeitete und begründete allgemeindidaktische Ansatzes zum ‚Interkulturellen Lernen' von Alfred Holzbrecher, den dieser ausführlich in seinem Buch „Wahrnehmung des Anderen" beschrieben hat (vgl. Holzbrecher 1997). Alfred „Holzbrechers Didaktik ist beziehungsorientiert und dialogisch konzipiert. Insofern ist Fremdheit (…) keine Eigenschaft (…), sondern ein ‚Beziehungsmodus' beteiligter Individuen (…). Auf diese Weise überwindet er die Diskussion um ‚das Fremde und das Eigene' von Kulturen und spricht sich für die Gestaltungsfähigkeit des Kulturellen in konkreten Beziehungsinteraktionen aus" (Roth 2000, S. 40).

Holzbrecher knüpft vor allem an die Gestaltpädagogik von Heinrich Dauber, an die Ethnopsychoanalyse Mario Erdheims, an Überlegungen von Erhard Meueler zur ‚Bildung als Subjektentwicklung' und an Überlegungen des Ethnologen und Psychoanalytikers Georges Devereux zu den Phasen des Fremdverstehens an. Mit seinem didaktischen Modell will Holzbrecher „Fremdverstehen als ergebnisoffenen Such- und Kontaktprozess" konzipieren (Holzbrecher 1999b, S. 22f.). In seinem Modell unterscheidet er die drei Dimensionen der Erfahrungsbildung ‚Ausdruck, Wahrnehmung, Reflexion', die in jeder Phase des Fremdverstehens eine je unterschiedliche Gewichtung haben. Das Fremdverstehen vollzieht sich auf vier Ebenen, die sukzessive durchlaufen werden: die subjektive Ebene (I), die lebensweltlich-biographische Ebene (II), die historisch-gesellschaftliche Ebene (III) und eine Art integrative Ebene (IV). Den Prozess der Begegnung des Anderen und den Prozess des Verstehens des Fremden beschreibt Holzbrecher mit seinem Modell wie folgt: Das Modell „soll es ermöglichen, von hier & jetzt in symbolisierender Weise zum Ausdruck gebrachte Bilder, Einstellungen und Vorwissen auszugehen (I). Diese Inhalte werden im Weiteren auf ihre biographischen und lebensweltlich erlernten Bedeutungsgehalte (II) hin untersucht; schließlich wird gefragt, wie diese ihrerseits vor dem Hintergrund historisch-gesellschaftlicher Strukturen und Entwick-

10 Interkulturelle Pädagogik im Pädagogikunterricht

lungen (III) zu deuten sind. In einem weiteren Schritt, und dies ist die Zielperspektive des Modells (IV), werden die lebensweltlich-biographische und die historisch-gesellschaftliche Ebene so miteinander verknüpft, dass hier & jetzt im Binnenraum der Lerngruppe Möglichkeiten einer konstruktiven und kreativen Veränderung von Deutungs- und Handlungsmustern erarbeitet und erprobt werden können. Dies beinhaltet die gemeinsame Suche nach ästhetischen Handlungs- bzw. politischen Aktionsfeldern" (Holzbrecher 1999b, S. 23).

Mehrfach publizierte Alfred Holzbrecher zum interkulturellen Lernen im PU (1999 b, c, 2000, 2010). Die Beiträge Holzbrechers zur IKP im PU konzentrieren sich auf die Anwendung seines didaktischen Modells interkulturellen Lernens im PU und auf die Auslegung dieses Modells als Inhalt des PU. Allerdings stehen dabei die unterrichtsmethodischen Aspekte klar im Vordergrund. Dies entspräche auch der Sichtweise Holzbrechers, interkulturelles Lernen vor allem als eine Querschnittsaufgabe aller Fächer zu begreifen. Der PU erweist sich in den hier genannten Beiträgen Alfred Holzbrechers zum PU als ein ‚Vehikel' dafür, zu verdeutlichen, wie interkulturelles Lernen funktioniert. Die Klärung der Frage, inwiefern das Modell aber auch ein geeigneter Reflexionsgegenstand des PU zur inhaltlichen Beschäftigung mit interkulturellem Lernen ist, steht m. E. eher im Hintergrund.

Christel Adick entwirft eine andere Perspektive auf interkulturelles Lernen als Alfred Holzbrecher und als Edwin Stiller. Sie stellt interkulturelles Lernen im PU in den Kontext des Konzeptes „Globales Lernen" (vgl. Adick 1999, 2010). Christel Adick schlägt 1999 vor, Bildung und Erziehung in den sog. Entwicklungsländern im PU zu thematisieren. Dabei geht es vor allem um eine multiperspektivische und globale Herangehensweise an die Thematik, bei der interkulturelles Lernen in der Gestalt entwicklungspolitischer Bildung vermittelt wird (vgl. Adick 1999, S. 149). Sie skizziert 1999 auch eine mögliche Unterrichtsplanung für globales Lernen im PU vor dem Hintergrund des didaktischen Strukturgitters für den PU von Adick, Bonne, Menck (1978).

In ihrem Beitrag zum PU aus dem Jahr 2010 identifiziert Christel Adick das Konzept der „Bildung für nachhaltige Entwicklung" (BNE) mit globalem Lernen und weist darauf hin, dass die interkulturelle Erziehung in das Themenspektrum von BNE hineingehöre (vgl. Adick 2010, S. 71). Vor allem sieht sie „gerade in der Verknüpfung von Migration und Interkulturalität mit weltgesellschaftlichen Perspektiven besondere Chancen, eine bloß auf pädagogische Bearbeitung der hiesigen ‚Migrationsproblematik' reduzierte Perspektive auszuschließen" (ebd., S. 73). Eine „bloße Bearbeitung von Migration und Interkulturalität (bezogen auf die Dimension ‚Soziales') im Pädagogikunterricht" stelle „aber noch keine Umsetzung von BNE dar. Erst wenn weitere Dimensionen hinzukommen, z. B. die Verknüpfung mit ‚Ökonomie' (etwa: weltwirtschaftliche Ursachen von Migration), kann aus Interkulturellem Lernen im Pädagogikunterricht BNE werden." (ebd., S. 73) Christel Adick schlägt für die unterrichtliche Realisierung des globalen Lernens ihren „Didaktischen Würfel" vor. Dieses didaktische Modell hat sie vor allem in der Auseinandersetzung mit Beiträgen von Selby und Weinbrenner/Fritzsche entwickelt (vgl. Adick 2002, S. 406ff.). Der „Würfel" besteht aus drei zentralen Dimensionen. Die erste Dimension lautet „Weitergabe von Kultur". Ein Thema muss „so aufbereitet werden, dass es sowohl Wissen vermittelt als auch zur Gewissensbildung beiträgt (scientia und conscientia). Dies soll dadurch geschehen, dass die unterrichtliche Bearbeitung des Themas normative, empirische und handlungsleitende Aspekte einschließt." (ebd., S. 412) Die zweite Dimension des Modells heißt „Kontextualität". Sie macht „darauf aufmerksam, dass dem Anspruch globalen Lernens nur dann genüge getan werden kann, wenn die Einbeziehung und die Wechselwirkung verschiedener sozialräumlicher Kontexte vom Einzelnen bis zur Weltgesellschaft reflektiert werden kann." (ebd., S. 412) Die Berücksichtigung und Verschränkung individueller und globaler Perspektiven bzw. von Betrachtungsweisen auf der Mikro- und Makroebene werden hiermit angesprochen. Die dritte Dimension des Modells ist die „Historische Dimension", die „dem vermittelten Wissen und seiner unterrichtlichen Bearbeitung eine prozessorientierte Perspektive" geben soll (ebd., S. 413).

Hervorzuheben ist bei den Beiträgen Christel Adicks vor allem die Tatsache, dass sie sehr klar eine globale und gesellschaftskritische Perspektive bei der Behandlung interkultureller Aspekte im PU betonen. Adick gibt mit ihrem „Didaktischen Würfel" ein Instrument an die Hand, welches wahrscheinlich eine recht umfassende und solide Konzipierung interkultureller Themen im PU möglich machen würde. Wegen der inhaltlichen Festlegung des PU durch Zentralabiturvorgaben und wegen des jungen Alters des letzten Beitrages haben sich die Anregungen von Christel Adick vermutlich noch nicht in der Unterrichtspraxis des PU verbreitet.

10.3 Kritische Rückfragen

Im Folgenden sollen einige Problemfelder und Kritikpunkte zum Thema IKP im PU angesprochen werden. Diese Kritikpunkte werden als diskursorientierte ‚Kritische Rückfragen' und als ‚Thesen' vorgebracht. Der Grund hierfür ist, dass keine empirisch gesicherten Erkenntnisse zur Thematisierung der IKP im PU vorliegen. Die kritischen Rückfragen und kritischen Thesen ergeben sich aus einer Verdichtung und In-Beziehung-Setzung von Eindrücken von Lehr- und Lernmaterialien sowie von didaktischen Ansätzen, wie sie hier geschildert wurden, und von Eindrücken von Bedingungen der Unterrichtspraxis.

10.3.1 Die Zukunft: Ein überschaubares ‚Standardprogramm' zur Interkulturellen Pädagogik im Pädagogikunterricht?

Das Wechselspiel von Zentralabiturvorgaben und Zentralabiturprüfungen wirkt einschränkend auf die Möglichkeiten zur Entfaltung des Themas IKP. Alle Lehrer und Schüler konzentrieren sich auf die Konzepte zur interkulturellen Bildung und Erziehung von Wolfgang Nieke und von Alfred Holzbrecher. Andere Themen der IKP werden dagegen vernachlässigt. Die fachdidaktische Begründung der Auswahl der beiden Zentralabiturvorgaben ist didaktisch nicht transparent genug.

Praxisrelevante Entwicklungsarbeit beschränkt sich größtenteils auf die Schulbuchproduktion. Diese wird oft nebenberuflich von Pädagogiklehrern vollbracht. Sie ist sehr eng an den Lehrplan und an die Zentralabiturvorgaben gekoppelt. Eine zu enge Kopplung von inhaltlichen Vorgaben und Schulbuchproduktion ist aber höchst problematisch (vgl. Adick 1992). Erkenntnisfortschritt in der Erziehungswissenschaft wird mitunter selektiv wahrgenommen und fachdidaktische Transformationsarbeit mitunter nur in begrenztem Umfang geleistet.

Das Aufeinandertreffen der beschriebenen Umstände – unbefriedigende fachdidaktische Begründung der Auswahl der Zentralabiturvorgaben, die zu enge Orientierung der Schulbuchproduktion an Lehrplan und Zentralabiturvorgaben, die in Schulbüchern anzutreffende selektive Verarbeitung wissenschaftlicher Beiträge und deren mitunter mangelnde fachdidaktische Transformation sowie die geringe Einbeziehung von Fachwissenschaftlern in die Schulbuchproduktion – begünstigt dann in der Unterrichtspraxis die Herausbildung und Verfestigung eines ‚Standardprogramms' zur IKP. Das besteht im Wesentlichen aus den Teilthemen ‚Von der Ausländerpädagogik zur Interkulturellen Pädagogik', ‚Ziele interkultureller Erziehung und Bildung nach Wolfgang Nieke' und ‚Interkulturelles Lernen nach Alfred Holzbrecher'.

Die IKP wird nicht adäquat in Schulbüchern und im PU repräsentiert. PU ist in diesem Bereich also nicht ausreichend sachgemäß und trägt dem wissenschaftspropädeutischen Anspruch nur in begrenzter Weise Rechnung. Georg Auernheimer (2010, S. 124ff.) unterteilt z. B. insgesamt sechs konzeptionelle Richtungen zur interkulturellen Bildung und Erziehung. Das Nieke- und Holzbrecher-Konzept ordnet er vor allem der Richtung „Umgang mit kulturellen Differenzen" zu. Außerdem erwähnt er bei der Schilderung der Richtung „Befähigung zum interkulturellen Dialog" den Diskursansatz von Wolfgang Nieke und bei der Erläuterung der Richtung „Multiperspektivische Bildung" das Modell Alfred Holzbrechers. Jedoch schildert Auernheimer diese beiden Richtungen wesentlich aus der Perspektive anderer Beiträge. Ein PU, der sich nur auf Wolfgang Nieke und auf Alfred Holzbrecher bezöge, würde demnach die Richtungen „Befähigung zum interkulturellen Dialog" und

"Multiperspektivische Bildung" nur unzureichend widerspiegeln. Weiterhin würde ein solcher PU die konzeptionellen Richtungen der IKP „Interkulturelles Lernen als soziales Lernen", „Mehrsprachige Bildung" und „Antirassistische Erziehung" weitgehend ausblenden.

10.3.2 Interkulturelle Bildung als eigenständiges Thema, als thematisch eingebetteter Inhalt oder als Unterrichtsprinzip im Pädagogikunterricht?

Interkulturelle Bildung sollte eigentlich als eine Querschnittsaufgabe aufgefasst werden. Dies bedeutet, dass für interkulturelle Bildung kein eigenes Schulfach vorgesehen werden soll, sondern dass sie in der Kooperation der Unterrichtsfächer und als Unterrichtsprinzip zu realisieren ist. In dieser Weise wurde auch interkulturelle Bildung im PU verstanden, was bspw. in dem Buch „Dem Fremden auf der Spur" (Holzbrecher 1999a) deutlich wird, das dem interkulturellen Lernen im PU gewidmet ist. Die ‚Normierungseffekte' von Zentralabiturvorgaben und Zentralabitur könnten hier nun eine Akzentverschiebung in der Wahrnehmung interkultureller Bildung im PU mit sich bringen. Sie betonen die interkulturelle Bildung als einen Reflexionsgegenstand für den PU. Das könnte u. U. dazu führen, dass interkulturelle Bildung weniger als integraler Bestandteil der vorhandenen Themen des PU aufgefasst wird, sondern nur noch als ein eigenständiges Thema neben anderen Themen. Es könnte zudem die Auffassung etwas ins Hintertreffen geraten, interkulturelle Bildung sei auch ein in methodischer Hinsicht zu realisierendes Unterrichtsprinzip.

10.3.3 Ist die Interkulturelle Pädagogik im Pädagogikunterricht pädagogisch?

Eine aktuelle Kritik am PU lautet, er vermittele zu viele ‚nicht-pädagogische' Theorien und Inhalte (z. B. psychologische Theorien und psychologische Inhalte) ohne deren pädagogische Relevanz ausreichend zu klären (vgl. z. B. Wigger et al. 2008, S. 15ff., Röken 2009, S. 12f.). Dies hätte dann Profil- und Legitimationsverlust des PU zur Folge. Deswegen bestimmt den fachdidaktischen Diskurs zurzeit das Thema ‚Die Pädagogische Perspektive im PU'. Es geht dabei um die Fragen, welche Gegenstände den PU von Nachbarfächern wie Psychologie und Sozialwissenschaften unterscheidbar machen und wie die pädagogischen Bezüge geschärft werden können.

Auch beim Thema IKP kann hinterfragt werden, ob die pädagogische Perspektive bei der Vermittlung im PU ausreichend klar wird. In den Lehr- und Lernmaterialien zum PU geht es z. B. nicht erkennbar genug um interkulturell pädagogische Aspekte, sondern zudem um interkulturell soziale, ökonomische und politische Gesichtspunkte. PU müsste viel klarer die spezifisch pädagogischen interkulturellen Themen betonen.

10.3.4 Befangenheit der Interkulturellen Pädagogik des Pädagogikunterrichts im Subjektivismus?

Die Dialogische Fachdidaktik Pädagogik von Edwin Stiller, welche zur Verwirklichung der IKP im PU didaktische Anregungen liefert, wurde mehrfach kritisiert. Die Kritik richtet sich gegen das subjektzentrierte Verständnis von Erziehung und Bildung (vgl. z. B. Knöpfel 2009, S. 197f. Baumgart und Bubenzer 2001, S. 369f.) und gegen den Mangel an gesellschaftskritischen Bezügen (vgl. Bernhard 1999, S. 656f., Schlehahn 2003, S. 199f.) in der Dialogischen Fachdidaktik. Das Schulbuch Phoenix, das vor dem Hintergrund der Dialogischen Fachdidaktik steht, ist sehr subjekt- und interaktionsorientiert konzipiert. Im didaktischen Modell interkulturellen Lernens von Alfred Holzbrecher sind ebenfalls eine gewisse Betonung subjektiver Wahrnehmungs- und Verarbeitungsmuster sowie die Betonung des Dialogs auszumachen. Die Ausrichtung auf das Subjekt und den Dialog in den Konzeptionen von Edwin Stiller und Alfred Holzbrecher könnte daran liegen, dass diese Konzeptionen selbst wesentlich auf subjektorientierte Beiträge aufgebaut sind. Allerdings kann ihnen keinesfalls eine starke Vernachlässigung der gesellschaftlichen und gesellschaftskritischen Perspektive vorgehalten werden. Auch, was die Lehr- und Lernmaterialien für den PU anbelangt, sind gesellschaftliche und gesellschaftskritische Bezüge erkennbar. Im Endeffekt sind aber die konkreten ‚Übersetzungen' der konzeptionellen Ideen in den PU und das sich im PU niederschlagende Verhältnis von Subjektorientierung und Gesellschaftsbezug ausschlaggebend. Für die Themen der IKP im PU soll hier die These behauptet werden, dass Subjektorientierung und Dialogorientierung einerseits und Berücksichtigung gesellschaftlicher und gesellschaftskritischer Gesichtspunkte anderseits nicht gut balanciert sind. Es überwiegen die subjektorientierten und dialogischen Aspekte. Im PU ist die gesellschaftliche Dimension, insbesondere die gesellschaftskritische Perspektive der IKP zu wenig abgebildet. PU behandelt interkulturelle Fragestellungen zu sehr auf der Mikro-Ebene und zu wenig auf der Makro-Ebene. Themen, mit denen die gesellschaftlichen Bedingungen interkultureller Erziehung und Bildung ins rechte Licht gesetzt werden können, wie z. B. Globalisierung, Transkulturalität,

Migration oder Bildungssysteme im internationalen Vergleich, werden im PU zu wenig berücksichtigt. Zwar gibt Christel Adick mit ihrem Modell globalen Lernens Impulse zur Stärkung der gesellschaftlichen und kritischen Dimension, jedoch sind diese Impulse bisher zumindest – so eine These – in der Praxis des PU wenig wahrgenommen und umgesetzt worden.

Die Thematisierung von Globalisierung, die als epochales Schlüsselproblem bezeichnet werden darf, gerät im PU zu kurz. Die Globalisierung, selbst maßgeblich vorangetrieben durch das Wirken marktwirtschaftlicher Konzepte und durch medientechnologische Entwicklung, hat die Wanderungsbewegungen von Menschen auf der Erde verstärkt, Kulturkontakte vorangetrieben und Gesellschaften entstehen lassen, die z. B. mit dem Konzept der Transkulturalität von Wolfgang Welsch (vgl. z. B. Welsch 2009) erfasst werden können. Globalisierung ist ein zentraler Grund für die Relevanz der IKP. Angemessen reflektiert wird dieser Zusammenhang im PU jedoch keinesfalls.

Migration als ein Leitthema der IKP wird im PU zu stark aus der Binnenperspektive der Deutschen auf die Zuwanderung von ‚Ausländern', zumeist auf die Zuwanderung türkischer Menschen betrachtet. Die Migration im umfassenderen Maßstab – von der armen Peripherie in die reichen Zentren der Welt, Armuts-, Arbeitsmigration, Migration in andere Zuwanderungsländer – kommt beim Thema IKP des PU zu wenig in den Blick. Die Migrationsarten und die damit verbundenen Perspektiven auf die Migration werden nicht sehr systematisierend vermittelt. IKP im PU repräsentiert nicht die Vielfalt der aus Migration folgenden interkulturellen pädagogischen Fragestellungen.

Ein Mangel des PU besteht darin, dass er zu wenig konkrete Fakten über die Erziehung und Bildung in anderen Ländern vermittelt. Wie ist z. B. das türkische Bildungssystem aufgebaut? Wie ist es entstanden? Wie läuft der Schulunterricht in der Türkei ab? Wie sind Erziehung und Bildung in den gesellschaftlichen und historischen Kontext in der Türkei eingebettet? Hierzu können die Schüler im PU etwas aus den in Lernmaterialien abgedruckten persönlichen Schilderungen türkischer Migranten entnehmen, die nach Deutschland zugewandert sind. Das sich ergebende Bild ist aber sehr bruchstückhaft. Dezidierte Informationen z. B. zur Bildungssystemebene, zur Bildungspolitik, zur Geschichte der Schule und aus der Bildungsstatistik anderer Länder, die objektivere Gesamtbilder ergeben, sind im PU Randerscheinungen. Allerdings wäre ein international vergleichender Zugriff für die IKP im PU sehr hilfreich, um z. B. Bildungsprobleme von Migranten zu verstehen oder um zu erkennen, inwiefern in anderen Bildungssystemen der Bildungserfolg von Migranten angestrebt wird und wie dies in manchen Ländern auch besser gelingt als in Deutschland.

PU, der bei der Behandlung der IKP die Reflexion eigener und fremder ‚Befindlichkeit' in der Begegnung der Kulturen überzeichnet, der einseitig die Subjektdimension betont, der aber die objektiven gesellschaftlichen und globalen Bedingungen pädagogischer Prozesse vernachlässigt, verhält sich unkritisch und affirmativ. Zu wenig berücksichtigt ist im PU die gesellschafts- und globalisierungskritische Sichtweise auf die multikulturelle Gesellschaft, auf Migration und auf die Einbettung der IKP in gesellschaftliche und globale Interessenzusammenhänge.

10.4 Impulse

10.4.1 Thesen zur fachdidaktischen Innovation

1. Die Wissenschaftspropädeutik des PU muss im Themengebiet IKP deutlich verbessert werden. Anzustreben wäre eine aktuellere und repräsentativere Auswahl zentraler wissenschaftlicher Beiträge und wichtiger Diskurslinien der IKP im PU. Es wäre angebracht, den PU an verschiedenen konzeptionellen Richtungen der IKP (z. B. Auernheimer 2010, S. 124ff.) thematisch zu orientieren, nicht jedoch nur an Konzepten weniger einzelner Personen. Die Anregung von Ulrike Hormel und Albert Scherr (2009, S. 49ff.), die „Antidiskriminierungsperspektive" als Leitperspektive für die Bildungspraxis in Einwanderungsgesellschaften stärker zu betonen und so von der einseitigen Orientierung an der Leitperspektive „Anerkennung der Vielfalt von Herkunftskulturen" abzurücken, wäre auch für den PU notwendig.
Zur Verbesserung der Wissenschaftspropädeutik zählt auch die stärkere Orientierung der Schüler auf wichtige Methoden in der IKP, z. B. auf qualitative und hermeneutische Forschungsmethoden und die intensivere axiologische Reflexion der Nutzung von Erkenntnissen der IKP.
2. Die Anzahl der Zugänge zur IKP im PU und die Anzahl der Teilthemen im Themenfeld IKP müsste erhöht werden. So wäre einer unqualifizierten thematischen Einschränkung interkultureller Bildung im PU und einer problematischen Normierungstendenz (vgl. Abschn. 10.3.1) entgegenzuwirken. Die Erhöhung der Vielfalt ist aber vor allem deswegen wichtig, um einen wahldifferenzierten Unterricht zu ermöglichen und somit die Interessen und Leistungen der Schüler im Themengebiet IKP zu fördern.
3. Die Bezüge der IKP zu genuin pädagogischen Perspektiven und zu einem spezifischen pädagogischen Grundverständnis müssten im PU entwickelt und deutlicher ausgewiesen werden. Die interkulturellen Betrachtungen müssten da-

bei auf einzelne Aspekte bzw. auf Dimensionen der pädagogischen Perspektiven systematischer bezogen werden. Dies entspräche der notwendigen Schärfung des Profils des PU. Vor allem die pädagogische Perspektive, die Klaus Beyer in seinem handlungspropädeutischen Modell des Pädagogikunterrichts entwickelt (vgl. Beyer 1997, 1998) und an die er unlängst erinnert hat (vgl. Beyer 2010), sollte hierfür geprüft werden, da diese Perspektive bildungstheoretisch fundiert, fachdidaktisch erschlossen und unterrichtspraktisch konkretisiert ist. Wichtige Dimensionen dieser Perspektive sind die Zweck-, Mittel-, Wirkungs- und die Bedingungsdimension pädagogischen Handelns.
4. Die im Themengebiet IKP im PU verbreitete Subjektorientierung und Dialogorientierung müsste kritisch hinterfragt und geprüft werden. Beide sind wichtige Bestandteile interkultureller Bildung. Allerdings müsste ihr Ausmaß in einem angemessenen Verhältnis zur Berücksichtigung gesellschaftlicher und globaler Aspekte stehen. Ist dies nicht der Fall, dann muss eine Reduzierung oder/und eine Ausbalancierung subjekt- und dialogorientierter Anteile angestrebt werden. Die Ausbalancierung könnte u. a. durch die im Folgenden genannten Punkte erfolgen.
5. Im PU müssten die Bezüge der IKP zur Globalisierung und zur Gesellschaft besser geklärt und hinterfragt werden. Es sollte z. B. deutlich werden, dass die Globalisierung ein tragender Grund für die Zunahme von Migration und die Zunahme von Kulturkontakten ist. Auch im PU müssen die Schüler dafür sensibilisiert werden, dass die Globalisierung mit gesellschaftlichen Risiken wie Ethnozentrismus, Assimilationismus, sozialer Erosion und Partikularisierung einhergeht. Die Beiträge Christel Adicks (1999, 2010) stellen gute Anknüpfungsmöglichkeiten für die Entwicklung globalen Lernens im PU dar.
6. Bei der Beschäftigung mit IKP im PU sollte der Ansatz der „Multiperspektivischen Bildung" (vgl. Auernheimer 2010, S. 142ff.) stärkere Berücksichtigung finden. So sollte z. B. der Blickwinkel auf Migration über die deutsche Binnenperspektive hinaus ausgeweitet werden. Migration auf globaler Ebene muss viel stärker in den Wahrnehmungshorizont der Schüler rücken. Dazu gehört, zu erkennen, dass es verschiedene Arten der Migration (Ein- und Auswanderung, Transmigration, Diaspora-Migration) und unterschiedliche Perspektiven auf Migration (Migrant, Sesshafter usw.) gibt.
7. Analysen und Vergleiche auf Systemebene müssten im Themengebiet IKP ausgebaut werden. Schüler müssen z. B. konkrete Fakten über Bildungssysteme unterschiedlicher Staaten, über die Einbettung dieser Systeme in gesellschaftliche und historische Zusammenhänge erfassen. Diese Informationen sind wichtige Ergänzungen zu subjektiven Schilderungen über Erziehung und Bildung in an-

deren Ländern. Wenn Informationen aus der Mikro- und Makroperspektive zusammengeführt werden, können differenziertere Reflexionen im Themengebiet IKP angestellt werden.

8. PU müsste im Themengebiet IKP die globalisierungs-, gesellschafts- und wissenschaftskritischen Bezüge stärker entfalten. Kritisch betrachtet werden müssten verschiedene Erscheinungsformen multikultureller Gesellschaften, der Prozess der Globalisierung, seine Gründe und Folgen, wie z. B. ökonomische Gründe, Flexibilität und Arbeitsmigration. Es geht dabei auch um eine kritische Auseinandersetzung mit dominanten öffentlichen Diskursen über Migration und Integration. Durch diese Beschäftigung soll deutlich werden, dass IKP in einem nicht unproblematischen gesellschaftlichen und globalen Bedingungszusammenhang steht. Diese Kenntnis soll dazu beitragen, dass sich die Schüler zu interkulturellen pädagogischen Problemfeldern und Entwicklungen vor dem Hintergrund von Werten wie Würde des Menschen, freie Entfaltung der Persönlichkeit und Solidarität positionieren können.

Literatur

Adick, C. (1992). Schulbuchentwicklung, Lehrplan und Bildungsreform. Das Beispiel des Pädagogikunterrichts. *Zeitschrift für Pädagogik, 38*, 725–744.

Adick, C. (1999). Erziehung und Bildung in den sog. Entwicklungsländern als Gegenstand interkulturellen Lernens im Pädagogikunterricht. In A. Holzbrecher (Hrsg.) *Dem Fremden auf der Spur: Interkulturelles Lernen im Pädagogikunterricht.* (S. 148–161). Baltmannsweiler.

Adick, C. (2002). Ein Modell zur didaktischen Strukturierung des globalen Lernens. *BuB, 55*(4), 397–416.

Adick, C. (2010). Bildung für nachhaltige Entwicklung als Gegenstand des Pädagogikunterrichts. *PädagogikUNTERRICHT, 30*(2/3), 70–79.

Adick, C., Bonne, L., Menck, P. (1978). *Didaktik des Pädagogikunterrichts. Entwicklung und Begründung einer Fachdidaktik im gesellschaftswissenschaftlichen Aufgabenfeld.* Stuttgart. Unter Mitarbeit von V. Rentsch, U. Mühlhausen.

Auernheimer, G. (2010). *Einführung in die interkulturelle Pädagogik*, 6. Aufl. Darmstadt.

Auernheimer, G. Interkulturelle Kommunikation und Kompetenz. http://www.georg-auernheimer.de/downloads/Interkult.Kompetenz.pdf. Zugegriffen: 06.05.2010.

Baumgart, F., Bubenzer, K. (2001). Zwischen Marginalität und Allmachtsfantasien. Neuere Publikationen zum Pädagogikunterricht in der gymnasialen Oberstufe. *Zeitschrift für Pädagogik, 47*, 359–374.

Bernhard, A. (1999). Neuere Grundlagenkritik an der Didaktik. Folgerungen für eine bildungswissenschaftliche Entwicklungsarbeit unter besonderer Berücksichtigung des Schulfaches Pädagogik. *Zeitschrift für Pädagogik, 45*(5), 649–666.

Beyer, K. (1997, 1998). *Handlungspropädeutischer Pädagogikunterricht. Eine Fachdidaktik auf allgemeindidaktischer Grundlage.* Baltmannsweiler. 3 Teile.

Beyer, K. (2010). Entfaltung der pädagogischen Perspektive. *PädagogikUNTERRICHT, 30*(2/3), 40–53.

Bubolz, G., Fischer, H. (2010). *Kursbuch Erziehungswissenschaft.* Berlin.

Buschmann, R. (2008). *Ansätze und Möglichkeiten interkultureller Erziehungswissenschaft im Pädagogikunterricht. Schriftliche Hausarbeit im Rahmen der Ersten Staatsprüfung für das Lehramt an Gymnasien und Gesamtschulen.* Münster.

Dorlöchter, H., Stiller, E. (2005). *Phoenix. Der etwas andere Weg zur Pädagogik.* Bd. 1 Paderborn.

Dorlöchter, H., Stiller, E. (2006). Phoenix. Der etwas andere Weg zur Pädagogik. Bd. 2. Paderborn.

Durt, M. (2010). *Grundzüge der Interkulturellen Erziehung und Bildung. Lehrerband.* PROPÄDIX. Unterrichtsmaterialien für den Pädagogikunterricht, Bd. 4 Baltmannsweiler. Hrsg. von Knöpfel, E.

Durt, M., Klein, M. (2010). Grundzüge der Interkulturellen Erziehung und Bildung. In E. Knöpfel (Hrsg.) *Materialsammlung.* PROPÄDIX. Unterrichtsmaterialien für den Pädagogikunterricht, Bd. 4. Baltmannsweiler.

Gogolin, I., Krüger-Potratz, M. (2006). *Einführung in die Interkulturelle Pädagogik.* Opladen & Farmington Hills.

Gudjons, H. (2008). *Pädagogisches Grundwissen*, 10. Aufl. Bad Heilbrunn.

Holzbrecher, A. (1997). *Wahrnehmung des Anderen. Zur Didaktik interkulturellen Lernens.* Opladen.

Holzbrecher, A. (1999a). *Dem Fremden auf der Spur: Interkulturelles Lernen im Pädagogikunterricht.* Baltmannsweiler.

Holzbrecher, A. (1999b). Vielfalt als Herausforderung. In A. Holzbrecher (Hrsg.) *Dem Fremden auf der Spur: Interkulturelles Lernen im Pädagogikunterricht.* (S. 2–28). Baltmannsweiler.

Holzbrecher, A. (1999c). Gleichheit und Differenz. Interkulturelle Bildung im Pädagogikunterricht. In E. Stiller (Hrsg.) *Dialogische Fachdidaktik Pädagogik. Neue didaktische Impulse für den Pädagogikunterricht.* Impulse aus der Praxis für die Praxis, Bd. 2 (S. 210–223). Paderborn.

Holzbrecher, A. (2000). Pädagogik. In H.H. Reich, A. Holzbrecher, H.J. Roth (Hrsg.) *Fachdidaktik interkulturell. Ein Handbuch.* (S. 131–151). Opladen.

Holzbrecher, A. (2010). Interkulturelles Lernen im Pädagogikunterricht. *PädagogikUNTERRICHT, 30*(1), 2–15.

Hormel, U., Scherr, A. (2009). Bildungskonzepte für die Einwanderungsgesellschaft. In S. Fürstenau, M. Gomolla (Hrsg.) *Migration und schulischer Wandel: Unterricht.* (S. 45–60). Wiesbaden.

KMK (1996). Interkulturelle Bildung und Erziehung in der Schule. Beschluss der KMK vom 25.10.1996. http://www.li-hamburg.de/fix/files/doc/Empfehlung_KMK_1996.pdf. Zugegriffen: 08.05.2011.

Knöpfel, E. (2009). Edwin Stillers Konzept einer „Dialogischen Didaktik" – Dialogorientierung im Pädagogikunterricht. In J. Schützenmeister (Hrsg.) *Zeitgemäße pädagogische Bildung. Beiträge zur Entwicklung und zum Studium der Fachdidaktik Pädagogik.* (S. 157–183). Baltmannsweiler.

MSW (Ministerium für Schule und Weiterbildung des Landes Nordrhein-Westfalen) (2010). Vorgaben zu den unterrichtlichen Voraussetzungen für die schriftlichen Prüfungen im Abitur in der gymnasialen Oberstufe im Jahr 2011. Vorgaben für das Fach Erziehungswissenschaft. http://www.standardsicherung.nrw.de/abitur-gost/fach.php?fach=11. Zugegriffen: 08.05.2011.

MSWWF (1999). *Erziehungswissenschaft. Richtlinien und Lehrpläne Sekundarstufe II. Gymnasien/Gesamtschulen.* Schriftenreihe Schule in NRW, Nr. 4719 Frechen. (Ministerium für Schule und Weiterbildung, Wissenschaft und Forschung des Landes Nordrhein-Westfalen).

Nieke, W. (2000). Interkulturelle Erziehung und Bildung. Wertorientierungen im Alltag. In F. Hamburger, M. Horstkämper, W. Melzer, K.J. Tillmann (Hrsg.) *Schule und Gesellschaft.* Opladen.

Nieke, W. (2008). *Interkulturelle Erziehung und Bildung.* Wertorientierungen im Alltag, 3. überarb. Aufl. Wiesbaden.

Röken, G. (2009). Pädagogikunterricht reloaded. Vorüberlegungen zu einem pädagogisch durchdrungenen und pädagogisch identifizierbaren Pädagogikunterricht oder: die Notwendigkeit des paradigmatischen Perspektivwechsels in der Realität des erziehungswissenschaftlichen Unterrichts (Eine Darstellung in zehn Statements). *PädagogikUNTERRICHT, 29*(2/3), 12–18.

Roth, H.J. (2000). Allgemeine Didaktik. In H.H. Reich, A. Holzbrecher, H.J. Roth (Hrsg.) *Fachdidaktik interkulturell. Ein Handbuch.* (S. 11–53). Opladen.

Schlehahn, U. (2003). Kritische Fachdidaktik Pädagogik – ein ungelöstes Projekt. In A. Bernhard, A. Kremer, F. Rieß (Hrsg.) *Kritische Erziehungswissenschaft und Bildungsreform. Programmatik – Brüche – Neuansätze.* Reformimpulse in Pädagogik, Didaktik und Curriculumentwicklung, Bd. 2 (S. 180–204). Baltmannsweiler.

Stiller, E. (1997). *Dialogische Fachdidaktik Pädagogik.* Bd. 1 Paderborn: Schöningh Verlag.

Welsch, W. (2009). Was ist eigentlich Transkulturalität?. In L.v. Darowska, C. Machold (Hrsg.) *Hochschule als transkultureller Raum?* Beiträge zur Kultur und Differenz. In: transcript verlag.. http://www2.uni-jena.de/welsch/tk-1.pdf [Zugriff: 04.05.2011].

Wigger, L., Platzer, B., Equit, C., Börner, N. (2008). Erziehungswissenschaftliche Alternativen im Pädagogikunterricht. *PädagogikUNTERRICHT, 28*(1), 15–27.

11 Der LiMA-Masterstudiengang Mehrsprachigkeit und Bildung
Eine interdisziplinäre Perspektive auf Mehrsprachigkeit

Monika Schulz und Ingrid Gogolin

> „Eine Sprache zu beherrschen und etwas *über* diese Sprache zu wissen, sind zwei Wissensformen von sehr verschiedener Art" (Watzlawick, Beavin und Jackson 1969, S. 36).

11.1 Einleitung

In Anlehnung an die Unterscheidung, die Watzlawick, Beavin und Jackson (1969) im Hinblick auf Sprachkompetenz und Wissen über Sprache treffen, wollen wir in unserem Masterstudiengang *Mehrsprachigkeit und Bildung/MOTION: Multilingual Educational Linguistics* nicht mehrsprachige Studierende ausbilden, sondern vielmehr Wissen und Reflexionsfähigkeit über die Mehrsprachigkeit und ihren Bezug zur Bildung vermitteln.

Der Masterstudiengang überträgt den wissenschaftlichen Vorteil der Interdisziplinarität aus dem Forschungskontext des Clusters LiMA an der Universität Hamburg direkt in die Lehre. Das Cluster LiMA – Linguistic Diversity Management in Urban Areas – baut auf der bundesweit einmaligen Forschungsgeschichte der Universität Hamburg zur Mehrsprachigkeit auf.

LiMA bündelt Expertise aus den Bereichen der Erziehungswissenschaft, der Ethnologie, Psychologie, Rechtswissenschaft, Sprachwissenschaft, Stadtsoziologie und der Wirtschaftswissenschaften. Den gemeinsamen Forschungsrahmen bildet die Frage, ob und wie die migrationsbedingte Mehrsprachigkeit in Metropolregionen in eine individuelle und gesellschaftliche Ressource transformiert werden kann, die sich positiv auf die kulturelle, soziale und ökonomische Entwicklung auswirkt.

Monika Schulz ✉, Ingrid Gogolin ✉
Universität Hamburg, Hamburg, Deutschland

Das Masterprogramm hat einen enger umrissenen thematischen Rahmen und orientiert sich in seiner Verbindung von spezifisch linguistischen und erziehungswissenschaftlichen Perspektiven auf migrationsbedingte Mehrsprachigkeit an den Kerninhalten der *Educational Linguistics*. Diese hat sich seit den 1970er Jahren als eine Unterdisziplin der *Angewandten Linguistik* oder *Applied Linguistics* vor allem im nordamerikanischen Kontext herausgebildet und definiert sich über ihren expliziten Fokus auf die Verbindung von erziehungs- und sprachwissenschaftlichen Fragestellungen (Spolsky 1974, 1978, 1999).

Im Folgenden beschäftigt sich Abschn. 11.2 mit einem Überblick über die Ziele und Fragestellungen des Forschungsclusters LIMA. Abschnitt 11.3 behandelt die Grundzüge der *Educational Linguistics* und den Zusatz *Multilingual*, den sie in unserem Programm bekommt. Abschnitt 11.4 platziert das Masterprogramm in der internationalen und vor allem der nationalen Landschaft ähnlicher Programme und hebt seine herausragende Stellung im Hinblick auf seine Verbindung forschungs- und anwendungsorientierter Inhalte hervor. In Abschn. 11.5 werden Inhalte, Aufbau und Struktur des Programms dargelegt und exemplarisch diskutiert. Der Beitrag schließt in Abschn. 11.6 mit einem kurzen Aufriss möglicher Arbeitsfelder für Absolvent/innen des Programms.

11.2 LiMA – Linguistic Diversity Management in Urban Areas

Migration und migrationsbedingte Mehrsprachigkeit stellen die heutige Gesellschaft vor viele Herausforderungen. Die Wissenschaft hat sich bis jetzt jedoch nicht in angemessenem Umfang mit den Konsequenzen sprachlicher Vielfalt, vor allem in den heutigen Metropolregionen, beschäftigt. Das interdisziplinäre Forschungscluster LiMA beschäftigt sich dezidiert mit der Frage, ob und wie migrationsbedingte Mehrsprachigkeit in Vorteile für Individuen und die Gesellschaft transferiert werden kann. Die LiMA-Forscher/innen wollen ermitteln, ob und wie die soziale, kulturelle und wirtschaftliche Entwicklung in urbanen Gebieten von Mehrsprachigkeit profitieren kann.

Das LiMA Cluster ist in vier Forschungsfelder gegliedert, so genannte interdisziplinäre Netzwerke (iNets). Die Forschung innerhalb dieser iNets untersucht jeweils unterschiedliche Perspektiven auf das Phänomen Mehrsprachigkeit, ist jedoch gleichzeitig kohärent bezüglich des Interesses an der sozialen Realität. Diese möglichst genau zu kennen ist eine Voraussetzung für erfolgreiches Linguistic Diversity Management. Die folgende Vorstellung der iNets orientiert sich eng an der LiMA-Homepage unter http://www.lima.uni-hamburg.de/index.php/de/forschung, wo sich auch weiterführende Informationen zu den iNets und ihren Einzelprojekten finden.

Die *LiMA Panelstudie (LiPS)* zielt auf eine langfristige Untersuchung mehrsprachiger Sprachentwicklung von Kindern und Jugendlichen auf der Grundlage einer repräsentativen Stichprobe. Ein multidisziplinärer Ansatz, der sprach- und sozialwissenschaftliche Perspektiven miteinander verbindet, soll ein besseres Verständnis der Prozesse migrationsbedingter Sprachentwicklung ermöglichen. Dabei werden auch die relevanten Bedingungen von Kompetenzentwicklungen und Sprachpraxen berücksichtigt. LiPS erfasst die sprachliche Entwicklung mehrsprachiger Sprecherinnen und Sprecher in ihren zwei stärksten Sprachen mithilfe von regelmäßig erhobenen Sprach- und Testdaten in derselben Sprechergruppe (Panel). Daten zu den individuellen und sozialen Bedingungen der Sprachentwicklung werden mithilfe von standardisierten Befragungen erfasst. Die Zufallsstichproben ausgewählter Sprach- und Altersgruppen werden auf der Basis von Melderegisterdateien gewonnen.

Das *iNet 1* konzentriert sich auf die Phase des Übergangs von der Sekundarstufe I der allgemeinbildenden Schule in das Berufsbildungssystem bzw. in die Sekundarstufe II. Es handelt sich um eine Schlüsselphase für den Bildungsverlauf, die Sozialisation und die strukturelle Integration junger Menschen mit Migrationshintergrund. Bisher gelingt es innerhalb des deutschen Bildungssystems nicht, in dieser Phase die Potentiale von migrationsbedingt mehrsprachig aufgewachsenen Jugendlichen so zu fördern, dass ihnen ein beruflicher Erfolg gesichert werden kann. Selbst bei einem vergleichbaren sozioökonomischen Hintergrund und Bildungsstatus finden Jugendliche ohne Migrationshintergrund deutlich häufiger und früher einen Ausbildungsplatz als Jugendliche mit Migrationshintergrund (vgl. Boos-Nünning/Granato 2010). Vor diesem Hintergrund wird die sprachliche Entwicklung von migrationsbedingt mehrsprachigen Jugendlichen am Übergang von der allgemeinbildenden Schule in den Beruf genauer betrachtet. Es sollen ihre sprachlichen Fähigkeiten, ihr Sprachgebrauch im Bildungs- und Freizeitbereich und Spracherwerbs- und Lernprozesse in dieser spezifischen multilingualen Sprachkontaktsituation erfasst werden. Außerdem wird die Rolle der Mehrsprachigkeit bei der Einschätzung schul- und ausbildungsrelevanter Qualifikationen seitens der Lehrkräfte und der Ausbildungsbetriebe untersucht sowie der Beitrag der Mediennutzung der Jugendlichen zu deren sprachlicher Entwicklung und ihrem Bildungserfolg bestimmt.

Der Schwerpunkt von *iNet 2* liegt auf der gesellschaftlichen Mehrsprachigkeit, der urbanen Praxis mehrsprachiger Kommunikation sowie der Entstehung und dem Erscheinungsbild multilingualer urbaner Räume. Das iNet 2 forscht aus zwei sich ergänzenden Blickwinkeln: Ein Teil der Forscher/innen bringt die Perspektive der linguistischen Pragmatik und der Soziolinguistik ein. Hier liegt der Fokus auf mehrsprachiger Kommunikation als einem Bereich von gesellschaftlichen und individuellen Handlungen, die durch linguistic landscaping und soundscaping in stark von Migration geprägten Stadtteilen erforscht werden. Eine weitere Gruppe bringt eine sozialwissenschaftliche Perspektive ein, die sich auf soziologische, wirtschaftliche, geografische, semiotische und handlungstheoretische Beziehungen zwischen mehrsprachiger Kommunikation und ihrem konkreten großstädtischen Raum richtet. Mit Blick auf „Mehrsprachige Kommunikation" wird untersucht, was Hamburgerinnen und Hamburger tagtäglich sprechen, hören, lesen und schreiben: die authentische, empirisch dokumentierbare Kommunikation mittels der knapp 200 in dieser Stadt vertretenen Sprachen. Das Forschungsinteresse des Netzwerks richtet sich auf die historisch-gesellschaftlichen Realisierungsformen und Bedingungen von Mehrsprachigkeit im urbanen Raum. Basis dafür sind empirische Daten, die mittels qualitativer sozial- und sprachwissenschaftlicher Methoden erhoben werden. Ein weiteres Ziel des iNets 2 besteht darin, anhand einer Topologie von Orten mit mehrsprachiger Kommunikation die Entfaltung oder Behinderung mehrsprachiger Kenntnisse und Potenziale innerhalb konkreter Handlungszusammenhänge nachzuzeichnen. Des Weiteren geht es um die Frage, welche Herausforderungen sich aus den mehrsprachigen Kommunikationspraxen für die sprachliche Bildung sowohl in schulischen als auch in außerschulischen Kontexten ergeben.

Mehrsprachigkeit ist im großstädtischen Berufs- und Alltagsleben allgegenwärtig und dennoch in ihrer wirtschaftlichen, kulturellen, politischen und sozialen Bedeutung nur wenig systematisch analysiert. Sofern dies geschieht, wird sie in einer „national-imperialen" Kommunikationsperspektive (vgl. Sloterdijk 1994) eher als Problem denn als Ressource der Entwicklung urbaner Räume betrachtet. Es fehlt an Untersuchungen, die die Verbreitung der Mehrsprachigkeit in urbanen Räumen und ihr – eventuell ungenutztes – Potential für die Gestaltung der städtischen räumlichen Öffentlichkeit und der Stadtentwicklung zeigen. Diese Lücke soll in der LiMA-Forschung geschlossen werden. Bis vor kurzem wurde in Sprachkontaktanalysen vor allem das Zusammenspiel von *zwei* sprachlichen Systemen untersucht. In den heutigen urbanen Zentren, die ein hohes Maß an Zuwanderung aufweisen, ist der Kontakt zwischen mehr als zwei Sprachen jedoch zur Norm geworden. So sprechen Migranten in der Regel eine oder mehrere Herkunftssprache(n), die Sprache der sie umgebenden Bevölkerungsmehrheit sowie eine oder mehrere zusätzlich erworbene Fremdsprache(n). Das *iNet 3* untersucht diese komplizierten Situationen mit mindestens drei beteiligten Sprachen aus der Sicht der Sprachkontakt- und Sprachvariationsforschung. Ein Schwerpunkt liegt dabei auf der Untersuchung von sprachlichen und nichtsprachlichen Faktoren, die Transfer und Richtung des Transfers von einer Sprache auf die andere(n) Sprache(n) bestimmen (z. B. die typologische Distanz zwischen den beteiligten Sprachen, die Reihenfolge ihres Erwerbs, das Prestige der Sprachen, das mitgebrachte kulturelle Kapital wie z. B. der Zugang zur Schrift in mehreren Sprachen). Im Hinblick auf das Individuum ist es wichtig zu verstehen, dass eine mehrsprachige Person nicht einfach die Summe von mehreren einsprachigen Personen ist. Stattdessen besitzt die multilinguale Person Fähigkeiten, die einsprachigen Individuen oft nicht zur Verfügung stehen und meistert Herausforderungen, die sich monolingualen Sprechern nicht stellen. Die Konsequenzen der Mehrsprachigkeit für die kognitiven und sprachlichen Leistungen des mehrsprachigen Individuums sind daher ein weiteres Objekt der Forschungen im *iNet 3*. Ein Ziel ist die systematische Beantwortung der Frage, wie bereits vorhandene Sprachkompetenzen bei Migranten zum Erwerb von anderen Sprachen genutzt werden können. Besonders bedeutsam ist dabei, wie (oftmals im ungelenkten Spracherwerb erworbene) Kompetenzen in der Herkunftssprache für den gelenkten und den ungelenkten Erwerb weiterer Sprachen fruchtbar gemacht werden können.

11.3 Warum *Multilingual Educational Linguistics*?

Wie schon in der Einleitung erwähnt bildet das Masterprogramm *Mehrsprachigkeit und Bildung* in seiner Verbindung von sprach- und erziehungswissenschaftlichen Perspektiven nur einen Ausschnitt aus der thematischen Vielfalt der Forschung bei LiMA ab. Es orientiert sich in seinen Inhalten an dem Gebiet der *Educational Linguistics*, einer Unterdisziplin der angewandten Linguistik. Hult (2008, S. 13–14) weist auf die Breite des Feldes der angewandten Linguistik hin, die unter anderem Fremdsprachen- und Grammatikunterricht, Übersetzungswissenschaft, Sprachgeographie, Forensische Linguistik oder auch Sprachplanung und -politik umfasst. Die Breite des Feldes wird zur Motivation für eine Abgrenzung der *Educational Linguistics*. Seit der Prägung und Abgrenzung des Terminus in den späten 1970er Jahren durch Bernhard Spolsky (1974, 1978) versteht sich *Educational Linguistics* als eine Unterdisziplin der angewandten Linguistik und definiert sich als transdisziplinäres Feld an der Schnittstelle sprach- und erziehungswissenschaftlicher Fragestellungen (Hornberger und Hult 2006; Hult 2008, S. 19–20; Hult 2010). Unterschiedliche Perspektiven auf diese Schnittstelle lassen sich bei Spolsky und Hult (2008) ablesen, die die Beiträge unter den Themenbereichen *linguistically and culturally responsive education, language education policy and management, literacy development, language acquisition* und *language assessment* gruppieren. Diese Themenbereiche haben auch für die Inhalte unseres Masters programmatische Bedeutung.

Innerhalb des Masters *Mehrsprachigkeit und Bildung* wird die *Educational Linguistics* zusätzlich mit Fokus auf Mehrsprachigkeit beleuchtet. Migration und migrationsbedingte Mehrsprachigkeit stellen nicht nur die heutige Gesellschaft im Allgemeinen, sondern auch das Bildungssystem vor immense Herausforderungen. Dies gilt vor allem für das deutsche Bildungssystem, das auf eine monolinguale Klientel ausgerichtet ist (siehe z. B. Gogolin et al. 2005, S. 3). Diese monolinguale Ausrichtung wird der Realität jedoch nicht gerecht, wie einige Zahlen hier verdeutlichen sollen. Allein von den Kindern in Hamburgs Schulen werden etwa 180 Sprachen gesprochen (Bildungsbericht Hamburg 2009). Laut Mikrozensus 2009 haben 30 % aller Neugeborenen deutschlandweit einen Migrationshintergrund und sind damit potentiell zwei- oder mehrsprachig (Migration und Bevölkerung 7, September 2010). Auf diesem Hintergrund sehen wir großes Potenzial für eine am Thema der Mehrsprachigkeit ausgerichtete Qualifizierung, die sprach- und erziehungswissenschaftliches Wissen und ausgewählte praktische Kompetenzen zur Mehrsprachigkeit vermittelt und Mehrsprachigkeitsexperten für Forschungs- und Bildungskontexte ausbildet.

11.4 *Educational Linguistics* in der nationalen und internationalen Hochschullandschaft

Forschungsorientierte Programme in *Educational Linguistics*, die eine Verbindung von linguistischen und erziehungswissenschaftlichen Fragestellungen anstreben, sind vor allem in den Vereinigten Staaten stark vertreten. Die Stanford University, die University of Pennsylvania und die University of New Mexico bieten Promotionsprogramme in *Educational Linguistics* an. Die Universities of Texas in San Antonio und in Austin bieten sowohl auf B.A.- als auch auf M.A-Ebene Programme in *Bicultural-Bilingual Education* mit einem Fokus auf Englisch-Spanische Zweisprachigkeit an. An der Steinhardt School der New York University ist die *Educational Linguistics* in einem Masterprogramm *Bilingual Education* vertreten.

Auch in Europa gibt es erste Ansätze entsprechender Ausbildungsgänge. Das *Mercator European Research Center on Multilingualism and Language Learning* forderte auf der EU-Konferenz *Language Diversity: A Challenge for Europe* in Brüssel die Einrichtung eines europäischen Masterprogramms spezifisch zur Mehrsprachigkeit (Mercator Newsletter 59, März 2010). In Deutschland wird *Educational Linguistics* an der Universität Gießen von einem philologieübergreifenden Forschungsverbund vertreten, der sich Grundlagenforschung und Doktorandenausbildung zum Ziel setzt. Masterprogramme im Bereich der *Educational*

Linguistics mit klar didaktischer Ausrichtung werden in unterschiedlicher Form an einer Reihe englischer, europäischer und deutscher Universitäten angeboten: Das Institute of Education der University of London bietet ein Masterprogramm *Bilingual Learners in Urban Educational Settings* an, die Hogeschool Gent einen Master *Multilingual Education*, die Universität Luxemburg einen Master *Learning and Development in Multilingual and Multicultural Contexts*, die Pädagogische Hochschule Burgenland (Österreich) einen Master *Sprachpädagogik und Mehrsprachigkeit*, die Universität Fribourg einen Master *Mehrsprachigkeitsforschung und -didaktik* und die Universität Karlsruhe einen Master *Interkulturelle Bildung, Migration und Mehrsprachigkeit*. Ein hochschulübergreifendes mehrsprachig unterrichtetes Programm findet sich im Dreiländereck zwischen Deutschland, Frankreich und der Schweiz als trinationaler Masterstudiengang *Mehrsprachigkeit*, an dem die Pädagogischen Hochschulen Freiburg und Karlsruhe, die Universität Koblenz-Landau, die Universität Basel, die Pädagogische Fachhochschule Nordwestschweiz, die Université de Strasbourg und die Université de Haute-Alsace beteiligt sind.

Der LiMA-Masterstudiengang *Mehrsprachigkeit und Bildung* hebt sich von den oben genannten Programmen vor allem durch seine wissenschaftliche Schwerpunktsetzung ab. Didaktische Aspekte der Mehrsprachigkeit sind integraler Bestandteil des Masters, werden aber mit forschungs- und anderen anwendungsorientierten Inhalten kombiniert. Das Programm zielt ganz explizit nicht nur auf die Weiterbildung von Lehrer/innen ab, sondern möchte vielseitig einsetzbare Absolvent/innen heranbilden, denen aufgrund ihres fundierten Wissens über Ausprägungen, Konsequenzen und Problembereiche migrationsbedingter Mehrsprachigkeit ein breites Spektrum an Berufsfeldern im Bildungswesen, in Einrichtungen des öffentlichen Lebens auf kommunaler, Länder- und Bundesebene sowie in nationalen und internationalen Organisationen offen steht. Aber auch in der Industrie werden entsprechend qualifizierte Personen gebraucht.

11.5 Struktur und Aufbau des LiMA-Masterstudiengangs *Mehrsprachigkeit und Bildung*

Der Masterstudiengang *Mehrsprachigkeit und Bildung* ist mit 15 Studienplätzen pro Jahr ein kleines Programm und auf zwei Jahre Studienzeit angelegt, kann aber auch im Teilzeitmodell in dreieinhalb Jahren studiert werden. Die Zielgruppe des Masters sind Studierende mit einem ersten berufsqualifizierenden Hochschulabschluss mit erziehungswissenschaftlichem oder sprachwissenschaftlichem Hintergrund. Zusätzlich sprechen wir Studierende mit einem Abschluss in einem Lehramtsstudiengang an, wobei das erste oder das zweite Staatsexamen sowie ein Lehramts-B.A. oder ein Master of Education gleichermaßen zur Teilnahme berechtigen. Diese recht weit gefassten Zugangsvoraussetzungen bedingen sowohl einen heterogenen Wissensstand als auch unterschiedliche Profilbedürfnisse in der Zielgruppe, die in der Konzeption des Pflicht- und des Profilbereichs des Masters aufgefangen werden.

Der Studiengang baut auf fachlichen Fähigkeiten und Kenntnissen auf, die im Rahmen eines Bachelor-Studiums in den zulassungsberechtigenden Hochschulabschlüssen erworben werden können. Er ist breit und interdisziplinär angelegt und vermittelt sowohl theorie- als auch praxisorientierte Kompetenzen, die die Studierenden dazu befähigen, eine wissenschaftliche berufliche Tätigkeit oder eine berufliche Tätigkeit auf wissenschaftlicher Basis auszuüben. Das Studium vermittelt den aktuellen Wissensstand einer interdisziplinär geprägten Herangehensweise an das Phänomen der Mehrsprachigkeit in urbanen Räumen.

Die Studierenden sollen u. a. die Fähigkeit erlangen, mit wissenschaftlichen Methoden und Erkenntnissen selbständig zu arbeiten und ihr Wissen und ihre Problemlösungsfähigkeiten in neuen und unvertrauten interdisziplinären Zusammenhängen sprachwissenschaftlicher und erziehungswissenschaftlicher Fragestellungen zur Mehrsprachigkeit anwenden zu können. Gleichzeitig erhalten die Studierenden in praxisorientierten Modulen direkte Einblicke in mehrsprachige Situationen und Problemfelder in Bildungsinstitutionen und Einrichtungen des öffentlichen Lebens.

Die Wahl zwischen den drei Profilbereichen mit *linguistischer*, *sozial-/erziehungswissenschaftlicher* und *didaktischer* Ausrichtung ermöglicht innerhalb dieses generellen Rahmens individuelle Schwerpunktsetzungen, deren Inhalte und Ziele unter 5a, 5b und 5c des aktuellen Kapitels eingehender dargestellt werden.

An der Universität Hamburg sind einschlägige Aspekte der Mehrsprachigkeit seit Jahrzehnten in der Forschung vertreten und finden sich auch in den Profilbereichen einiger Masterstudiengänge wieder, z. B. als *Interkulturelle und mehrsprachige Kommunikation* im Masterstudiengang *Sprachlehrforschung*, als *Mehrsprachigkeit* im Masterstudiengang *Allgemeine Sprachwissenschaft* und als *Zusatzausbildung von Lehrerinnen und Lehrern für Schülerinnen und Schüler verschiedener Muttersprache* in Kooperation zwischen der Germanistik und der Erziehungswissenschaft.

Die enge Verknüpfung von sprach- und erziehungswissenschaftlichen Inhalten schon auf der Masterebene und die Anbindung an die aktuelle Forschung zur Mehrsprachigkeit im Landesexzellenzcluster LiMA geben dem Masterstudiengang *Mehrsprachigkeit und Bildung* eine Ausrichtung, die in dieser Form in Deutschland noch nicht vertreten ist. Der Master erwächst aus der langjährigen Erfahrung der Universität Hamburg in den Bereichen Mehrsprachigkeit und Interkulturelle Erzie-

11 Der LiMA-Masterstudiengang Mehrsprachigkeit und Bildung

hungswissenschaft. Das Angebot des Masterstudiengangs greift auf das bestehende Lehrangebot zur Mehrsprachigkeit und Interkulturellen Bildung an der Universität Hamburg zurück und kombiniert die an unterschiedlichen Fakultäten und in verschiedenen Fachbereichen angesiedelten Veranstaltungen zu einem innovativen, interdisziplinären Programm. Tabelle 11.1 stellt die Struktur des Masters mit Pflicht-, Profil- und Wahlbereich sowie die Leistungspunkteverteilung schematisch dar.

Der Pflichtbereich des Masters ist zweisemestrig angelegt und mit 50 Leistungspunkten relativ umfangreich gestaltet. Er erfüllt drei Funktionen: Das Wahlpflichtmodul *Grundlagen* berücksichtigt, dass Studierende über unterschiedliche B.A.-Abschlüsse verfügen. Studierende mit einem sprachwissenschaftlichen Hintergrund besuchen das Modul *Grundlagen der Erziehungswissenschaft*, Studierende mit einem erziehungswissenschaftlichen Hintergrund besuchen das Modul *Grundlagen der Sprachwissenschaft*, in dem sie zwischen Einführungen mit einem anglistischen, einem romanistischen und einem slawistischen Hintergrund wählen können.

Das Pflichtmodul *Sprachtypologie und Sprachstruktur* verschafft einen linguistisch fundierten Überblick über die Klassifizierung und Typisierung der Sprachen der Welt und vermittelt Strukturkenntnisse in mindestens einer nichtindoeuropäischen Sprache. Ziel ist hier die Vermittlung von Grundfähigkeiten zur Klassifizierung und Typisierung von Sprachen und ihrer Einordnung in geschichtliche und kulturelle Zusammenhänge sowie eine Sensibilisierung für typologische, modale und gebrauchsspezifische Unterschiede zwischen Sprachen (Studien- und Modulhandbuch Linguistik/Allgemeine Sprachwissenschaft 2010, S. 36–37).

Die zwei Pflichtmodule *Mehrsprachigkeit 1: Interkulturalität, Kommunikation und Bildung* und *Mehrsprachigkeit 2: Spracherwerb, Sprachbildung und Sprachdiagnostik* schließlich verbinden Veranstaltungen aus der Sprach- und Erziehungswissenschaft und vermitteln die Grundlagen einer interdisziplinären Mehrsprachigkeits- und Bildungskonzeption. *Mehrsprachigkeit 1* beleuchtet Kommunikation und Bildung unter dem Aspekt der Interkulturalität. Zentrale Inhalte umfassen Mehrsprachigkeitskonzepte und die Analyse individueller und gesellschaftlicher Kommunikation in mehrsprachigen, interkulturellen Kontexten, Grundkenntnisse und Reflexionsfähigkeit hinsichtlich sprachpolitischer Prozesse, und Grundkenntnisse zu den Theorien und Konzepten interkultureller Bildung. Die theoretische Auseinandersetzung mit diesen Themenbereichen findet in diesem Modul ihre praktische Anwendung in einer Veranstaltung, die die Studierenden während eines Projekts in einer migrationsrelevanten Einrichtung begleitet (Neumann 2000). *Mehrsprachigkeit 2* befasst sich mit unterschiedlichen Aspekten des Fremd- oder Zweitspracherwerbs in unterschiedlichen institutionellen Kontexten, wie z. B. dem

Tab. 11.1 Schematische Darstellung der Inhalte des Masters *Mehrsprachigkeit und Bildung*

Pflichtbereich Alle Module sind zu belegen 50 LP	(a) Grundlagen der Linguistik ODER (b) Grundlagen der Erziehungswissenschaft 10 LP	Sprachtypologie und Sprachstruktur 10 LP	
	Mehrsprachigkeit I: Interkulturalität, Kommunikation und Bildung 15 LP	Mehrsprachigkeit II: Spracherwerb, Sprachbildung und Sprachdiagnostik 15 LP	
Profilbereich 3 Module sind erfolgreich zu absolvieren 30 LP	Bildung und gesellschaftliche Transformationsprozesse 10 LP	Spracherwerb 10 LP	Fremdsprachenlernen und -lehren 10 LP
	Theorien und Konzepte von Partizipation und Lebenslangem Lernen 10 LP	Sprachvergleich 10 LP	Mehrsprachigkeit/Interkulturelle Kommunikation 10 LP
	Erziehungswissenschaft unter Berücksichtigung der prioritären Themen ‚Umgang mit Heterogenität', ‚Neue Medien', ‚Schulentwicklung' 10 LP	Sprachnormen und Sprachgebrauch 10 LP	
	Migration und Interkulturalität 10 LP	Kognitive und affektive Aspekte des Fremdsprachenlernens II 10 LP	
Freier Wahlbereich Ein Modul ist erfolgreich zu absolvieren 10 LP			
Pflichtbereich	**Pflichtmodul 4 (Abschlussmodul)** Masterarbeit, mündliche Prüfung und Kolloquium (30 LP)		

11 Der LiMA-Masterstudiengang Mehrsprachigkeit und Bildung

Kindergarten, der Schule, der Hochschule oder im Bereich der Erwachsenenbildung. Das Modul vermittelt zum einen theoretische und praktische Kenntnisse über die kognitiven, affektiven und linguistischen Variablen des Fremdsprachenlernens und -lehrens (Studien- und Modulhandbuch Sprachlehrforschung 2006, S. 32). Zum anderen werden dezidiert Kenntnisse zum Sprachbildungsansatz der *Durchgängigen Sprachbildung* in schulischen Kontexten vermittelt, der die Bedeutung einer sprachlichen Bildung und den Ausbau der bildungsrelevanten sprachlichen Fähigkeiten in allen Unterrichtsfächern hervorhebt und in diesem Sinne Unterrichtskonzepte entwickelt (Fachbriefe Sprachförderung/Deutsch als Zweitsprache Januar 2009; vgl. auch die Beiträge von Lange und Lengyel in diesem Band).

Der Profilbereich des Masters ist mit 30 Leistungspunkten angesetzt und soll den Studierenden die größtmögliche Flexibilität in der Gestaltung der Inhalte ermöglichen. Aus einem Pool von insgesamt zehn Profilmodulen können die Studierenden drei Module frei auswählen. Mit ihrer Wahl können Sie entweder einen der drei im Folgenden beschriebenen Schwerpunkte setzen: a) einen linguistischen Schwerpunkt, b) einen sozial-/erziehungswissenschaftlichen Schwerpunkt oder c) einen didaktischen Schwerpunkt. Eine weitere Möglichkeit besteht darin, ohne Profilbildung alle drei Themenbereiche abzudecken. Einzelne Veranstaltungen aus den Profilmodulen können schon in den ersten zwei Semestern besucht werden, der Großteil wird aber im dritten Semester besucht.

a) Der linguistische Schwerpunkt

Die Module *Spracherwerb*, *Sprachvergleich*, *Mehrsprachigkeit und interkulturelle Kommunikation* sowie *Sprachnormen und Sprachgebrauch* ermöglichen eine linguistische Schwerpunktbildung. Das Modul *Spracherwerb* befasst sich mit dem Spracherwerb, sowohl im einsprachigen als auch im simultanen oder sukzessiven zwei- oder mehrsprachigen Kontext, und vermittelt vertiefte Kenntnis der Methoden und Anwendungsgebiete der Spracherwerbsforschung und speziell der Mehrsprachigkeitsforschung (Studien- und Modulhandbuch Linguistik/Allgemeine Sprachwissenschaft 2010, S. 41). Das Modul *Sprachvergleich* baut unmittelbar auf den Kenntnissen des Grundlagenmoduls *Sprachtypologie und Sprachstruktur* auf. Es vermittelt vertiefte Kenntnisse zu den charakteristischen Eigenschaften verschiedener Sprachen und sprachlicher Varianten, zu Typologisierungsprinzipien, zu der arealen Verbreitung linguistischer Phänomene, und zu theoretischen Modellen zur Erfassung von Form-Funktions-Strukturen in Sprachen (Studien- und Modulhandbuch Linguistik/Allgemeine Sprachwissenschaft 2010, S. 40). Das Modul *Sprachnormen und Sprachgebrauch* vermittelt vertiefte Kenntnisse der Konzepte Mündlichkeit und Schriftlichkeit sowie die Fähigkeit, diese Kenntnisse auf Sprachdaten anzuwenden. Ein weiterer Bereich befasst sich mit der Bedeutung von Fachsprache, Sprechhandlung, Sprachwechsel und unterrichtsspezifischer Kommunikation in spezifisch mehrsprachigen Kontexten und für mehrsprachige Individuen (Neumann 2000). Das Modul *Mehrsprachigkeit/Interkulturelle Kommunikation* schließlich greift die Inhalte des Grundlagenmoduls *Mehrsprachigkeit 1* auf und vermittelt vertiefte Kenntnisse zu Konzepten und Systematisierungen von Mehrsprachigkeit und Interkulturalität sowie die Fähigkeit zur Analyse individueller und gesellschaftlicher Kommunikation unter den Bedingungen von Mehrsprachigkeit (Studien- und Modulhandbuch Linguistik/Allgemeine Sprachwissenschaft 2010, S. 43).

b) Der sozial-/erziehungswissenschaftliche Schwerpunkt

Der Schwerpunkt kann durch die Kombination der Module *Bildung und gesellschaftliche Transformationsprozesse, Theorien und Konzepte von Partizipation und lebenslangem Lernen* sowie *Migration und Interkulturalität* erworben werden. Das Modul *Bildung und gesellschaftliche Transformationsprozesse* vermittelt vertiefte Kenntnisse zu klassischen und aktuellen Bildungstheorien und gesellschaftlichen Transformationsprozessen, wie z. B. Veränderungen im Kontext von Migration, die Bedeutung von Transformationsprozessen für individuelle Bildungsprozesse, und die Entwicklung von Bildungssystemen (Fachspezifische Bestimmungen für den Masterstudiengang Erziehungs- und Bildungswissenschaft 2010, S. 15). Das Modul *Theorien und Konzepte von Partizipation und lebenslangem Lernen* vermittelt den aktuellen Stand der Forschung zu den Bedingungen von gesellschaftlicher Teilhabe und Lebenslangem Lernen sowie zu Partizipation und Bildung im Lebenslauf. Darüber hinaus erwerben die Studierenden die Kompetenz, historische, internationale sowie bildungs- und sozialpolitische Bezüge von Partizipation kritisch zu reflektieren. (Fachspezifische Bestimmungen für den Masterstudiengang Erziehungs- und Bildungswissenschaft 2010, S. 12). Das Modul *Migration und Interkulturalität* schließlich vermittelt grundlegendes Wissen zu unterschiedlichen Aspekten von Migrationsprozessen und ihren Ursachen. Es soll das Bewusstsein für politische, rechtliche, familiensoziologische und bildungspolitische Aspekte einer Einwanderungsgesellschaft schärfen und grundlegende Kenntnisse zu institutionellen und bildungsbezogenen Praktiken eines Einwanderungslandes vermitteln (Neumann 2000).

c) Der didaktisch orientierte Schwerpunkt

Der Schwerpunkt kann durch die Kombination der Module *Erziehungswissenschaft unter Berücksichtigung der prioritären Themen ‚Umgang mit Heterogenität', Kognitive und affektive Aspekte des Fremdsprachenlernens II* und *Fremdsprachenlernen und -lehren* erworben werden. Das Modul *Erziehungswissenschaft unter Berücksichti-*

gung der prioritären Themen ‚Umgang mit Heterogenität' vermittelt vertiefte Kenntnisse im Bereich Umgang mit Heterogenität für das Handlungsfeld Schule und die Fähigkeit, dieses Wissen fallbezogen und im pädagogischen Handeln zu reflektieren und umzusetzen (Fachspezifische Bestimmungen für den Master-Teilstudiengang Erziehungswissenschaft der Lehramtsstudiengänge 2010, S. 30). Die Module *Kognitive und affektive Aspekte des Fremdsprachenlernens II* und *Fremdsprachenlernen und -lehren* greifen die Inhalte und Kenntnisse aus dem Grundlagenmodul *Mehrsprachigkeit 2: Spracherwerb, Sprachbildung und Sprachdiagnostik* vertiefend und erweiternd auf, befassen sich mit dem Erwerb und der Vermittlung von Deutsch als Fremd-, Zweit- oder Drittsprache in verschiedenen institutionellen Kontexten, und vermitteln die Fähigkeit, diese Kenntnisse in der Analyse und exemplarischen Gestaltung von Fremdsprachenunterricht umzusetzen (Studien- und Modulhandbuch Sprachlehrforschung 2006, S. 34–35).

Ein Wahlbereich mit insgesamt 10 Leistungspunkten, der den Erwerb von Fremdsprachenkenntnissen oder Soft Skills ermöglicht, rundet das Programm der ersten drei Semester ab. Das vierte Semester schließlich ist der Verfassung der Masterarbeit gewidmet. Die Möglichkeit einer engen Einbindung der abschließenden Masterarbeit in die aktuelle Forschung im LiMA-Cluster, Betreuungsangebote für deutsch- und englischsprachige Masterarbeiten und ein interdisziplinäres Kolloquium im vierten Semester schaffen ein ideales Umfeld für die Anfertigung der wissenschaftlichen Abschlussarbeit.

Eine internationale Komponente erhält der Master *Mehrsprachigkeit und Bildung* durch ein Austauschprogramm mit der University of Calgary. Das Austauschprogramm ermöglicht ein gebührenfreies Auslandssemester an der University of Calgary, an der ähnlich wie in Hamburg sowohl die sprach- als auch die erziehungswissenschaftliche Forschung zu migrationsbedingter Mehrsprachigkeit eine lange Tradition haben. Das Auslandssemester ist optional und generell im dritten Studiensemester angesiedelt. Den Auftakt zu einem gemeinsamen Graduiertentraining der Universität Hamburg und der University of Calgary bildete eine gemeinsame Sommerschule „Multilingualism – Transatlantic Perspectives", die im Juli und September 2010 durchgeführt wurde. Die Sommerschule, die auch in den kommenden Jahren als integraler Teil des Masters angeboten werden soll, bietet den Studierenden über die regulären Lehrangebote hinaus die Möglichkeit, Kurse international renommierter Wissenschaftler/innen zu besuchen. Geplant sind die Ausweitung der internationalen Kooperation und die Einbeziehung weiterer ausgewiesener Standorte der Mehrsprachigkeitsforschung in die Sommerschulen, zum Beispiel Singapur, Indien und Mexiko.

11.6 Mögliche Arbeitsfelder für Absolvent/innen

11.6.1 Arbeitsfeld Schule

Obwohl der Studiengang nicht allein auf die Qualifizierung von Lehrkräften ausgerichtet ist, bietet er ein breites Spektrum von Qualifikationen für diese Zielgruppe, die in der Bildungspraxis nachgefragt sind. Im Arbeitsfeld Schule und in anderen Bildungsinstitutionen gibt es eine wachsende Anzahl von koordinierenden, begleitenden oder vermittelnden Tätigkeiten, die auf die Verbesserung von Bildungschancen in sprachlich und kulturell heterogenen Gemeinschaften gerichtet sind. Ein Beispiel hierfür sind die sog. Sprachlernkoordinator/innen – so die Bezeichnung im Land Hamburg; die Bezeichnungen sind unterschiedlich in den Bundesländern, aber die Funktionen dieser Gruppe von Lehrkräften gibt es in einer zunehmenden Zahl von Ländern. Es handelt sich um zusätzlich qualifizierte Lehrerinnen und Lehrer, die den speziellen Aufgabenbereich der Beratung ihrer Kolleginnen und Kollegen (aller Fächer) bei der Bewältigung von sprachlichen Bildungsaufgaben in multilingualen Lerngruppen übernehmen. In einigen Bundesländern werden entsprechend qualifizierte Kräfte auch dafür eingesetzt, den Übergang zwischen den Stufen und Formen des Bildungssystems besonders zu begleiten. Neben den Aufgabenfeldern, die unmittelbar mit der Bildungs- und Unterrichtstätigkeit zu tun haben, gibt es einen zunehmenden Bedarf an Expertinnen und Experten, die im Bereich der Qualifizierung von Pädagoginnen und Pädagogen für solche Tätigkeiten eingesetzt werden. Viele Bundesländer etablieren prozessbegleitende Angebote der Qualifizierung von Lehrkräften für die Arbeit in multilingualen Konstellationen und setzen hierbei Lehrkräfte mit Zusatzqualifizierung ein, die in den Bildungseinrichtungen selbst tätig werden. Besonders gute Chancen der Berufseinmündung haben Studierende, die selbst einen Migrationshintergrund besitzen bzw. eine oder mehrere Migrantensprachen beherrschen. In einigen Bundesländern wurden spezielle Programme aufgelegt, durch die diese Personen – vorausgesetzt, dass sie mit der nötigen fachlichen Qualifikation versehen sind – bei der Einstellung bevorzugt werden.

11.6.2 Außerschulische Arbeitsfelder

Generell sind die Zukunftsperspektiven und Einsatzmöglichkeiten der Absolventinnen und Absolventen des Studiengangs vielfältig. Durch die Ausbildung werden sie zur Fortsetzung der akademischen Ausbildung im Rahmen einer Promotion befähigt. Zudem werden Wissen und Kompetenzen vermittelt, die in den durch migrationsbedingte Mehrsprachigkeit geprägten Gesellschaften auch in relevanten Praxisfeldern immer wichtiger werden. Aufgrund ihrer fundierten Einsicht in Ausprägungen, Konsequenzen und Problembereiche migrationsbedingter Mehrsprachigkeit steht den Absolventen dieses Studiengangs ein breites Spektrum an Tätigkeiten offen – nicht nur im Bildungswesen, sondern auch in Einrichtungen des öffentlichen Lebens auf kommunaler, Länder- und Bundesebene, in internationalen und gemeinnützigen Organisationen sowie in der Industrie. Ein Beispiel ist das breite Feld des sog. *Diversity Managements*, das insbesondere in Firmen mittlerer Größe und in Großbetrieben an Bedeutung gewonnen hat, inzwischen aber auch in den Öffentlichen Dienst Einzug nimmt. Dabei handelt es sich um ein Feld der Personalentwicklung, in dem es darum geht, das höchst unterschiedliche Potential der Mitglieder von Belegschaften zu erkennen und – zum Wohle der Firma – zu entfalten und zu fördern (vgl. z. B. die Darstellung der „Charta der Vielfalt" der Beauftragten der Bundesregierung für Migration, Flüchtlinge und Integration; http://www.vielfalt-als-chance.de/index.php?id=10; Zugriff: Februar 2011. In der Regel handelt es sich um betriebswirtschaftlich motivierte Programme zur Entdeckung und Förderung besonderer ‚Talente', nicht nur in sprachlicher Hinsicht, sondern auch mit Blick auf andere Formen von Vielfalt. Die Etablierung solcher Programme ist in der Regel motiviert durch das Interesse an einem positiven Betriebsklima und an der Identifikation der Belegschaftsmitglieder mit ihrer Arbeit bzw. ihrem Arbeitgeber. Ferner sind die Betriebe interessiert an der Förderung von Fähigkeiten der Mitglieder ihrer Belegschaften, die nutzbringend für das Unternehmen sind. Hierbei spielen sprachliche Fähigkeiten eine bedeutende Rolle – sei es, weil das Unternehmen international agiert, oder sei es, dass im Inland eine mehrsprachige ‚Kundschaft' besteht (wie dies z. B. bei vielen Dienstleistungsunternehmen zunehmend der Fall ist). Expertinnen und Experten für die Identifizierung und Förderung solcher besonderen Fähigkeiten sind in den Betrieben selbst gesucht, aber auch in Bereichen, die die Betriebe beraten oder unterstützen: in Unternehmensberatungen, Werbe- und Public Relations-Unternehmungen etc.

Der Hamburger Master bietet im Vergleich zu ähnlichen Studiengängen mit stark didaktischer Ausrichtung ein deutlich wissenschaftlich geschärftes Profil, wobei dennoch die Orientierung an der Praxis nicht aus den Augen verloren wird. Hierdurch sind die möglichen Arbeitsfelder der künftigen Absolventinnen und Absolventen nicht auf pädagogische oder sprachwissenschaftliche Zusammenhänge im engeren Sinne begrenzt, sondern reichen in weite Bereiche öffentlich und privat finanzierter Tätigkeitsfelder. Dabei sind nicht nur ausgezeichnete Beschäftigungsmöglichkeiten in Deutschland gegeben, sondern auch international oder in internationalen Organisationen. So ist zum Beispiel das Interesse der Europäischen Union an Expertinnen und Experten, die die EU-Ziele der Mehrsprachigkeit unterstützen, stark gestiegen (siehe hierzu: http://ec.europa.eu/education/languages/index_de.htm; Zugriff: Februar 2011).

In Deutschland steigt die Nachfrage der Behörden nach Expertinnen und Experten für die Gestaltung der Mehrsprachigkeit, die in den verschiedensten Arbeitsfeldern vorfindlich ist. Hier sind zum einen weite Bereiche des realen Kundenkontakts zu nennen, in denen – mindestens im städtischen Raum – Mehrsprachigkeit als Handlungsbedingung unvermeidlich ist: man denke etwa an die Klientel im Bereich der Arbeits- oder Wohnraumvermittlung sowie sonstiger Teile des Sozialbereichs. Aber auch aus weitergehenden ökonomischen Erwägungen entstehen Handlungsfelder, die Mehrsprachigkeitskompetenz verlangen.

Hierzu gehören nicht nur Bereiche wie die Tourismusförderung (siehe als ein Beispiel die Initiative „Hamburg Welcome Portal": http://welcome.hamburg.de/; Zugriff: Februar 2011). Vielmehr geht es in Zeiten des Umbaus ökonomischer Strukturen auch um Interessen wie Industrieansiedelung oder den Zugewinn an kultureller Infrastruktur. Ein Beispiel hierfür ist die Stadt Sheffield in England, die ein integratives Mehrsprachigkeitskonzept für die Kommune erarbeitet hat. Man erhofft sich davon einen Gewinn im Prozess des Transfers von einer auf Schwerindustrie basierenden Ökonomie zu einem prosperierenden Kultur-, Handels- und Dienstleistungszentrum. Mehrsprachigkeit wird dabei als eine Stärke der Region vermittelt, die auch darin ihre positiven Folgen zeitigt, dass es besser gelingt, internationale Firmen mit hochqualifiziertem Personal zur Niederlassung anzulocken (vgl. hierzu Gogolin/Neumann 2008; siehe auch http://www.languages-sheffield.org.uk/; Zugriff Februar 2011).

Das Spektrum der potentiellen Tätigkeitsfelder und Einsatzbereiche der künftigen Inhaberinnen und Inhaber eines Masters *Mehrsprachigkeit und Bildung/MOTION: Multilingual Educational Linguistics* ist also fachlich und sachlich ebenso wie regional sehr weit und reicht in gehobene bis leitende Positionen. Das Programm des Hamburger Studiengangs reflektiert dies in seiner wissenschaftlichen Fundierung ebenso wie im Kontakt mit Praxisfeldern und in internationalen Begegnungen.

Literatur

Bildungsbericht Hamburg (2009). Statistisches Amt für Hamburg und Schleswig-Holstein. http://www.bildungsmonitoring.hamburg.de/index.php/file/download/1359. Zugegriffen: Februar 2011.

Boos-Nünning, U., Granato, M. (2010). Von der Ausländer- zur Migrationsforschung: berufliche Bildung in der Einwanderungsgesellschaft. In Bundesinstitut für Berufsbildung (Hrsg.)

40 Jahre Bundesinstitut für Berufsbildung: 40 Jahre Forschen – Beraten – Zukunft gestalten. (S. 224–234). Bielefeld.

Charta der Vielfalt (2011). Beauftragte der Bundesregierung für Migration, Flüchtlinge und Integration (2011) (Hrsg.). http://www.vielfalt-als-chance.de. Zugegriffen: Februar 2011.

Europäische Kommission, Mehrsprachigkeit (1995–2011). Europäische Union (1995–2011) (Hrsg.). http://ec.europa.eu/education/languages/index_de.htm. Zugegriffen: Februar 2011.

Fachbriefe Sprachförderung/Deutsch als Zweitsprache (Januar 2009, Fachbrief 3). Landesinstitut für Schule und Medien Berlin-Brandenburg (Hrsg.). http://www.berlin.de/sen/bildung/foerderung/sprachfoerderung. Zugegriffen: Februar 2011.

Fachspezifische Bestimmungen für den Masterstudiengang Erziehungs- und Bildungswissenschaft der Fakultät für Erziehungswissenschaft, Psychologie und Bewegungswissenschaft (2010). http://www.epb.uni-hamburg.de/de/studium/studiengaenge/3427. Zugegriffen: Februar 2011.

Fachspezifische Bestimmungen für den Master-Teilstudiengang Erziehungswissenschaft der Lehramtsstudiengänge der Universität Hamburg (2010). http://www.epb.uni-hamburg.de/de/node/3432. Zugegriffen: Februar 2011.

Gogolin, I., Krüger-Potratz, M., Neumann, U. (2005). Migration, Mehrsprachigkeit und sprachliche Bildung. Ein Essay über ungehobene Schätze und gute Argumente für die Weiterentwicklung einer pädagogischen Utopie. In I. Gogolin, M. Krüger-Potratz, K. Kuhs, U. Neumann, F. Wittek (Hrsg.) *Migration und sprachliche Bildung.* (S. 1–12). Münster.

Gogolin, I., Neumann, U. (2008). Regionale Bildungs- und Sprachplanung - die Beispiele Sheffield und FÖRMIG. *Osnabrücker Beiträge zur Sprachtheorie, 74,* 39–54.

Hamburg Welcome Portal (2011). Freie und Hansestadt Hamburg, Senatskanzlei – Pressestelle des Senats (2011) (Hrsg.). http://welcome.hamburg.de. Zugegriffen: Februar 2011.

Hornberger, N., Hult, F. (2006). Educational Linguistics. In K. Brown (Hrsg.) *Encyclopedia of Language and Linguistics.* Bd. 4 (S. 76–81). Oxford.

Hult, F. (2008). The history and development of educational linguistics. In B. Spolsky, F. Hult (Hrsg.) *Handbook of educational linguistics.* (S. 10–24). Malden, MA.

Hult, F. (2010). *Directions and Prospects for Educational Linguistics.* Dordrecht, Heidelberg, London und New York.

Languages Sheffield (2011). The Multilingual City and Complementary Schools Alliance. http://www.languages-sheffield.org.uk. Zugegriffen: Februar 2011.

LiMA – Linguistic Diversity Management in Urban Areas – University of Hamburg (2011). www.lima.uni-hamburg.de. Zugegriffen: Februar 2011.

Mercator Newsletter 59 (März 2010). http://www1.fa.knaw.nl/newsletter2010/MercatorNewsletter59. Zugegriffen: Februar 2011.

Migration und Bevölkerung, Newsletter 7 (September 2010). http://www.migration-info.de/mub_artikel.php?Id=100703. Zugegriffen: Februar 2011.

Neumann, U. (2000). Fachübergreifende Studien: Zusatzausbildung von Lehrern für Schüler verschiedener Muttersprachen. http://www.erzwiss.uni-hamburg.de/Studium/ZUM_INFO.htm. Zugegriffen: Februar 2011.

Sloterdijk, P. et al. (1994). Wenn die Gewalt erscheint – Versuch über die Explosivität der Bilder. In A. Portmann (Hrsg.) *Die Kunst der Aufklärung*. München. 6 CDs

Spolsky, B. (1974). The Navajo reading study: An illustration of the scope and nature of educational linguistics. In J. Quistgaard, H. Schwarz, H. Spong-Hanssen (Hrsg.) *Applied Linguistics: Problems and Solutions. Proceedings of the Third Congress on Applied Linguistics*, 3. Aufl. (S. 553–565). Heidelberg Copenhagen, 1972

Spolsky, B. (1978). *Educational Linguistics: An Introduction*. Rowley, MA.

Spolsky, B. (1999). General Introduction: The field of Educational Linguistics. In B. Spolsky (Hrsg.) *The Concise Encyclopedia of Educational Linguistics*. (S. 1–6). Oxford.

Spolsky, B, Hult, F. (2008). *The Encyclopedia of Educational Linguistics*. Oxford.

Studien- und Modulhandbuch Linguistik/Allgemeine Sprachwissenschaft (2010). Universität Hamburg (2010) (Hrsg.). http://www.slm.uni-hamburg.de/masterstudium/MHB_MA_ASW_3_opt_Kopie.pdf. Zugegriffen: Februar 2011.

Studien- und Modulhandbuch Sprachlehrforschung (2006). Universität Hamburg (Hrsg.). http://www.slm.uni-hamburg.de/MA/Buch_SLF_DRUCK.pdf. Zugegriffen: Februar 2011.

Watzlawick, P., Beavin, J.H., Don Jackson, D. (1969). *Menschliche Kommunikation. Formen, Störungen, Paradoxien*. Bern.

Verzeichnis der Autorinnen und Autoren

Javier Carnicer, M.A., Studium der Erziehungswissenschaft, Philosophie und Soziologie an der Universität Hamburg und an der Universidad del País Vasco in San Sebastián (Spanien); Doktorand an der Universität Hamburg; Arbeitsschwerpunkte: Bildung, Migration, soziale Ungleichheit.

Timm Christensen, Sonderschullehrer an der Louise Schroeder Schule (Grundschule mit Integration) und wissenschaftlicher Mitarbeiter an der Universität Hamburg; seit 2000 Lehraufträge an der Universität Hamburg und am Institut für Lehrerbildung Hamburg.

Mechthild Dehn, Dr. phil., Professorin der Erziehungswissenschaft i. R. Lehre bis 2004 an der Universität Hamburg; Arbeitsschwerpunkte: Textschreiben und Rechtschreiben, Erzählen, ästhetische Aspekte sprachlichen und medialen Lernens, Lese-Rechtschreibschwierigkeiten, Schriftspracherwerb und Anfangsunterricht.

Sara Fürstenau, Dr. phil., Professorin in der Arbeitsstelle Interkulturelle Pädagogik im Institut für Erziehungswissenschaft der Westfälischen Wilhelms-Universität Münster; Arbeitsschwerpunkte: Mehrsprachigkeit und sprachliche Bildung, transnationale Bildungslaufbahnen, Schul- und Unterrichtsentwicklung im Kontext sprachlich-kultureller Heterogenität.

Ingrid Gogolin, Dr. phil., Professorin am Institut für International und Interkulturell Vergleichende Erziehungswissenschaft der Universität Hamburg; Arbeitsschwerpunkte: Bildungsprozesse unter Bedingungen von Migration, Bildungs(miss)erfolg von Kindern und Jugendlichen mit Migrationshintergrund, Unterrichts- und Schulentwicklung im heterogenen Umfeld, Bildung und Demokratie, Schule als öffentlicher Bildungs- und Erziehungsraum.

Katrin Huxel, M.A., Lehrkraft für besondere Aufgaben in der Arbeitsstelle Interkulturelle Pädagogik im Institut für Erziehungswissenschaft der Westfälischen Wilhelms-Universität Münster; Arbeitsschwerpunkte: Interkulturelle Pädagogik, Geschlechterforschung, Fragen der Intersektionalität verschiedener Differenzen. Katrin Huxel promoviert an der Goethe-Universität Frankfurt zum Thema ‚Positionierungen von Jungen mit Migrationshintergrund im Geflecht unterschiedlicher Dimensionen von Zugehörigkeit'.

Imke Lange, M.A., wissenschaftliche Mitarbeiterin in der Arbeitsstelle Interkulturelle Pädagogik im Institut für Erziehungswissenschaft der Westfälischen Wilhelms-Universität Münster. Arbeitsschwerpunkte: Sprachliche Bildung, Unterricht in sprachlich-kulturell heterogenen Klassen, Schreibdidaktik.

Drorit Lengyel, Dr. phil., Professorin am Institut für International und Interkulturell Vergleichende Erziehungswissenschaft der Universität Hamburg; Arbeitsschwerpunkte: Interkulturelle sprachliche Bildung, Mehrsprachigkeit und Zweitspracherwerb in pädagogischen Institutionen, Diagnostik und Förderung im Kontext von Migration und Mehrsprachigkeit, Lehren und Lernen in heterogenen Gruppen.

Heike Roll, Dr. phil., Juniorprofessorin am Sprachenzentrum der Westfälischen Wilhelms-Universität Münster, zurzeit Vertretungsprofessorin an der Universität Duisburg-Essen im Bereich Deutsch als Zweit- und Fremdsprache; Arbeitsschwerpunkte: Deutsch als Fremd- und Zweitsprache, Interkulturelle Kommunikation, Diskursanalyse.

Jörn Schützenmeister, Dr. phil., Juniorprofessor für Erziehungswissenschaft mit dem Schwerpunkt Pädagogik als Unterrichtsfach an der Westfälischen Wilhelms-Universität Münster; Arbeitsschwerpunkte: berufspropädeutische Konstitution des Fachunterrichts, Schülerinteressen und Pädagogikunterricht, fachdidaktische Entwicklung des Pädagogikunterrichts in verschiedenen pädagogischen Themenfeldern.

Monika E. Schulz, M.A., wissenschaftliche Mitarbeiterin und Graduate Coordinator im Forschungscluster „Linguistic Diversity Management in Urban Areas (LiMA)" an der Universität Hamburg; Arbeitsschwerpunkte: Varietätenlinguistik, Englisch in Singapur.

Katrin Späte, Dr. phil., Soziologin am Institut für Soziologie der Westfälischen Wilhelms-Universität Münster; Arbeitsschwerpunkte: Wandel des allgemeinbildenden Schulsystems unter Migrationsaspekten, Perspektiven kompetenzorientierter Hochschullehre.

Mareike Stellbrink, bis September 2011 wissenschaftliche Hilfskraft im Projekt „Praxisphasen in Inklusion" am Zentrum für Lehrerbildung der Westfälischen Wilhelms-Universität Münster; derzeit Anwärterin für das Lehramt an Gymnasien und Gesamtschulen in Köln.

PGMO 08/17/2018